OUTSIDER IN THE WHITE HOUSE

バーニー・サンダース自伝

バーニー・サンダース［著］　萩原伸次郎［監訳］

BERNIE SANDERS

大月書店

OUTSIDER IN THE WHITE HOUSE
by Bernie Sanders

Japanese translation published by arrangement with
Verso Books through The English Agency (Japan) Ltd.

訳者まえがき

バーニー・サンダースとは何者か？ 何がサンダースを押し上げたのか？

萩原伸次郎

二〇一六年のアメリカ大統領選挙。その民主党からの候補者指名をめぐって、最有力候補のヒラリー・クリントンと激しい接戦をくり広げて注目を集めたのが、本書の主人公、バーニー・サンダースだ。

クリントンと比べたらはるかに無名、しかも「社会主義者」を自称し「革命」を訴える古参議員が、若者の圧倒的支持をつかんで躍進したことに、世界中の人々が驚いた。たとえば、クリントンとの闘いの幕開けとなったアイオワ州の民主党党員集会では、一七～二九歳の八四パーセントがサンダースを選んだのだ。

本書は、このユニークな政治家バーニー・サンダースが、自身の政治家としての歩みをつづった自伝だ。サンダース躍進の「秘密」は、すべてこの本に書かれていると言っていいだろう。

いきなり本文を読みはじめていただいてもいいのだが、ここで読者の参考のために、予備知識をまとめておこう。

バーニー・サンダースの経歴

この本の原書は、二〇一五年に出版された『ホワイトハウスのはぐれ者』(Outsider in the White House)。実を言うとこれは、一九九七年に出版された自伝(盟友ハック・ガットマンとの共著)に、新たに「まえがき」と「解説」を付け加えて再刊したものだ。

一九九七年版の題名は『アメリカ下院のはぐれ者』(Outsider in the House)だった。「下院」が「ホワイトハウス」(大統領官邸)に変わった理由は、言うまでもなく、大統領選挙への挑戦をふまえた再刊だからだ。

この本の「まえがき」にあるとおり、サンダースは「民主的社会主義者」として、アメリカ国民に「政治革命」を呼びかける。既成の政治から外れた「はぐれ者」と呼ばれることに異を唱えず、むしろ、「大多数のアメリカ人は今日、はぐれ者なのだ」、自分が大統領になって政治を変えることで、「私たちが誰一人、もはやはぐれ者ではなくなる」のだ、と意気軒高だ。

アメリカの長い歴史の中で、社会主義者を名乗る大統領候補は、いなかったわけではない。しかし、これほど多くの人々に注目されるのは、想像すらできなかったことだ。

バーニー・サンダースは、一九四一年九月八日、ニューヨーク市ブルックリンに生まれた。父親はポーランドからのユダヤ人移民。母親はニューヨーク市生まれのユダヤ人。彼の祖父母は、ナチに虐殺された。

ブルックリン大学に一年通った後、シカゴ大学に進学。政治学の学位を取り、一九六四年に卒業した。学生時代から、人種差別反対運動やヴェトナム反戦運動、労働運動に取り組んでいた。

一九六四年にデボラ・シリングと結婚するが、六六年に離婚。その後、バーリントン市長時代に知り合ったジェーン・オミーラと八八年に結婚し、今日に至っている。彼には息子リーヴァイがいるが、六九年に別れたパートナー、スーザン・モットとの間にできた子だ。ジェーンの連れ子、デーヴ、カライナ、ヘザーの三人がいるから、子どもは全部で四人になる。

一九八一年四月から八九年四月まで、ヴァーモント州バーリントン市長。

一九九一年一月から二〇〇七年一月まで、合衆国下院議員。二〇〇七年一月から今日まで、合衆国上院議員。

一九七九年から二〇一五年まで、政党に属さず無所属。合衆国議会の歴史

1941 年	ニューヨーク市ブルックリンに生まれる
1964 年	シカゴ大学卒業
1981－89 年	ヴァーモント州バーリントン市長
1991－2007 年	アメリカ合衆国下院議員
2007 年―現在	アメリカ合衆国上院議員

上、最も長く務めた無所属議員だ。二〇一五年から民主党員になった。

本書を読むとわかるように、政治や経済についてのサンダースの立場は、昔から一貫している。ひと握りの金持ちや大企業の利益しか代表しない政治に対抗して、働く人々や低所得者や中間層——つまり、大多数の人々——の利益のために闘うことを明確にし、そうした人々を政治のプロセスに巻き込み、大きな運動をつくって政治を変えるというものだ。

サンダースが政治家としてのスタートを切った頃、ヴァーモント州は、アメリカで最も共和党が強い保守的な州のひとつだったという。それが今では、社会主義者サンダースが七〇パーセントの得票率で圧勝する州になっている。

それにしても、大統領選挙で快進撃を見せることになる無所属の社会主義者とは、どのような人物なのか？　躍進の背景には何があるのか？　この本の初版が書かれた時期と、その後の二〇年間をふり返りながら、考えてみることにしよう。

ビル・クリントン政治の帰結

この本の初版が出た一九九七年は、サンダースがその前年の下院議員選挙で、共和党の女性候補スーザン・スウィーツァーを大差で破り、四度目の当選を果たした直後だった。サンダース自ら「まえがき」で言うように、それから今日に至る二〇年は、アメリカの人々にとって決して楽な時代ではなかった。

一九九七年は、ビル・クリントン政権の二期目にあたっていた。一九九三年に政権を樹立したクリントンは当初、「アメリカ再生」を旗印に、レーガン〜ブッシュ（父）共和党政権による新自由主義的経済政策からの転換を進めるかに思われた。ローラ・タイソンやロバート・ライシュといったリベラルな経済学者が起用され、豊かな国民生活の再生が期待された。

しかし、一九九四年一一月の中間選挙以降、事態は急変する。この中間選挙で共和党が圧勝し、議会の主導権を握ったのだ。民主党による下院多数派支配に、四二年目にして終止符を打ったこの選挙は、「ギングリッチ革命」と呼ばれた。ニュート・ギングリッチは、均衡財政・減税・福祉削減などを旗印とする共和党の公約「アメリカとの契約」を作成した主導的人物だ。この選挙の後、下院議長に就任した。

したがって、一九九六年の下院議員選挙を描いた本書には、しばしばギングリッチが悪役で登場する。一九九〇年の下院議員選挙で初当選し、進歩派議員団を形成し、その主導的役割を果たしてきたサンダースは、民主党主導だった下院が共和党主導にひっくり返った中で、九六年の選挙を闘わなければならなかったわけだ。

サンダースから見ると、一九九三年から二〇〇一年までのクリントンの政治は歯がゆかった。ギングリッチが支配する議会に妥協して、一九九六年福祉改革法などの福祉削減や均衡財政路線が実行された。福祉重視の民主党政治はどこかへ飛んで行ってしまった。しかも、一九九〇年代後半の

ＩＴブームによる景気高揚にもかかわらず、労働者の賃金は上がらなかった。

株式市場の活況と住宅投資の活発化にもかかわらず、賃金が上昇しない中で、金融資本優位の経済構造が定着した。一九九九年には、グラム＝リーチ＝ブライリー法が成立した。金融持ち株会社によって、いかなる業種の金融機関も統合が可能となった。これによって、戦後の安定的な経済をつくりだすのに貢献したグラス＝スティーガル法による金融規制は、葬り去られた。民主党クリントン政権下で、こうした事態が引き起こされたのだ。

その結末は、レーガン～ブッシュ（父）の新自由主義路線と変わらない、金融資本優位、労働者無視の格差社会だった。かねてからサンダースが主張していたように、共和党と民主党の二大政党制では、国民重視の民主主義政治を実現することは困難なのだ。

しかし、事態はさらに、許されざる方向へと進みはじめる。

二〇〇〇年の大統領選挙では、ジョージ・Ｗ・ブッシュが勝利した。共和党最右派のネオコンに支配されたブッシュ政権は、「ブッシュ減税」と呼ばれる大規模な富裕層減税を実施した。

二〇〇一年九月一一日、アメリカは同時多発テロに見舞われた。ブッシュ政権は二〇〇三年三月、「イラクは大量破壊兵器を保有している」という話をでっち上げ、イラク侵略戦争を開始する。

サンダースが下院議員に初当選した一九九〇年一一月は、湾岸危機の最中だった。彼は一九九一年一月、ブッシュ（父）の引き起こした湾岸戦争に反対した。二〇〇三年のイラク侵略戦争にも、彼は反対をつらぬく。

二〇〇六年に、ヴァーモント州選出の上院議員ジム・ジェフォーズが引退した。サンダースはその空席をねらい、下院議員から較替えして上院議員選挙に挑戦。当選を果たすことができた。

上院議員の任期は六年で、任期二年の下院議員に比べて格上だ。下院議員は四三五人もいるが、上院議員は一〇〇人しかいない。社会主義者が下院議員になったことはあるが、上院議員になったのは史上初めてだった。

リーマン・ショックと巨大金融機関の救済

二〇〇七年、サブプライム・ローン危機が、金融機関の倒産として勃発しはじめた。二〇〇八年になると危機はいっそう深刻化する。政府系住宅金融機関のファニーメイとフレディマックが危機に陥り、七月には上院議会で、上限三千億ドルの住宅ローン救済策が可決された。それでも危機は収まらない。

九月一五日、ついに巨大投資銀行のリーマン・ブラザーズが倒産した。

投資銀行は、サブプライム・ローンをはじめとする金融投機に大きな役割を果たし、その失敗から多額の不良債権を抱えた。ベアー・スターンズとメリルリンチは、商業銀行に救済買収されることになった。モルガン・スタンレーとゴールドマン・サックスは、商業銀行に転換する道を選んだ。それは、ブッシュ政権が、公的資金による商業銀行救済をもくろんでいたからだ。支援を受けるために、投資銀行から商業銀行に鞍替えすることが必要だった。

ブッシュ政権は、公的資金を使って商業銀行の不良債権を買い取ることを議会に提案する。FRB（連邦準備制度理事会）のベン・バーナンキ議長は、「資本市場が機能しないと雇用は失われ、さらに多くの家が差し押さえられる。経済はマイナス成長に転じ、どんな政策を実施しても健全な形で回復できなくなる」と言う。ゴールドマン・サックス出身のヘンリー・ポールソン財務長官も危機を煽り、「納税者は大きな危険に脅かされている。預貯金や融資、設備投資などに危険が迫っている」と述べた。連邦政府が金融機関の不良債権を買い取って金融の安定化を実現しないと、実体経済に悪い影響が出てくる。だから、七千億ドルの公的資金をつぎ込む「金融安定化法案」を議会は早く成立させるべきだと、半ば脅しともとれる口調で説得にかかったのだ。

サンダースは、こうしたブッシュ政権の要請に敢然と立ち向かった。今までウォール街で荒稼ぎしてきた投資銀行の経営幹部が、何年にもわたって何百万ドルもの報酬を得てきたことは周知の事実だ。こうした連中を、なぜ国民の税金を使って救済しなければならないのか。「金融安定化法案を通さないと大恐慌が来る」という脅し文句を使って法案を通そうとする、巨大金融機関とつるんだブッシュ政権に対して、国民の怒りは収まらない。議会とブッシュ政権とのせめぎあいにより、金融安定化法案には修正が加えられ、一〇月に議会を通過した。

ちょうどその年は、大統領選挙の年にあたっていた。

共和党はジョン・マケイン候補が、ブッシュ政権の経済政策を引き継ぐと公言していた。民主党はバラク・オバマ候補が、ブッシュ政権の大企業優遇・金持ち減税政策を批判し、金融の規制強化とともに、勤労者減税や子ども限定の皆保険制度などを掲げていた。しかしオバマも、こと金融安定化法案になると腰砕けで、「救済しなければ大恐慌が来る」という脅しに負けて、ブッシュ政権の提案に賛成した。サンダースは反対をつらぬいた。

八時間三〇分のフィリバスター

二〇〇八年の大統領選挙はオバマの勝利に終わり、政権移行チームがつくられたが、その主要メンバーは、八年前のクリントン政権の主要人物だった。経済政策でオバマ政権初期に大きな役割を果たしたのは、ローレンス・サマーズだった。彼は、クリントン政権の最後、一九九九年から財務長官を務めた。オバマ政権では、二〇一〇年末まで国家経済会議の委員長を務めた。

サマーズはブッシュ政権の金融安定化法を引き継ぎ、「不良資産救済措置」による膨大な公的資金の投入で、いち早く金融業の立ち直りをもたらした。大手金融機関の経営者の報酬が急騰する一方、労働者の間では失業が長期化し、賃金が下落していた。膨大な財政赤字とともに、リーマン・ショック以前を上回る経済格差がもたらされた。

これは、オバマ政権の足を引っぱりたい共和党右派にとって、まさに思う壺だった。二〇一〇年は中間選挙の年だ。リバタリアン帝国の確立を夢見るコーク兄弟の暗躍が、今度は公然と「ティーパーティー運動」として出現した。彼らの支援する運動組織が、民主党所属の弱い議員をねらい撃ちにした。巨額の資金を使って、相手を中傷するネガティブ・キャンペーンをくり返した。こうして二〇一〇年一一月の選挙では、下院は民主党多数から共和党多数に変わった。

ブッシュ減税法の期限切れが二〇一〇年末に迫っていた。オバマ政権は、金持ち優遇のブッシュ減税法を延長することに反対だったが、「ティーパーティー運動」の共和党下院議員は、オバマ政権に頑(がん)として抵抗し、ブッシュ減税の延長を主張する。かくして、共和党に大幅に妥協したオバマ政権の「二〇一〇年減税法」が、上院にも提案されることになった。

ここで、バーニー・サンダースが名をあげる機会がやってきた。彼は、八時間三〇分以上にわたる長い演説（フィリバスター）をおこない、富裕層優遇のブッシュ減税の延長に断固反対の立場を、アメリカ国民に強く印象づけたのだ。

アメリカ上院には、「いかなる上院議員も、他の議員の討論を、その議員の同意なくして中断させることはできない」という規則がある。これを利用して、わざと延々と演説することによって議事進行を妨害することを、フィリバスターという。

財政赤字を理由に庶民の福祉を容赦なく削りながら、大金持ちには巨額の減税を与えるという、この国の歪んだ「優先順位」を、サンダースは力強く批判した。

サンダースの演説はたいへんな注目を浴びた。共和党に妥協するオバマ政権が腹に据えかねた人々は、この時から、大統領選挙の候補者としてバーニー・サンダースを考えはじめた。

格差批判の沸騰

こうした中で、二〇一一年九月、「ウォール街占拠運動」が世界の注目を集めることになる。九月一七日、若者を中心とした一千人ほどが、「ウォール街を占拠せよ」をスローガンに、ウォール街の近く、ズコッティ公園に座り込み、強欲なウォール街金融機関への抗議行動を実施したのだ。「私たちは九九パーセントだ」のスローガンが表すように、この運動が問題にしたのは、ひと握りの人々への富と所得の集中だった。現在のアメリカでは、富裕層の上位五パーセントが全資産の六三パーセントを握っているのに対して、下位の五〇パーセントは全資産の一パーセントを占めるにすぎない。

議会予算局が公表したレポートによると、過去三〇年間で、税引き後の実質所得は、下位二〇パーセントの人たちの所得は一八パーセント増えただけだが、トップ一パーセントの人たちの所得は二七八パーセントも増えた。

トップ一パーセントの人たちの所得がアメリカ全体の所得に占める比率は、戦前の大恐慌が起こった一九二九年当時は二〇パーセント近くもあったが、その後低下し、一九七〇年代には八パーセントほどになっていた。この比率が上昇しはじめるのは、レーガン政権期の一九八〇年代のことだ。それ以降上昇を続け、二〇〇八年世界経済危機前になると、一八パーセントにもなった。レーガン政権以降、累進課税制度が破壊されたことが、こうした格差を引き起こした要因だった。

こうした時代に生まれ育った若者たちは、格差を解決できない既成の政治に怒りを噴出させた。それがサンダース上院議員を支持する運動に発展したのだ。

多くの人のための経済政策

サンダースが二〇一六年大統領選挙に出馬すると公式に表明したのは、二〇一五年五月二六日だった。一九八〇年代に市長を八年間務めた地元、ヴァーモント州バーリントン市での表明だった。サンダースが、なぜ今まで手厳しく批判してきた民主党から立候補しようとしたのかは、本書の「解説」で、進歩的ジャーナリストのジョン・ニコルスが解説している。ここでは、大統領選挙にあたってサンダースが掲げた政策の、ごく一部を挙げておこう。

① 富裕者と大企業への課税強化。所得税の累進性を強化し、富裕層、ウォール街の投機家たちに増税する。
② 連邦最低賃金を、二〇二〇年までに、時給七・二五ドルから一五ドルに引き上げる。
③ 道路、橋梁（きょうりょう）、鉄道、その他のインフラ整備に、五年間で一兆ドルを投資し、少なくとも一三〇〇万人の雇用をつくりだす。

④「どん底に向かう競争」をもたらす自由貿易政策（NAFTA、TPP）をやめ、低賃金国の最低賃金引き上げを促す。

⑤公立大学の授業料をタダにし、貧しさゆえに大学進学をあきらめることをなくす。

⑥単一基金の公的医療保険による国民皆保険制度をつくり、すべての市民に権利としての医療を保障する。

他にもたくさんのことが掲げられ、女性、移民、マイノリティ、障害者の権利も重視されている。賃金が低くて、仕事をかけもちしないと家族を養えない。失業率が高くて、まともな仕事に就くことができない。大学の授業料が高すぎて、子どもを大学に行かせられない。医療保険に入れず、病院にかかれない……。こうした問題は、多くの人々にとって、何より切実な問題だ。誰もが共通に抱える心配事になっているのだ。

金持ちや大企業のためではなく、大多数の人々の生活を良くするための経済政策を実現すること。そのために、階層や人種や性別や性的指向にもとづく分断を乗り越えて団結し、既成の政治権力と闘うこと。これがサンダースの長年の立場と言えるだろう。

ビル・クリントン政権で労働長官を務めた経済学者、ロバート・ライシュは、はっきりとこう述べている。

〈私はバーニー・サンダースを、アメリカ大統領として支持します。彼は、少数の人のためでは

なく、多くの人のためにアメリカを再生させる運動をリードしているからです。〉

サンダースの政策の多くは、実現不可能な夢物語ではない。だからこそ、既成の二大政党政治に幻滅した人々、特に若者から、熱い支持を得ているのだろう。

民主的社会主義と政治革命

このように見てみれば、サンダースの言う「民主的社会主義」や「政治革命」は、それほど過激な思想ではないことがわかるだろう。

彼の言う「民主的社会主義」とは、政府が、ひと握りの金持ちや大企業のためではなく、大多数の人々の生活を良くするために、積極的役割を果たすことなのだ。そして「政治革命」とは、それを実現するために、大多数の人々が民主主義のプロセスに関わることによって、金持ちと大企業に支配された政治を変えることなのだ。

二〇一五年一一月一九日、ジョージタウン大学での講演で、サンダースはこんなことを言っている。大恐慌真っただ中の一九三三年から四選を果たした大統領、フランクリン・D・ローズヴェルトのことだ。

〈ローズヴェルトが提案したことのほとんどが、「社会主義的」と呼ばれました。公的年金はこの国の高齢者の生活を変えましたが、「社会主義的」でした。「最低賃金」という考え方は、市場への過激な介入と見なされ、「社会主義的」と言われました。失業保険、児童労働の禁止、週四〇時間労働、団体交渉、強力な金融規制、預金保護、数百万人を雇用する就労事業、これらはすべて「社会主義的」と言われました。しかしこうした事業はアメリカを形づくり、中間層の基盤となりました。〉

アメリカを大恐慌のどん底から救ったローズヴェルトの政策も、「社会主義的」と言われて猛反発を食らったではないか、というわけだ。

二〇〇八年九月、リーマン・ショックに始まる世界経済危機は、大恐慌以来の経済危機と言われた。ローズヴェルト政権のニューディール政策が本格化するのは、一九二九年大恐慌の勃発から、かなり経ってからのことだ。現在、世界経済危機の勃発から八年が経っている。しかし、巨大な富と所得の不平等は、ますますその深刻の度を増している。

批評家・言語学者のノーム・チョムスキーは、サンダースは決して急進派ではなく、「ニューディール的民主党員」なのだという、的確な判断を下している。そしてこうも言っている。〈サンダースは、多くの若者の心を動かしてきました。彼らはこう言っているのです。「さあどうだ、俺たちはもう、しぶしぶ同意なんかするもんか。この選挙だけでなく、もっと長い時間をかけて、これが続いて、組織されて、運動の力になれば、この国を変えることだってできるんだ」〉

二〇一六年大統領選挙の「サンダース旋風」は、一時の風で収まることはなさそうだ。

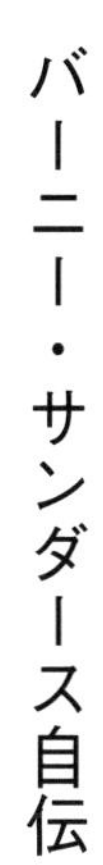
バーニー・サンダース自伝

目次

＊ 本文中、〔　〕は訳者による補足説明を表す。

1962年、人種平等会議の座り込み行動〔シカゴ大学の学生時代〕。行動の1日目、抗議者たちに向けて演説しているところ。人種平等会議はこの頃、シカゴの公立学校での差別をなくす取り組みをしていた。

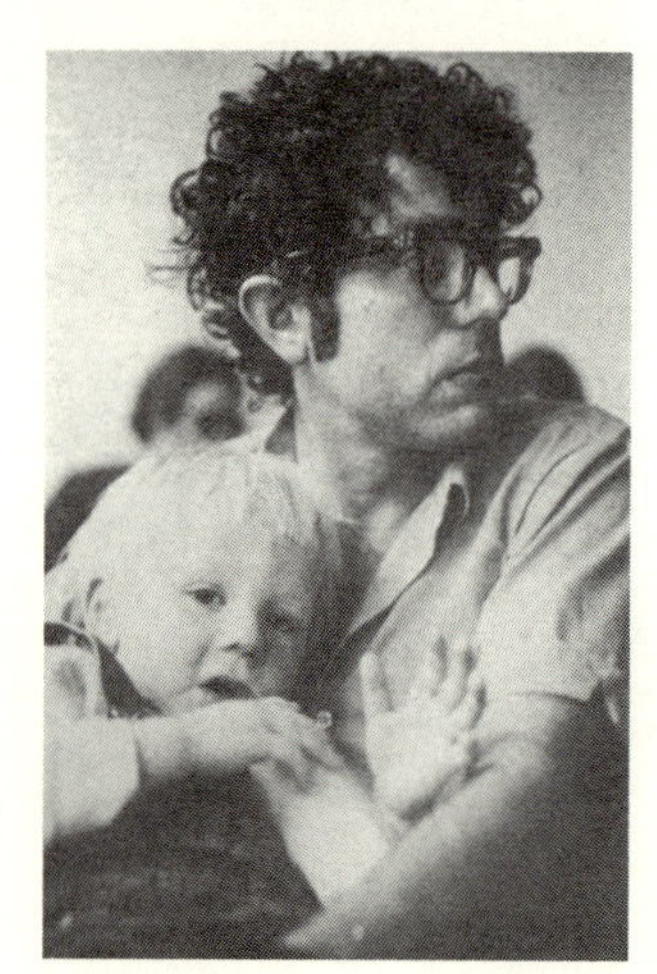

当時2歳半の息子、リーヴァイと。
1971年秋、自由連合党の会合で。

バーリントン市長選挙（1981年）。ジェーンと一緒に、たくさんの支持者の中でテレビの投票結果を見ているところ。

バーリントン人民共和国のソフトボール・チーム。ユニフォームを着ている。

1980年代初めの頃の顔写真。バーリントン市の週刊紙『ヴァーモント・ヴァンガード・プレス』から。

かつてのホテル・ヴァーモントの屋上から、バーリントン市庁舎を望んで。市長として4期を務めた後、1989年の再選には出馬せず、他の道に進むことを決めた。

〔ヴァーモント州〕モントピリア市庁舎で、大統領候補者のジェシー・ジャクソンにあいさつ（1988年12月31日）。この夜、1千人強の群衆の前で、ジャクソンへの支持を表明した。

高所得者へのブッシュ減税延長に反対して8時間半の演説をするため、上院の議場に向かう（2010年12月9日）。この長演説は全国的に報道され、サンダースを大統領選挙に出馬させる運動が始まった。

2015年8月10日、カリフォルニア州オークランドで、全米看護師連合のメンバーたちと。この日、全米看護師連合は、大統領選挙予備選挙への立候補に支持を表明した。

謝辞

ヴァーモント州バーリントンの方々、そしてヴァーモント州の方々に、何年にもわたる支援への感謝を申し上げます。みなさんは、二大政党制から離れて、私をアメリカの歴史上、最も長く連邦議会の無所属議員として務めさせてくれました。他のどんな地域や州もなしえなかったことを、みなさんはやってきたのです。

職務の機会を与えてくださったことに、深くお礼を申し上げます。

ありがとう、ジェーン。妻としての、あなたの愛と支援なくしては、この本に書かれた多くのことは起こりえなかったでしょう。

ありがとう、リーヴァイ。君は一歳の時から、私と一緒に州をあちこちまわり、政治集会に参加してきました。君の愛、忠誠心、そして友情が、いつも私を支えてくれました。

ありがとう、ヘザー、カライナ、デーヴ。君たちは、君たちの人生に私を導き入れ、そうすることで、私に家族の意味を示してくれました。

ありがとう、ラリー。あなたは兄として、そうでなければ決して知りえなかった考え方の世界へと、私の目を開かせてくれました。

ありがとう、ハック。あなたの援助と粘り強さがなかったら、この本は書かれていなかったでしょう。

この出版企画に対するヴァーソ出版社の強力な支援に対して、ありがとう、コーリン・ロビンソン。

連邦議会議員は、強力で献身的なスタッフの支援なしには、多くを達成することはできません。この点で私は、たくさんのすばらしい、一生懸命働く仕事仲間を持てて、全く幸運でした。以下に挙げるのは、私の議会スタッフとして一九九一年から務めてきた方々です。その努力に対して、彼ら全員に感謝します。ポール・アンダーソン、マーク・アンダーソン、リサ・バレット、ダン・バリー、ステイシー・ブルー、デビー・ブックチン、ダグ・バウチャー、スティーヴ・ブレスラー、マイク・ブラウン、ケイティ・クラーク、グレッグ・コバーン、マイク・コーエン、スティーヴ・クロウリー、クラレンス・デイヴィス、ジム・デフィリッピス、ドン・エドワーズ、クリスティーン・エルドレッド、モリー・ファレル、フィル・フィアモンテ、ジョン・フランコ、マーク・ガリガン、リズ・ギブス＝ウエスト、デニス・ギルバート、ビル・グールド、ハック・ガットマン、テレサ・ハミルトン、キャサリン・ハンリー、アドレイ・ハーディン、ミリー・ホリス、リサ・ジェコブソン、キャロライン・カズディン、ニコール・ラブレック、メガン・ランバート、レイチェル・レヴィン、サーシャ・メイヤー、フローレンス・マクロード＝トマス、ジニー・マグラス、クリス・ミラー、エリザベス・マンディンガー、ローラ・オブライエン、エリック・オルソン、カーサ・フィリップス、アンソニー・ポリーナ、ジム・レイダー、タイラー・レッシュ、メアリー・リチャーズ、ジェーン・サンダース、ジム・シュマッハー、ブレンダン・スミス、トム・スミス、サラ・スワイダー、ダグ・テイラー、エレナー・トムソン、ジェフ・ウィーヴァー、シンシア・ウェグラーズ、デーヴィッド・ウェインスタイン、ルーサン・ウィルマン、ホイットニー・ウィルマン、ティナ・ウィセル。

〔共著者の〕ハック・ガットマンは、妻バフ・リンダウの惜しみない愛と限りない支援に感謝します。バーニー・サンダースにも感謝しています。進歩的政治が現実世界でうまくいく時、それがどんな姿を見せるものかを、ヴァーモント州と国に示してくれたことに対して。

まえがき

真面目すぎる、と言われることがあるのだが、それを私は褒め言葉だと思っている。私はいつも、政治とは、国と、理想と、そしてゲームの駒にされている余裕などない人々の運命に関わる、真剣な努力であると考えてきた。こんな考えを持っているために私は、現代アメリカ政治の中で、はぐれ者になっているのだろう。けれども、高額寄付者を求めてジェット機で飛びまわり、コーク兄弟が資金援助するサミットからシェルドン・アデルソンの「予備選挙」へと走りまわる候補者より、私のほうが政治に対して真面目だとしても、私はアメリカ国民よりも自分のほうが真面目だとは思わない〔コーク兄弟とシェルドン・アデルソンは、いずれもアメリカの大富豪〕。

アメリカ国民が望んでいる選挙戦は、候補者がさまざまな問題にどう立ち向かうかについてのものなのだ。資金集めやら票読みやら、誠実な討論をないがしろにするネガティブ・キャンペーンやらを望んでいるのではない。選挙は、草の根運動や思いがけない連帯に影響されるべきであり、個人崇拝や億万長者の小切手帳に影響されてはならないのだ。

私がシカゴ大学で公民権運動を組織する学生として、またヴェトナム反戦の平和活動家として、さらには労働運動や市民運動の支援者として政治に関わりはじめた頃は、選挙政治のくだらなさにイライラしたものだった。メディアも政党も、有権者に対して、哲学や、ましてや理想主義にもとづいてではなく、候補者が明るい笑顔をしているかとか、他の候補者を痛快にこき下ろすかどうかとか、そんなことにもとづいて重大な決定を下すよう、促しているように私には思えた。そんな魂のない政治世界の一部になりたいとは、私は決して思わなかった。そして現在、理想や当選を求めて選挙活動をしてきた年月を眺めてみれば、そんなふうにはならずに、私はよくやってきたと思う。

この本の初版は、もともと『アメリカ下院のはぐれ者』〔Outsider in the House〕という題で、二〇年前、私がヴァーモント州から下院議員に選出された後に書いたものだった。その時はまだ、大統領選挙に出るなんて思ってもみなかった。この本は、私たちが、いかにして自立した進歩的政治を一つの市に打ち立て、次いで一つの州で生み出したかを語ったものだ。それは、ヴァーモント州で最も大きな市バーリントンで市長の座を勝ち取り、続いて、州からの連邦議会議席を勝ち取った、反乱の物語だ。より重要なことに、この本は、権力とあまり縁のない人々の生活をより良くするために、これらの勝利から得られた権限をどう使ったかの物語だ。

この本の本当の主人公は、ヴァーモントの働く人々だ。彼らは経済的・社会的公正のための闘いに、粘り強く取り組みつづけた。メディアや政治エリートから、そろそろあきらめるだろうと見なされてから、もうずいぶん経った。彼らは、単にやりつづけただけではない。他の多くの地域で選挙の投票率が下がっていった時に、友人や隣人を引き込んで投票率を上昇させたのだ。私はいつも言うのだが、バーリントンでの私たちのいちばん偉大な成果は、一九八一年の市長選挙での最初の勝利にあるのではない。それも気持ちいい勝利だったけれど、いちばん偉大な成果は、それに続くいくつもの選挙戦での勝利だった。そこでは投票率、とりわけ低所得者や若者の投票率が上昇したことにより、経済的・政治的エリートが寄ってたかって私たちを阻止しようとするのを打ち破ることができた。私たちは、対立候補をカネで打ち負かしたのではない。票で打ち負かしたのだ。まさに、民主主義における投票の本来の役割どおりに。

最近この『アメリカ下院のはぐれ者』を読みなおして、あらためて気づかされたのは、これがどんなに苦しい格闘の物語であるかということだ。これは、簡単で安定した成功物語ではない。つらい骨折りをしたり、正しい方向にちょっと進んだと思ったら押し戻されたり、選挙に負けたり勝ったり、誰も可能だと思っていなかった打開策が実現したり――そんな物語なのだ。

苦闘の政治は、価値観とヴィジョン、そして何より信頼に根差している。そこには、候補者と、その価値観を共有しヴィジョンを受け入れる人々との、約束が含まれているのだ。それは、「私に投票してくれ、何でも解決してあげるから」というものではない。「私が選ばれたら、あなたのために働くだけでなく、あなたと共に働くつもりだ」というものだ。その「働く」というのは、地域レベルでの計画の実施かもしれないし、連邦レベルでの法案の提出かもしれないが、いちばん大事なことは、人々と、その選んだ代表とが、つながりを持つことなのだ。権力の広間の外側にいる市民のために、その内側で闘おうとする人がいる、ということを示すつながりだ。闘いが進んでいると悟れば、市民は活気づく。より大きな要求が出てくる。より強力な運動が組織される。彼らは、単に選挙に勝つこと以上の政治をつくりだす。市を、州を、国を、いや世界をもたぶん変えてしまう政治をつくりだすものなのだ。

　私はこの苦闘の政治を、人種差別と闘う若い活動家として体得した。私が選挙政治に関わるようになったのは、公民権、女性の権利、労働者の権利、環境保護や平和のための運動を、私たちの投票に、そして権力の中心に反映させる必要があると考えたからだ。出足は遅く、負けては学んだ。私にとって、そして私たちみんなの成功にとって、友人や仲間の忠誠心と献身だけが頼りだった。それに助けられて、ついに私たちは勝ちはじめた。選挙に勝っただけではない。政治活動がその力を次の選挙に集中させているうちには生み出しえないような、変革と進歩を勝ち取ったのだ。二〇一六年大統領選挙に出馬する決意をしたのは、『アメリカ下院のはぐれ者』に書かれた出来事や、その一九九七年の出版後の経験に勇気づけられてのことだ。下院と上院での経験もそうだが、もっと大事なのは、ピケットライン、デモ行進、街頭集会での経験だった。それらは、経済的不平等に反対するためだったり、誤った貿易政策による労働者と地域社会の貧困化に抗議するためだったり、移民の基本的な尊厳と人間性が無視されたことを非難するためだったり、不必要な戦争、人種差別、環境の崩壊に反対するためだったりした。

あの本が出版されてからの二〇年間は、アメリカ国民にとって、楽な時代ではなかった。貧富の格差は、市民社会や健全な経済が耐えうる限界を超えて広がった。二大政党の政治家たちは、貧困に対処するかわりに、それを犯罪と見なして、人種差別的でおぞましい高さの投獄率を容認してきた。気候変動の破壊的な影響は無視されてきた。アメリカはいつも、戦争のためには充分なお金を見つけ出せるのに、インフラや教育や栄養プログラムのためには決して充分なお金がない、そんな歪んだ優先順位の感覚を、私たちは認めてきてしまった。最高裁判所の決定が、億万長者や大企業による選挙買収を容易にし、有色人種や学生による投票を困難にしたせいで、私たちの民主主義はほとんど機能不全にさせられてきた。民主主義がカネとネガティブ・キャンペーンに圧倒され、真面目なジャーナリズムが崩壊するにつれて、アメリカ合衆国は金権政治に退化しつつある。

大統領選挙への出馬を発表した時、私は、ヴァーモント州出身の民主的社会主義者が大統領選挙に勝つためには、政治革命が必要だろうと言った。多くの専門家はこれを、勝つのはありえないことだと自ら認めた言葉だと解釈した。それは違う。あの言葉は、今までやられてきた損害を取り返すために、そして少数の支配者からこの国を救い出すために、何が必要なのかを宣言した言葉なのだ。専門家や政治顧問は、いまだにこれを理解するのに苦労している。けれど、人々はこれを理解する。彼らは私たちの集会に、何千人、何万人と集まってくる。彼らは五ドルや一〇ドルの寄付金を送ってくれる。なぜなら彼らは、もし私たちみんながでぎることをやれば、億万長者階級を打ち負かせるかもしれない、とわかっているからだ。

彼らが私を真面目だと言うとおりに、私は真面目だ。私は形だけの選挙運動に興味はない。私が大統領選挙への出馬を決意したのは、そうすることが必要だと思ったからだ。この選挙運動が政治革命を起こしうると思ったからだ。そして、私たちが勝つことは可能だと思ったからだ。私たちは、バーリントンでそれをやった。ヴァーモントでもやった。そしてアメリカでやろうとしている。圧倒的な優劣の差に直面した時でさえ、変革は起こる。私たちがすでに変革を起こしてきたこと、勝利してきたこと、その認識が、私たちを鼓舞してさらに激しく闘わせる。

この政治遍歴の物語を書きはじめた時、私は「はぐれ者」という称号を受け入れた。私はアメリカ政治の主流の外に立ちつづけてきた。私は現状を拒否してきた。私は味方のない投票をしたこともあるし、孤独な闘いもいくつかやったし、寂しい選挙運動をしたこともあった。けれど今は、寂しいとは思わない。はぐれ者がたくさんいて、時給一五ドルの最低賃金や、構造的失業に対処する雇用プログラムや、単一基金の医療保険や、授業料無償の大学教育や、都市の再整備や、インフラ再建と何百万もの雇用創出や、破壊され人種差別的にされた刑事裁判制度の公正かつ思いやりある改革や、包括的な移民政策改革と市民権への道筋を求めて、団結しているからだ。

大多数のアメリカ人は今日、はぐれ者なのだ。とりわけ、私たちの経済についての決定がなされる権力の中枢から、遠く外側に、はぐれてしまった。私たちは、政治のバランスが大多数のアメリカ人に反する側に傾いているかぎり、また現状が不平等と不公平という性格を持っているかぎり、はぐれ者のままだろう。求められている変革を生み出すためには、新しい時代の、新しい運動の、すべてのエネルギーが必要になるだろう。これらの運動は、外側で始まった。しかし今すでに、内側でも聞こえはじめ、政治を、法律を、アメリカを変えつつある。市や州が、賃金を上げている。大量投獄をもたらす警察慣行と警察政策の人種格差に対処しはじめている。シティズンズ・ユナイテッド〔企業による無制限の選挙資金提供に道を開いた二〇一〇年の最高裁判決〕をくつがえし、自由で公正な選挙を取り戻すような、憲法修正を要求している。何かがアメリカで起こりつつある。政治革命のように感じられる何かが、起こりつつあるのだ。私は下院で、はぐれ者だった。上院でもはぐれ者だった。今、私は大統領選挙の候補者だ。私は信じている。この政治革命は、はぐれ者をホワイトハウスの中へ押し込みうるのだと。そして、私たちが誰一人、もはやはぐれ者ではなくなるように、一緒に政治と統治をつくりかえることができるのだと。

真面目でありながら、なおかつ楽観的でもあることは、可能だと私は思う。圧倒的に不利な見込みを認識しながら、その見込みをくつがえす連帯を築くことは、可能だと信じている。

最初に大事なのは政治戦略ではない。大事なのは、必要性の感覚が共有されることだ。行動しなければならない、と理解されることだ。雇用喪失と賃金停滞によって打ちひしがれ、不平等と不公平に怒っているアメリカ人たちは、この理解に到達してきたと私は信じる。私には、アメリカ人たちが大声ではっきり言うのが聞こえる。「もうたくさんだ」と。この偉大な国とその政府は、すべての人々のものだ。ひと握りの億万長者や、彼らのスーパー・パック〔政治資金団体〕やロビイストだけのものではないのだ。

私たちは、世界の歴史上、最も富裕な国に住んでいる。だが、その事実にあまり意味はない。その富のほとんど全部が、ほんのひと握りの個人によって支配されているからだ。トップ〇・一パーセントの人々が、下から九〇パーセントの人々とほぼ同じだけの富を持っている。増えた所得の九九パーセントが、トップ一パーセントのものになってしまう。何かが根本的に間違っているのだ。下から一億三千万人のアメリカ人よりも多くの富を持っている一家族があるというのは、どこかに根本的な間違いがあるのだ。こうした反道徳的で持続不可能な経済は、本来のアメリカではない。これは変えなければならない。私たちは、みんなでこれを変えるだろう。

この変革は、私たちが億万長者階級に、こう告げることから始まる。「あなたはもう、それをすべて手にするわけにはいかない。この国の子どもたちがお腹を空かしているのに、巨額の免税措置を受けるわけにはいかない。何百万という人々が仕事を探しているのに、勤め口を中国へ移しつづけるわけにはいかない。この国のいたるところに、満たされないニーズが山ほどあるのに、利益をケイマン諸島などのタックス・ヘイブンに隠してしまうわけにはいかない。あなたの貪欲(どんよく)は、もうおしまいにしなければならない。アメリカ人としての責任を果たすことを拒否するなら、あなたはアメリカのもたらす便益をすべて利用するわけにはいかない」

「もうたくさんだ」と宣言する時、私たちは、大多数のアメリカ人のニーズを満たすような国と未来を要求しているのだ。選挙をカネで買うのが難しく、投票がしやすいような国と未来。税金が、牢獄や投獄に使われるのではなく、雇用とインフラ建設に使われるような国と未来。最高によく教育された労働力があり、すべての子どもと大人に最高に多くの機会が開かれている国と未来。国全体にはびこる人種差別主義を終わらせるために、必要な手立てをとる国と未来。週に四〇時間働きながら貧困生活をする人などいないように、しっかりと保証する国と未来。

今は、ちっぽけに考える時ではない。私たちは、相も変わらぬ既存体制の政治や、腐ったワシントン式の考え方にとどまっているわけにはいかない。私たちは、億万長者階級がカネとメディアで私たちを分断するのを、そのままにしてはおけない。今こそ、何百万もの働く家族は——黒人も白人も、ラテン系もネイティヴ・アメリカンも、同性愛者も異性愛者も——団結しようではないか。アメリカ民主主義に命を吹き込み、アメリカ中間層の崩壊を終わらせ、子どもたちや孫たちが、健康で豊かで安全で楽しい生活の質を享受できることを確実にしようではないか。そしてもう一度、アメリカ合衆国を、経済的・社会的公正と、健全な環境と、世界平和を求める闘いにおける、世界のリーダーにしようではないか。今がその時なのだ。

今こそアメリカを、私たち大多数の人々がそうあってほしいと願う国にする時なのだ。その変革のためには、政治革命が必要だ。だが、この本でくわしく語られる経験から私が学んだのは、政治革命は可能だということだ。それをやるのは、億万長者や政治世界の内輪(うちわ)の者ではない。職が脅かされている労働者、借金に押しつぶされそうな学生、定まった所得しかない年金受給者、「もうた

く さんだ」と認識しているはぐれ者——そして、もっと良い何かのために、団結し、選挙運動をし、投票しなければならないと認識している人たちによって、それはなされるのだ。私たちが一緒に立ち上がる時、成し遂げられないことなど何もない。

バーニー・サンダース

二〇一五年九月

序章

一九九六年一一月五日、私たちは勝利した。快勝だ。投票所が閉まってからわずか三〇分後の午後七時三〇分、ＡＰ通信は出口調査をもとに、私たちの大勝利を伝えた。

町ごとの選挙結果が、電話とラジオで伝わってくる。地元バーリントンでは、いつもうまくやってきたが、いつもよりずっと力強く進んでいる。「新北端」の保守的な選挙区でも勝っている。いつも支持してくれない金持ちの町、シェルバーンでも勝利。ウィヌースキー、地滑り的勝利。対立候補の地元、エセックスでも勝利。今度は州の南部からの電話だ。ブラトルボロ、ほぼ三対一で勝っている。信じられない。ラトランド郡でも勝っている。昔から、州でいちばん共和党の強い郡なのに。ベニントン郡でも勝っている。たびたび負けてきたところだ。

一〇時までに、ジェーンと私と子どもたちは、モナのレストランに行った。選挙日の夜の集会をそこで開くのだ。たくさんの人が詰めかけ、騒がしい。テレビモニターに勝利の祝福が映し出されると、ものすごいうるささになった。マイクでしゃべっている自分の声がほとんど聞き取れないほどだ。耳をつんざくばかりの騒音。翌日の『ラトランド・ヘラルド』は、私の発言を「これぞサンダース」と伝えた。「何か間違ったことがこの国にはあるのです。人口のたった一パーセントが、下から九〇パーセントよりも多くの富を持っているのですから」。他のことも少ししゃべった。とてもうれしかった。

共和党の対立候補、スーザン・スウィーツァーは、負けを認める電話をかけてきて、数分だけ会話をした。彼女はそれからテレビに出演し、支持者に感謝を述べ、私の前途を祝福した。民主党の対立候補、ジャック・ロングは、お祝いを述べるために訪ねてきた。

翌朝になると、新聞が町や郡ごとの選挙結果を公表し、私たちの勝利の度合いが明らかになった。投票数の五五パーセントがサンダース。三二パーセントがスウィーツァー。九パーセントがロング。私たちは、州のすべての郡で勝利し、ほぼすべての町で勝利した。こんなこと、誰が予想しただろう？　無所属の勝利、しかも圧勝は、希有(けう)なことだ。あまりに珍しかったようで、『USAトゥデイ』が全国の選挙結果一覧を掲載した時、ヴァーモントの箇所はこうなっていた。「全州——五六パーセント。民主党　ジャック・ロング——九パーセント。共和党　スーザン・スウィーツァー——三三パーセント」。この新聞のデータベースには、「無所属」という分類がなかったのだろう。

私の手元にある新聞には、こう書いてある。「政治学教授で議会の歴史にくわしいガリソン・ネルソンによれば、サンダースは、議会に選出された無所属議員として史上最長の任期を務めている」。ガリソンはヴァーモント大学で教えていて、これらの事情についてよく知っている。それが彼の研究なのだ。こんな事態を誰が予想できただろう? ありがとう、ヴァーモント。

しかし、これは厳しい選挙だった。選挙の最終結果が示しているよりも、はるかに困難だった。ニュート・ギングリッチ〔共和党の大物政治家〕と下院共和党の執行部が、この選挙を「標的」として、私を打ち負かすために膨大なカネをつぎ込んだ。この国で最も有力な共和党の人物たちが、スウィーツァー応援のためヴァーモントにやってきた。多数党院内総務ディック・アーミー、共和党全国委員長ヘイリー・バーバー、大統領候補スティーヴ・フォーブス、下院予算委員長ジョン・ケーシック、そして共和党大会での基本方針演説者スーザン・モリナーリだ。私は下院進歩派議員団の議長であり、民主的社会主義者であり、彼らの「アメリカとの契約」〔共和党が一九九四年に打ち出した政策文書〕に反対する指導的立場にいたので、長いこと彼らの悩みの種だった。どうしても私を追い出したかったのだ。

私の選挙運動は、アメリカ企業界からも標的にされた。合衆国商業会議所、全米製造業者協会、全米独立企業連盟によって、主要な大企業の集団が組織され、その「攻撃対象者」の筆頭に私が選ばれた。彼らは何万ドルものカネをヴァーモント州につぎ込んで、私を中傷する不誠実なテレビ宣伝や、州じゅうにばらまく郵便物のための資金援助をした。選挙期間中、ヴァーモントの人々は、私を攻撃するテレビ宣伝を四種類も見ることになった。

ヴァーモントの最も富裕な人々は、共和党の対立候補のために資金をつぎ込んだ。法定限度額いっぱいの一千ドル小切手をたくさん書き、五〇〇ドルの食事パーティーに出席した。私たちは、全米ライフル協会や、全国自由労働権組織〔反労働組合的な組織〕や、その他の右翼組織や大金持ち組織とも対峙した。一人の下院議員しか出せない小さな州ヴァーモントの議会選挙に、州と国の支配階級がこんなにも注意を向けるとは、かつてないことだった。

それとは対照的に、無所属である私の選挙運動は、主要政党からの支援も基盤もなしでの闘いだった。ワシントンの「中央事務所」からの資金援助もなし。他の候補との「協調的選挙運動」もなし。地域本部での大統領候補との写真撮影もなし。党の理想に対する長年の献身を誇る一族からの票もなし。一票一票のために闘わなければならなかった。実際、そうやって闘った。

私たちは臨機応変に対処し、ここ何年もの間で最高の、おそらく今までで最高の選挙運動をやった。労働組合、女性団体、環境団体、高齢者、低所得の人々からなる私たちの連合体が、実にうまく機能した。私たちは、二万人以上から個人献金を受け取り、一〇〇万ドル近くを集めた。一〇万枚以上のビラを手渡しで配り、何万件もの電話かけをやり、一三万枚を超える郵便物を送った。選挙運動スタッフがすばらしかったし、ボランティアたちが献身した。それらがみんな合わさって、選挙日に結実したのだ。

間違いなくこの本は、議会選挙運動をうまくやるためのマニュアル以上のものだ。これは政治的伝記だ。私と仲間たちがヴァーモントで獲得してきた勝利について語っているが、失敗した運動や、挫折した試みのことも語っている（アメリカの左翼の現状を考えたら、それが当然だろう？）。

この本は、私たちが生きているうちには実現しそうもない、夢と希望についての本だ。大多数の人々は、議会における代表者の名前も知らず、半数以上はもはや投票をしていない、そんなアメリカの、民主主義の脆さについての本だ。ひと握りのエリートが、気前のいい献金を通じて二大政党を、さらにはワシントンでなされることの多くを支配している、そんな政治システムについての本だ。

この本は、企業の貪欲と労働者への侮辱についての物語だ。公共の利益かのように偽装された私的な計画のことや、巨大な利益を追い求めるアメリカ企業界が労働者をあざむいていることが書かれた物語だ。全国メディアのことも書かれている。それは大企業によって所有され、ますますニュースを娯楽と見なし、日ごとにアメリカ市民の知性を侮辱している。それは、並みの政治家と比べても、いっそう日々の暮らしの現実からかけ離れたものになっている。

そして、ヴァーモント。この本は、偉大なヴァーモント州、私が世界でいちばん好きなところについての本だ。人口四万人の私たちの「大都市」、バーリントンについての本でもある。この本では、たいていのヴァーモント人が住んでいる小さな町々を訪ねるだろう。この小さな州の人々の間にある特別な関係を眺めるために、お祭りやパレードにも立ち寄ってみよう。

この本は、バーリントン市長としての私の八年間についての本でもある。そこでの進歩的運動が、いかにこの市を、アメリカで最も刺激的で、民主主義的で、政治的に目覚めた市のひとつにするのに貢献したかが描かれる。そうだ！　民主主義はうまくいくのだ。この本は合衆国議会についてのものでもあるが、そこには善い人もいれば、あまり善くない人もいる。この本は二つの主要政党のことを検討しているが、そのどちらも、働く人々のニーズを代弁するようになってはいない。それからこの本は、無所属の進歩的政治運動をつくりだすのに役立った、挫折と成功についても検討している。私が関わってきた闘争のいくつかをふり返るが、それは連邦予算のまともな優先順位を求めるものや、すべての人に医療を保障する国民皆保険制度を求めるものや、多国籍企業ではなく労働者のニーズを反映する貿易政策を求めるものや、企業助成をやめることを求めるものや、最も弱く傷つきやすい人々を支えるプログラムを守るためのものだった。

何よりこの本は、経済的・社会的公正のヴィジョンを守るための闘いと、そのヴィジョンが生きつづけるために必要な楽観主義について書かれた本だ。

言うまでもないことだが、何年にもわたり私の側について働いてくれた多くの親友や仕事仲間の助けがなかったら、私はバーリントンの市長にも、合衆国議員にも、決してなれなかっただろう。彼らは私に力を与え、支えてくれた。彼ら全員に感謝したい。

1

あなたはどこかで始めるべきだ

1962年、人種平等会議の集会で〔シカゴ大学の学生時代〕。
私〔右〕はその運営委員だった。シカゴ大学総長、ジョージ・ビードルと並んで立っている。

一九九六年五月二〇日。私は疲れていた。昨夜はとても暑かったし、よく眠れなかった。一晩中、屋根裏のアライグマが鳴いていたので、たった四時間の睡眠の後、午前六時三〇分には起こされてしまった。夜の間ずっと、私はディック・アーミーのヴァーモント州訪問の影響が気になっていた。アーミーはニュート・ギングリッチの片腕で、ギングリッチがリベラルに見えるほど反動的な男だ。来る議会選挙での私の対立候補、スーザン・スウィーツァーを応援するために、ヴァーモントにやってきた。より重要なことに、彼はスウィーツァーの資金集めのために来たのだった。スウィーツァーがアーミーを招いたことは、たぶん大失敗ということになるだろう。下院の多数党院内総務であるアーミーは、日に日に世間の評価が落ちている議会右派の典型みたいな男だからだ。五〇〇ドルの夕食会でアーミーが演説しているホテルの前で、三〇人ほどのヴァーモント住民がデモをした。彼らはギングリッチとアーミーの「アメリカとの契約」の熱烈な支持者ではない。

州内最大の新聞である『バーリントン・フリー・プレス』は、議会共和党の野蛮な歳出削減に抗議したこのデモを、かなりしっかり取り上げた。この紙面は、共和党の方針がはらんでいる、貧困層、高齢者、女性に対する攻撃といった重大な問題を提起し、この不人気な方針をスウィーツァーに関連づけた。おまけに全米女性機構の地域支部の人の発言まで引用していた。それでも、スウィーツァーは一晩で三万ドルを集めた。これは途方もない金額だ。ヴァーモントのような小さな州では、なおさらそう言える。

スウィーツァーは、アーミーのイベントを「多数党院内総務による私的な会見」として宣伝した。アーミーは、これまでも発言してきたような、公的年金、メディケア、メディケイド、最低賃金をどうやって削るべきかという考えについて、ヴァーモントの金持ち共和党員たちに知恵を授けるつもりなのだろうか〔メディケアとメディケイドはアメリカの公的医療保険制度〕。あるいは、たぶん「共和党革命」〔一九九四年選挙での共和党の大勝利。「ギングリッチ革命」とも呼ばれる〕について話をするだけだろう。いずれにしろ、ヴァーモントでは、夕食に五〇〇ドルは大した金額だ。金持ち連中がお楽しみくださることを願った。

私は本能的に、これはものすごく大変な選挙になるぞと感じていた。前回の選挙はたった三ポイント差の勝利だったが、スウィーツァーは前回の対立候補よりも、はるかにうまく陣営を組織している。前回の対立候補より、ずっと早くから選挙運動を始めているし、多くの資金を集めつつある。加えて私が恐れていたのは、醜(みにく)い個人攻撃が激化していくような、いやな選挙になりはしないかということだった。厳しい六カ月になりそうで、私は正直、気が重かった。

本当に悩ましいのは、ネガティブ・キャンペーンだけではなかった。嘘や歪曲はもう始まっていた。しかしそれだけでなく、すでに議会に選出されていた私が、本来やるべき仕事よりも、資金集めと選挙運動への対処に膨大な時間を費やさなければならないことが悩みだった。スウィーツァーは選挙運動を一一月に〔つまり選挙日の一年前から〕始めていた。私の二年の任期は、まだ半分以上も残っていた。これは大変なことだ。私は一二カ月もの間、本来の仕事に専念するよりも、選挙に集中しなければならないのだ。

その前の二週間、私は、共和党が提案した国防授権法案に反対する中心的役割を果たしていた。この法案は、すでにクリントン〔ビル・クリントン大統領〕が割り当てていた予算に加えて、さらに一三〇億ドルを国防に当てるものだった。クリントンの予算もすでに高すぎるものだった。それなのに私は、ヴァーモントとアメリカが直面するこの重大な問題に専念するのでなく、選挙運動のために、もっともっとエネルギーを費やさなければならなくなる。電話をかけて資金集めを始めなければならない。世論調査やテレビ宣伝や選挙運動スタッフのことを考えないといけない。前回の選挙でのたくさんのミスをくり返さないよう、しっかりしなければならない。要するに、もっと政治的にならないといけないのだ。それはまだ早すぎるし、好きではない。

多くの人は、ニュート・ギングリッチやラッシュ・リンボー〔右派のラジオ司会者〕やその仲間たちが、この国の向かうべき先についての議論をどれほど大きく変えてしまったかに、まだ気づいていなかった。国防予算について言うと、一九七人いる下院民主党議員のうち七五人までもが、軍事予算の途方もない大膨張を支持したのだ。もちろん共和党議員はほぼ全員〔極端な「赤字削減論者」も含めて〕、この増加を支持した。冷戦は終わった。私たちは「敵」を全部合わせたより何倍も多く支出している。そして大した騒ぎもなく、国防予算が著しく引き上げられる。

軍事委員会では、軍事支出の増加はほぼ全会一致で賛成だった。五五人の委員のうち、ロン・デラムズとレーン・エヴァンスの二人だけが反対票を投じた。ひどい状況だ。こちらの選挙区にちょっとお恵み、こちらの選挙区にもちょっとお恵み、それで納税者は、必要とされているより何百億ドルも多くを支払う羽目になる。

諜報(ちょうほう)予算も同じだ。ニューヨーク州選出のメジャー・オーウェンズ、マサチューセッツ州選出のバーニー・フランク、そして私の三人は、それに先立つ五年間、CIA〔中央情報局〕とその他の諜報機関の予算を削減しようと試みてきた。この年、一〇パーセント削減する修正を持ち込んだ時に、私は『ニューヨーク・タイムズ』の記事を読み上げた。その記事は、大きな諜報機関のひとつである国家偵察局が四〇億ドルをなくした経緯を書いたものだった。そう、お金をなくしたのだ。彼らは四〇億ドルについて説明できず、その財務記録はめちゃくちゃだった。でも大丈夫。諜報機関は、何があっても予算増額を勝ち取るのだ。

その一方で、共和党支配の議会は、多くの民主党議員の賛成を得て、高齢者や、子どもたちや、病人や障害者や、ホームレスや貧しい人々が必要としている、あらゆる社会プログラムを削減していた。それは「優先順位の整理」と呼ばれていた。

選挙運動の当初はいつも不安なのだが、今回はいつも以上だ。ギングリッチとアーミーの攻撃対象にされたこと、共和党全国委員会の委員長がヴァーモントに来て、法定限度額いっぱいの一五万三千ドルをスウィーツァーに差し出すと宣言したこと、これだけでも最悪だ。しかしもっと悩ましいのは、私たち進歩派が、必要なだけの盛り上がりや支持を生み出していないことだ。無党派の進歩的政治がこの国のどこよりも発展しているヴァーモントなのに、そんな状況なのだ。

私は幻想を抱いてはいない。これは私の、五回目の議会選挙戦なのだ。一九八八年は負けた。一九九〇年、九二年、九四年は勝った。人々は、私が初めて立候補した時のように盛り上がってはいない。「バーニーの再選をもう一度！」は、特に人の心を動かすスローガンではないのだ。それに、選挙闘争を**つくりだす**ことに力をそそぐ進歩派が、単純に不足している。多くの進歩派の活動は、特定の問題と行動団体の周りだけでおこなわれている。多くは、地域の人たちと本当にふれあってはいないし、連邦議会の議席や、知事の席や、市長の席を勝ち取るためにがんばることを大事だと思っていない。理論やアイディアは刺激的なものだが、公職を勝ち取り維持する実践というのは、また別の話だ。そこで私は、二年前と同じ問題にぶち当たるのではないかと心配になってくる。すなわち、中核となる支援者のモチベーション不足だ。

私たちが出会う困難のひとつは、現代のアメリカ政治に、イメージとテクニックがかなり関わっていることだ。ご存じだと思うけど、選挙というのは、私たちの社会が直面している喫緊の問題とは関係ないのだよ。アイディア。ヴィジョン。分析。やめてくれ！　たいがいの選挙運動は、三〇秒のテレビ宣伝をやり、投票へ誘い出し、票読みをし、浮動票をつかむことなのだ。

これは投票の六カ月前のことで、共和党はもうフォーカス・グループ調査（有権者を数人集めて議論させる形式の世論調査）を済ませていた。なぜわかるのかって？　彼らの発する「メッセージ」でわかるのさ。呪文のように何回も何回もくり返すのだ。「バーニー・サンダースは役立たず。バーニー・サンダースは非現実的。バーニー・サンダースは極左主義者。バーニー・サンダースは下院の議場でわめき散らすが、誰も話を聞いてはいない。それにひきかえスーザン・スウィーツァーは、賢く穏やかで、誰とでも一緒に働ける」。これで私をやっつけられると思ったわけだ。たぶんね。

がっかりすることだが、現代の選挙政治はテクニックによって動かされるので、連邦議会の選挙運動ともなれば、勝ち抜くためにはますます洗練された「専門家」が必要になっている。しかし、どこまでやればいいのだろう？　ああしろ、こうしろ、と教えてくれるワシントン筋の敏腕コンサルタントを雇うために、私は四〇年ぶりの無所属議員として議会に選出されたのか？　冗談じゃない。私はワシントンの内輪の人たちによって、型にはめられ、成型されようとしているのか？　私の目の黒いうちは、そんなことはありえない。

しかし、効果的なテレビ宣伝をやることは、進歩派の民主的社会主義者にとって、何か本来の原則に反することなのだろうか。それは共和党と民主党だけがやってもいいと認められているものなのか。そうではない。私の考えでは、テレビはうまくやるべきだ。私の経歴をねじ曲げる対立候補のテレビ宣伝に対して、直ちに反論すべく準備しておくべきではないか？　そのとおりだ。ガリ版刷りのビラなり、帽子とつなぎの服を着けた大恐慌期の労働者の写真なりを使って情報宣伝をやらないと、社会主義の理想を裏切ることになるのか？　そんなことはない。世界は変わった。使える道具は使うのが適切だ。

とはいえ、何でもありというわけにはいかない。ヴァーモント政治の最初の頃から、私は外部のコンサルタントに頼らないことに誇りを持っていた。私たちは何でも全部、ヴァーモント州の中でやった。すべてを「仲間うちで」、たいていは私の家でね。ラジオ宣伝の原稿をどうやって書いたか、ぜひお見せしたいものだ。キッチンテーブルでやってたんだから。バーリントンの前市弁護士補佐ジョン・フランコは、大声で、聡明で、たまに下品な時もあった。ジョージ・タボルトは、私が市長の時の補佐官で、想像力の豊かな、おもしろいやつだった。デーヴィッド・クラヴェルは、地元の印刷屋だが、私の行政府で働いたこともあった。ハック・ガットマンとリチャード・シュガーマンは大学教授。それにジェーンと私。完全に仲間うちだ。すごい執筆スタイルだ。

テレビ宣伝については、私たちはいつも親友たちと一緒にやった。バーリントンのすばらしい映画監督、ジミー・テーラーとバーバラ・ポッターだ。彼らはいつもいい感じで、時には輝いていたし、ヴァーモントをよく知っていた。視覚に訴えるといえば、私の知るかぎり最も人目を奪う人物、妻ジェーンも、こういう時は中心にいた。一九九〇年に初めて連邦議会選挙で勝利した時、ジミーとバーバラとジェーンは、すばらしい評価を得た宣伝映像を制作した。そのテープは、バーリントンのジミーとバーバラの居間に残っている。二時間にわたって、カメラを私の顔にまっすぐ向けて固定し、バーバラと私が気楽にしゃべり合った。私がなぜ政治に関わるようになったのかとか、いちばん関心がある問題は何かといったことだ。それをジミーとバーバラが短く編集して、五分間のスポット宣伝をテレビで流した。

当時、テレビ・コマーシャルのほとんどは三〇秒かそれ以下だった。だからこの宣伝は、問題に正面から切り込んだためだけでなく、その長さが斬新だったこともあって大ウケした。後で私たちは、これを一分三〇秒ずつに分け、有権者たちが五分バージョンで知ったことを念押しするようにした。

一九九〇年には、地元の力が存分にあった。多くの人は私たちが負けると思っていたが、その力のおかげで勝利に持ち込めた。一九九二年、九四年も、それはいっそう効果を発揮した。しかし今、一九九六年の私たちは、共和党全国委員会を相手にしなければならない。おそらく世界で最も洗練された政治組織だし、あり余るほどのカネを持っている。私たちは共和党からの攻撃に、充分な備えができていない。私たちは人生最大の闘いに直面しており、受けられるだけの援助を受けなければならない。

そこで私は初めて、熟達した本物の「コンサルタント」を求めて州を出た。彼らの言うとおりにしなくてもいいが、話を聞くのは悪くないだろうと思ったのだ。この詳細は後で語ろう。

一九七一年の秋、ヴァーモント州プレインフィールド。私はちょうど、「北東王国」と呼ばれるヴァーモント僻地の小さな町スタナードから引っ越してきて、バーリントンに住みはじめたところだった。バーリントンは人口四万人足らずだが、ヴァーモント州最大の市だ。私はもともと、一九六四年に、夏を過ごしにヴァーモント州に来た。定住するようになったのは一九六八年からだ。シカゴ大学時代に友人だったジム・レイダーと、ヴァーモントでふたたび付き合うようになったのだが、彼が、プレインフィールドのゴダード大学で自由連合党が会合を開くことを教えてくれた。自由連合党については、私も聞いたことがあった。小さな、平和志向の第三政党であり、ヴァーモントの選挙に候補者を出したことがあった。それから数日間、ジムの言葉が私の頭の中で鳴り響いていた。とうとう私は、プレインフィールドでの会合に行くことに決めた。

なぜ行ったのかって？　さあ、なぜだろう。私はシカゴ大学の頃、急進的な政治活動をやっていて、公民権運動や平和運動に関わっていた。短い期間だが、労働組合で働いたこともある。私は、ニューヨーク市ブルックリンの、中間層の下のほうの家庭に育った。お金がないことが、いつも緊張と悲哀（ひあい）の種になっている家庭というものを、私は知っていた。

私の父はペンキのセールスマンで、毎日毎日、来る年も来る年も働いた。テーブルに食べ物を並べるだけのお金はいつもあったし、余分に何かを買う余裕もあった。けれど、三・五部屋のアパートを引き払って家を持ちたいという母の夢を叶えるには、ぜんぜん足りなかった。ベッド、ソファ、カーテンといった大きな買い物の時には、買える余裕があるのかないのか、夫婦喧嘩になるのが常だった。あるとき私は、母に頼まれた食料を、値段の安いスーパーマーケットではなく、地元の小さな店で買うという失敗をしてしまった。それで私は、賢い買い物や倹約についての、ものすごく感情のこもった講義をお聴きする羽目になった。

私は運動が得意だった。野球のグラブ、運動靴、競技用シューズ、フットボールのヘルメットを買うお金はあった。でもたいていは、他の子が持っているもののほうが質が良かった。お下がりの服もあったが、それなりの服を買うこともできた。しかしそれは、いちばん安く買うために、ものすごく歩きまわったうえでの話だった。幼い頃から私は、お金がなくて経済的に不安定であることは、人生のあり方を決める中心的な役目を果たしうるのだと知った。決して忘れることのない教訓だ。

私はブルックリンにあるジェームズ・マディソン高校を卒業して、大学への入学を申し込んだ。父はその進路に、疑いの気持ちを抱いていた。彼はポーランドで高校を中退し、若くしてこの国にやってきて、働きづめの人生だった。大恐慌のことも生々しく記憶していた。だから、高校を出たら堅実な仕事に就くほうが、学生生活をさらに四年も重ねるよりも安全ではないかと疑っていたのだ。母は〔ニューヨーク市〕ブロンクスの高校出だが、父の考えには反対で、私が大学に進むのは大切なことだと考えていた。

両親はいつも民主党に投票していた。けれどもそれは、近隣のユダヤ人家族がほとんどみんなしていたことであり、基本的に両親はノンポリだった。私の記憶では一度だけ、家族で政治集会に出かけたことがある。アドレー・スティーヴンソンが大統領選挙運動の一環で、私の通う第一九七公立小学校で演説した。私を政治の世界に導いたのは、兄のラリーだ。彼はブルックリン大学の「若き民主党」〔民主党の青年組織〕の議長となり、彼の集会に私を引っぱり出すことで、兄としての責任も果たした。もっと重要なことに、兄はたいへんな読書家であり、ありとあらゆる本や新聞を家に持ち込んでは私と議論した。

私はブルックリン大学で一年を過ごした後、シカゴ大学で四年を過ごし、一九六四年に学士として卒業した。学生ローンと奨学金とアルバイトで通した。私は良い学生ではなかった。大学教育にどれだけ専念しているか「自己評価」したほうがいいと、学生部長からたぶん勧(すす)められていたのだが、そんな時に研究をさぼったりしていた。しかし本当のことを言えば、私は正式の研究よりも、講義室の外での活動から多くを学んでいたのだ。大学で私は、人種平等会議、学生平和連合、青年社会主義者同盟の一員だった。シカゴの学校制度と住宅問題での差別を終わらせるための公民権活動に参加したり、核兵器拡散に反対するデモ行進に出たりした。ほんの短い期間だが、全米精肉業労働組合でも働いた。大学三年生の時には、アメリカ・フレンズ奉仕団の事業の一部として、カリフォルニアの精神病院で働いた。

大学の授業課程にはあまり興味が持てなかったが、本は手あたり次第に何でも読んだ。どれも講義と関係ない本だけどね。シカゴ大学には、アメリカで有数のすばらしい図書館がある。私は地下の書庫に潜るようにして長い時間を過ごした。そこに蔵書のほとんどが収められていたのだ。私はたいてい、アメリカとヨーロッパの歴史、哲学、社会主義、心理学の本を読んだ。とりわけ、ジェファーソン、リンカーン、フロム、デューイ、デブス、マルクス、エンゲルス、レーニン、トロツキー、フロイト、ライヒを読んだ。雑誌の部屋も見つけた。

それはともかく、私は一九七一年のある美しい秋の日に、自由連合と称する人々の会合に出たのだった。見知らぬ人たちで部屋は満員だった。

来てすぐにわかったのだが、この会合の目的は、上院と下院への候補者を指名することにあった。ヴァーモントの古参の上院議員ウィンストン・プラウティが、一九七一年九月一〇日に亡くなった。そして、州でただ一人の下院議員ロバート・スタフォードが、下院の議席をなげうって、空いた上院議員の席を埋める一月の特別選挙に出馬することを決めた。二つの議席が空き、いずれも現職議員の立候補はなしということだ。

自由連合党は小さな党で、二つの議席に対して、立候補に興味のある人がたくさんいるわけではなかった。正しく公正であると信じるものへの情熱がみなぎり、私は手を挙げて、教育、経済、ヴェトナム戦争についての見解を披露(ひろう)した。一時間後、私は上院議席をめざす候補者として、自由連合党の指名を勝ち取った。何たる草の根民主主義！　この会合では、それ以来の親友である、チッテンデン郡のディック・クラークとベティ・クラークにも出会えた。

「勝ち取った」というのは褒めすぎかもしれない。私は全会一致で候補者に選ばれたのだが、それは競争相手が誰もいなかったからなのだ。その日が終わらないうちに、私は人生で初めての選挙運動に乗り出した。下院の候補者に選ばれたドリス・レイクと一緒に、二大政党制の外から、ヴァーモントの選挙民に政治的見解を示すこととなった。

選挙運動の最初に、私は初めてラジオ放送に出演した。バーリントンでのトークショーだ。まったくもって見世物(ショー)だった。緊張で膝がガタガタ震えるのを止められず、テーブルに文字どおり膝蹴りしつづけていたのだ。スタジオと調整室を隔(へだ)てるガラス仕切りの向こうから、音響担当者が私に向けて全力で手を振っている。テーブルを震わす音がマイクに入っていたのだ。自由連合の上院議員候補者が政治キャリアを歩みはじめたところ、おかしな騒音に妨害されたというわけだ。そしてこのキャリアに未来はなさそうだということを、聴取者からの数件の電話が物語っていた。「こいつは誰だ?」と放送中に聞いてきた電話もあった。

そんな不運な門出(かどで)だったが、公職に立候補する経験はとても楽しかった。いちばんわくわくしたのは、ヴァーモントの人々に向けて、彼らの多くが今まで聞いたこともなかったような見解を示せたことだった。ヴァーモントは、とても小さい田舎の州ではあるけれど、ラジオ局が数十局もあり、日刊紙が一一、週刊紙が三〇以上もあった。結局のところ、地元メディアの多くは、自由連合の候補者の風変わりな見解を報道することを楽しんでいたようだ。その夏と秋の間、何度も何度も、私はヴェトナム戦争反対を力説し、経済的民主主義と社会的公正についての信条をはっきりと述べた。

ヴァーモントでの対立候補は、たびたび私のことを、同じテーマをくり返してばかりで退屈だと言って非難する。たぶんそのとおりだろう。私には、大多数の人が何も持たない一方、ほんの少数の人がものすごい富と力を持っていることが、当時も今も腑(ふ)に落ちたことがないのだから。公正というのは、複雑な概念ではないし、別に「新しい」考え方でもない。残念なことに、多くの政治家は、わが国が直面しているいちばん深刻な問題についても、その本当の原因についても、語ろうとしない。だから私は語るのだ。何度も何度もくり返すのだ。これはメディアと対立候補をたいそうイライラさせるが、ヴァーモントの人々の多くは、彼らの生活に最も深く関わる問題に私が取り組んでいるのだと理解してくれるようだ。この国で経済的・社会的公正が実現されたならば、その時に私は、新しい内容のスピーチを書くことになるだろう。

一九七〇年の選挙の少し前に、下院銀行委員会が発表した報告書は、アメリカの巨大銀行がどれほど多くの主要企業を支配し、途方もない経済的影響を私たちの社会に及ぼしているかを立証していた（その二〇年後に私がこの委員会の委員になるとは、私自身も、いやヴァーモントの誰も、思っていなかっただろう）。私は州のどこに行くにもこの報告書を持ち歩き、たくさん引用させてもらった。

私は「取締役兼任」の現象について語るためにその報告書を使った。そして、ひと握りの権力者たちが、いかに主要産業に影響を及ぼす決定をしているかを示した。私は企業支配の現実を、労働者、農家、商店主といった、普通の働く人々の生活と対比させた。彼らには、仕事上で降りかかってくることについて、何ひとつ発言権がないということだ。

何度も何度も私は、このような富と決定権の不平等は、単に経済的に不公平なだけではないのだ、経済的民主主義がなければ、本来の政治的民主主義も達成できないのだ、と力説した。このメッセージは、簡単な公式にまとめられる。富イコール力、欠乏イコール従属、という式だ。どうしたらこれを変えられるのか？　どうしたら真の民主主義社会をつくりあげることができるのか？

私にとって、この選挙運動の山場のひとつは、共和党議員のロバート・スタフォードと、民主党候補者で州議会議員のランディ・メージャーとの公開討論ができたことだった。聴衆は大方、私が表明した見解に共感した。とりわけ経済的公正の要求についてはそうだった。私は小さな政党の候補者ではあったが、人々は私が言わねばならないことに耳を傾け、しばしば私の立場を支持したのだ。

これらの討論と聴衆の反応から学んだ教訓は、今も忘れていない。その教訓とは、私が支持している考え方は「極端」でも「過激」でもないということだ。はっきり言えば、これこそが「主流」なのだ。耳にする機会さえあれば、大多数の人が支持する考え方なのだ。要するに、社会的公正は「急進的」でも「反米的」でもない。

しかし、この初めての選挙運動で明らかになった政治的事実が、もうひとつあった。これは第三政党の永遠の悩みだ。「バーニーさん、あなたの言うことには全く賛成だ」、討論会の後には、聴衆の誰かが必ずそう言ってくれる。「でもね、第三政党の候補者に投票して、票を無駄にしたくはないんですよ」。この何年もの間、こんな意見を何度聞かされたことか。

初めての選挙運動は、政治におけるメディアの役割を知る、良い手引きにもなった。忘れられない経験がある。民主党候補者で州議会議員のランディ・メージャーは知名度が低く、とても共和党的なヴァーモント州（当時はそうだった）では、彼の出馬は一か八かのきらいがあった。そこでメージャーは、「州をスキーでまわって有権者に会う」ことによってメディアの注目を集めるという計画を考案した。それはまことに才気あふれる宣伝戦略で、実際すばらしくうまくいった。選挙運動の間じゅう、スキー議員の話題で持ちきりになった。

実際、報道の注目は、ヴァーモントや国が抱える不具合よりも、メージャーの足の具合にそそがれたのだった。退屈したメディアに向けて私が、人間性が直面している主要な問題についての長い長い声明文を送っている時に、テレビカメラは、ランディの足の水ぶくれに、文字どおり焦点を合わせていたのだ。それは「新しい」速報ニュースだった。ランディは明日もスキー活動を続けられるのか？　チャンネルを合わせて見つけ出せ。いずれにせよ、私の徹底的な分析も、ランディのスキーも、選挙結果にとっては瑣末なことだった。一九七二年一月は、ボブ・スタフォードが三一パーセントの得票で特別選挙に勝利した。私は一千ドルも使わずに、遠く離されて第三位、投票のたった二パーセントだった。

しかし本当のことを言うと、私は自分が出馬したこの選挙戦が誇らしかった。得票が少なかったことで落ち込んだりはしなかった。政治的変革のためには長い道のりが必要だということがわかったし、私たちは、ある種の重要な成功を手にした。自由連合は、運動員もお金も少なかったけれど、何万もの人々に新しい観点を提示できたからだ。かなりのヴァーモント住民が、二大政党制の見地から抜け出して政治を見るようになっていた。

六カ月後、一九七二年の本選挙の時、私はヴァーモント州知事選挙に立候補した。選挙運動の期間中、私は自然に、知事が対処すべき、州と地域の問題に集中した。私の選挙運動に対する関心は高まったが、私の得票率は、逆に下がった。今回はたった一パーセントで終わってしまった。これは大した経験だ。一パーセントを取っちゃったぜ。しかし、私と他の自由連合の候補者たちが選挙期間中に提起した問題は、選挙結果に対して重要な影響を及ぼすのに役立った。そして最終的に、州の政策の変化に帰結したのだ。

民主党のトマス・サーモンが、共和党候補者のフレッド・ハケットを打ち破り、州の歴史上たった二人目の民主党知事に選出された。選挙期間中サーモンは、実に抜け目なく効果的に、自由連合が取り組んできた二つの問題を取り上げた。財産税改革と、低所得家庭の子どものための歯科医療だ。サーモン州政のもとでは、評判の良い財産税軽減計画が確立され、子どもの歯科医療の改善に役立つ「歯の妖精」計画も確立された。たった一パーセントだったけれど、自由連合は重要な立法に影響を与えたのだった。

一九七二年は、リチャード・ニクソンがジョージ・マクガヴァンに対して、〔大統領選挙で〕地滑り的勝利を果たした年だ。この選挙期間中、自由連合は、人民党から大統領に立候補した世界的に有名な小児科医、ベンジャミン・スポックを支持した。スポックはおもしろい人で、ヴァーモントにも何回か遊説(ゆうぜい)に来た。彼は「主要な」大統領候補の一人だったから、シークレット・サービスの護衛(ごえい)つきで、ニクソンやマクガヴァンと同じように守られていた。二五人ぐらいの捜査官たちが、びっしり一日中、付きっきりで彼を見守っていた。

私は州知事選挙での自由連合からの候補者であり、公認候補者名簿の筆頭でもあったので、ヴァーモントに来るスポックを空港で出迎える役になってしまった。その時の私はお金がなくて、使い古しのフォルクスワーゲン車にガソリンを入れるために、何ドルか借りなければならなかった。空港では、私は本当に州知事候補なんだとシークレット・サービスを説得して、ようやくスポックをヴァーモントに迎えることができた。

午後遅く、スポックと私と、自由連合の他の候補者たちは、バーリントンの大通りであるチャーチ・ストリートを歩き、シークレット・サービスの護衛のもとで選挙運動をやった。なんとも場違いな感じだった。ポケットに一文もない、得票率一パーセントを取ることになる人物が、連邦政府の武装した捜査官数十名に守られているんだから。

この遊説中、スポックと私は、ジョンソン州立大学で演説をした。スポックの演説の中盤、聴衆がたくさんいる中で、一人の学生が講堂に駆け込んできて叫んだ。「お医者さんはいませんか？自動車事故なんです」。酒に酔った学生たちの車が、路肩を越えてひっくり返ったのだ。ドクター・スポックとシークレット・サービスに手当てされて、彼らはどんなに驚いただろう？　たちまち素面(しらふ)に帰っちゃったんじゃないかな。

私は一九七四年に、ふたたび上院に出馬した。この選挙は、尊敬すべきジョージ・エイキンが引退して空いた席をめぐるもので、とても厳しい接戦だった。州の多くが注目したのは、主要政党からの候補者、すなわち、チッテンデン郡の民主党員で州検察官のパトリック・リーヒーと、下院の現職共和党議員リチャード・マラリーだったのだが、私は今までの得票最高記録の二倍という結果を打ち立てた。四パーセントだ。リーヒーが予想外の大勝利をもぎ取り、ヴァーモントから上院に選出された初めての民主党員になった。

一九七四年は、自由連合にとってとても刺激的な、記念すべき年だった。反戦活動のゆえにヴァーモント大学での教職を奪われていたマイケル・パレンティが、下院に立候補してすばらしい選挙運動をやり、共和党のジム・ジェフォーズ（彼が当選した）と民主党候補者を相手に、七パーセントの得票を獲得したのだ。第三政党としては驚くべき成果だ。マイケルは今も良き友だが、結局は州を去り、並外れた進歩的書き手になった。

自由連合はその年、州の知事、副知事、議会にも強力な候補者を擁立し、彼らの多くはよく闘った。知事候補のマーサ・アボット、副知事候補のアート・デロイは、それぞれ投票の五パーセントほどを獲得した。若き弁護士のナンシー・カウフマンは、検事総長に立候補して六パーセント以上を得た（二〇年後、マーサ・アボットは進歩派連合からバーリントン市議会に選出され、進歩的運動の指導的役割を担っている）。

一九七六年、今や自由連合の「万年候補者」として、私は州知事選挙にふたたび挑戦した。今度の相手は、共和党のリチャード・スネリングと、民主党のステラ・ハッケルだ。私はゴールデンタイムのテレビ討論で手堅く結果を出し、知名度もすごく上がって、六パーセントの得票率まで行った。増加には違いないし、私にとっては空前の高さだが、勝利にはほど遠い。

この選挙戦の後、私は自由連合党を去る決意をした。つらい決断だった。こんな少人数で、良い選挙運動をやり、公共料金の値上げに反対して闘い、労働者のストライキを支援するといった実績をあげてきたことが、私にとって誇りだった。私たちは、限られた資源で、きわめてよく仕事をこなした。たくさんの深刻な問題を公衆の前に明らかにした。それらは、私たちがやらなければ、話題に上ることはなかっただろう。私たちは公共政策にも影響を与えた。お金もないのに、私たちの候補者は、州規模の三党対抗選挙で八パーセントもの得票率を獲得した。さらに、私たちの候補者には女性がたくさんいたので、州規模の政治において、性差別問題に取り組む役割を果たした。私たちはまた、働く人々と低所得市民に、このうえない政治的機会を提供した。私たちの州副知事候補の一人、アート・デロイは、ヴァーモント有数の労働組合のリーダーだった。労働組合活動家が公職選挙に打って出たのは、私の記憶の中ではこれが初めてだった。

しかし、小さな第三政党のご多分にもれず、私たちは、新しい人材、新しい活力、新しい指導力を引きつけてはいなかった。実際のところ、党のすべての責務が、ひと握りの献身的な活動家たちにのしかかっていた。私もその一人だった。もうたくさんだ。私の政治人生は、これでおしまい。政治は忘れることにして、生活のために、教育用の映写スライドを販売する小さな商売を立ち上げた。小学校や高校向けに、ニューイングランドの歴史のスライドを書き、生産し、販売した。なかなか楽しかった。その過程で私は、物を書く技術を向上させ、写真や販促や、訪問販売の仕方についても、いくらか学んだ。ヴァーモントじゅうのすばらしい教育家にもたくさん出会った。

一九七九年には、私が話した大学生の圧倒的多数がユージン・ヴィクター・デブスのことを知らないことがわかったので、デブスの生涯と考え方についての三〇分のビデオを制作した。デブスはアメリカ社会党の創設者で、大統領選挙に六回も挑戦した。生涯を通して、彼はアメリカの政治と労働者の生活に深い影響を与えた。労働組合主義についての彼の考え方の多くが、一九三〇年代と四〇年代にＣＩＯ〔産業別組合会議〕が成長する基礎をなした。デブスのビデオは、国じゅうの大学に売ったり貸したりした。ヴァーモントの公共テレビでも流してもらうことができた。フォークウェイズ・レコード社は、このビデオのサウンドトラックのレコードをつくった。

デブスは一九二六年に亡くなったが、彼のヴィジョンと生涯は、今なお共感を呼び起こすものだ。残念なことに、彼の考え方は今でも危険ということなのか、学校で広く教えられたり、マスメディアで議論されたりはしない。彼は、大企業ではなく働く人々が国の経済的・政治的生活を支配するような、本当の民主主義社会を実現するために闘った。彼はアメリカ鉄道労働組合を創設し、この国の最も強い権力のいくつかに対する激しいストライキを指導した。彼は労働者階級の国際連帯を信じ、第一次世界大戦に反対したために何年か投獄されたこともある。一九二〇年、その獄中にありながら、彼は大統領選挙に出馬して一〇〇万票近くを取った。ユージン・ヴィクター・デブスは私のヒーローだ。彼を記念してつくられた額が、私のワシントンの事務所の壁にかけてある。

私は商売の経歴を持つことになったのだが、大事な点で、政治の仕事は続いていたわけだ。私は、演説やラジオ・インタビューによってではなく、この国の政治史上のヒーローをよみがえらせることによって、人々を教育していたのだ。デブスのビデオは大成功だった。そして私は、その他のアメリカの急進派のビデオ・シリーズについて考えはじめていた。多くの若者が聞いたこともないという、マザー・ジョーンズ、エマ・ゴールドマン、ポール・ロブスン、その他の並外れたアメリカ人たちだ。幸か不幸か、私のメディアづくりの仕事は、一九八〇年で終わりとなった。

一九九六年に話を戻そう。選挙運動のさまざまなことに深く悩み、気落ちしていた。答えの出せない問題が多すぎたし、手つかずの問題も山ほどあった。

ヴァーモントの民主党とどんな関係を持ったらよいか？　議会で私は、五二人からなる下院進歩派議員団の議長だが、うち五一人が民主党議員で、あとは私だ。彼らとはすごく良好な関係を築いている。だが、ヴァーモントでは事情が違う。なかでもハワード・ディーン州知事は、保守派に甘い民主党員なのだ。

急速に右傾化しているクリントン大統領と、どんな関係を持つべきか？　彼のヴァーモント遊説に合流すべきなのか？　ラルフ・ネーダーの大統領選挙運動にはどう対応すべきなのか？　ネーダーは友人だし、進歩派のお手本だ。彼の支持者たちは、私に支持表明を頼んでくる。

ヴァーモントの進歩的運動は、この選挙運動のために何をなすべきか？　私の再選運動に加えて、公職の候補者名簿をすべて埋めるべきか？　少なくとも州知事選挙には候補者を立てるべきか？

バーリントンでは進歩派連合が、ここ八回の市長選挙で七回勝ってきた。私が一九八一年から一九八九年まで。ピーター・クラヴェルが一九八九年から一九九三年まで。一九九三年に共和党に負けた後、クラヴェルが一九九五年に返り咲き。この同じ年に進歩派連合は市議会の過半数を取った。

しかしどうすれば、バーリントンだけでなく州全体で、進歩的運動を強められるのか? 私たちは、州議会選挙ではごく小さな成功しか収めていない。この六年間で、州議会の議席を取った進歩派連合は二人か三人だけだ。テリー・ボーリシャスが一九九〇年、九二年、九四年に選出された。彼はバーリントン市議会議員を一〇年務めて、ここ二〇年間、私と一緒に働いている人だ。あとは、ディーン・コーレンが九二年、九四年に、前バーリントン市議会議員のトム・スミスが九〇年、九二年に選出された。しかし、私たちは州のあちこちに強力な支持地域を持ってはいるが、バーリントン以外の進歩派連合や無所属が州議会議席を取ったことは一度もないのだ。

これらが、選挙運動を本格的に組織しはじめるにあたって、私や他の進歩派が取り組む問題の一部だ。

誰を大統領として支持するかについて言えば、実はそう難しい選択ではなかった。私はビル・クリントン政治の大ファンというわけでは全くない。単一基金の医療保険制度〔公共機関が一手に基金を管理する医療保険制度〕の強い唱道者である私は、彼の複雑な医療保険改革には反対だった。私は彼の貿易政策に対する反対を主導してきた。それはアメリカ企業界の利害を反映したもので、事実上、ジョージ・ブッシュ〔父〕やニュート・ギングリッチの見解と区別のつかないものなのだ。私は、彼の膨張していく軍事予算、彼が署名した福祉改革法案、彼が支持する結婚擁護法〔同性婚を否定する法律〕には反対だ。彼は選挙資金改革には弱腰だし、環境保護についてもすぐにへたばってしまう。ビル・クリントンは穏健な民主党員なのだ。私は民主的社会主義者だ。

けれども、何ら情熱なしに、私はビル・クリントンを大統領として支持することに決めた。「支持」という言葉は強すぎるかもしれない。私は彼を推（お）す記者会見を開くつもりはないし、選挙運動をやるつもりもない。ただ彼に投票することにし、それを公にする。

なぜか？　それは、今日この国の政治状況が本当に危険であることに、多くの人が気づいていないと思ったからだ。もし〔共和党候補者の〕ボブ・ドールが大統領に選ばれ、ギングリッチと共和党員たちが議会を支配することにでもなれば、この国の現代史において類を見ないような立法方針が次から次へと出てくるだろう。働く人々や貧しい人々に、比類のない攻撃が仕掛けられ、取り返しのつかない政治的決定がなされてしまうだろう。

メディケアとメディケイドは確実に破壊されるだろう。何千万人というアメリカ人が医療保険を失うのだ。公的年金計画の民営化が開始されるだろうし、アメリカの公教育も存在そのものを脅かされる。妊娠中絶を禁止する憲法修正条項を通すために本気の努力がなされるだろうし、アファーマティブ・アクション〔差別を是正する積極的措置〕は消し去られ、同性愛者に対するバッシングは激化するだろう。所得税率の一律化が議決され、労働者階級から富裕層への巨額の所得移転が引き起こされるだろう。主要な環境保護法がすべて骨抜きにされるだろう。

選挙人登録簡易化法は撤廃され、人々が投票するのを困難にする法律が通されるだろう。労働組合つぶしの法案が法律になり、最低賃金は廃止され、児童労働が増加するだろう。アメリカの大人も子どもも、時給三ドルの職を求めて競争することになってしまう。

冗談だと思うかい。大げさだと思うかい。そうではないのだ。私は議会で働いている。私はこうした連中の話に毎日耳を傾けているのだ。彼らは大真面目な人たちだ。彼らの後ろ盾になっている、キリスト者連合、全米ライフル協会、ヘリテージ財団その他は、もっと狂信的でさえある。わが旧友ディック・アーミーは、ここ議会では、同僚の失笑を買う変わり者ではない。下院の多数党院内総務なのだ。彼の見解をチェックしてみたまえ。私は絶対にボブ・ドールを大統領にしたくない。私はビル・クリントンに投票する。

クリントンが、この国の働く人々、子どもたち、高齢者、痛めつけられている人々のために、立ち上がるとでも思っているのかって? もちろん思ってはいない。しかしクリントンが勝てば、私たちが運動を起こし、保護を必要とする人々のための政治的基盤を築き、この国の向かう方向を変えるために、多少の時間的余裕ができるだろう。

これは非現実的なおとぎ話ではない。まず、組織労働者の有望な発展がある。数カ月前のことだ。進歩派議員団が、AFL―CIO〔アメリカの労働組合の全国中央組織〕の新会長ジョン・スウィーニーに会った。彼は私たちに、AFL―CIOは組合の組織化にいっそう強力に取り組むつもりだ、そして政治プロセスにいっそうの力と資源をつぎ込むだろうと語った。これは長く望まれていたことであり、たいへん歓迎すべき展開だ。

アメリカ社会の重大な政治的危機は、働く人々が黙ってしまうことだ。もし組織労働者の五パーセントが政治的に活発になれば、この国の経済的・社会的政策を根本的に変えることができるだろう。今日、大多数の低所得労働者は投票に行かないし、多くは自分の生活と政治との関係をほとんど理解していない。たいていのアメリカ人労働者は、職に関して何ら力を持たない状況を認めてしまっている。企業は工場をメキシコに移している。どうしてこれを止められるのだ？　最高経営責任者（CEO）は平均的労働者の一七三倍の収入を得ている。経営者特権について誰に異議を唱えろというのか？　企業は記録的な利益をあげているのに、医療保険から退却したいと言っている。巨大資本に挑戦する権限なんか自分にあるのか？　私たちの「民主主義」において、働く人々の圧倒的多数は、自分の経済的利益を守り将来を描くことについて、無力感を抱いている。今の政治構造を前提とすれば、実際、無力だ。

自分自身の働く条件にさえ影響を及ぼせないのに、この国全体の経済や政治に対して、どんな力を持ちうるというのだ？　わざわざ投票に行く？　政治に注目する？　大多数はそんなことはしない。ヴァーモントや国じゅうで、金持ちは、自分の利益を代表する候補者の資金集めイベントに、五〇〇ドルも五千ドルも出している。ところが大多数の貧困者や働く人々は、投票にさえ行かない。金持ちがどんどん金持ちになり、その他大勢が貧しくなるのは、不思議でも何でもないのだ。私たちは本当に民主主義の国に暮らしているのだろうか？

確かに、力の強いいくつかの労働組合では、閉鎖的な官僚制や、事なかれ主義のリーダーが、この沈滞の一因になっている。長年の間AFL―CIOは、レーン・カークランド〔会長〕のもと、極端に保守的で不活発だった。数年前に私は、いくつかの労働組合のリーダーたちから、フロリダで開かれるＡＦＬ－ＣＩＯの年次大会の夕食の席でカークランドと話をするよう頼まれた。私の使命は、彼を急進的にすることだった。私はがんばった。しかしダメだった。「レーンさん、ＡＦＬ－ＣＩＯの全国ケーブルテレビ局というのをやれば、社会の動きについて労働者を教育でき、商業テレビでは得られない情報を与えられるのではないですか？」と私は聞いた。「できませんね」と彼の答え。「もっと組織化に取り組んではいかがでしょう？ もっと政治活動をしないのですか？」反応は鈍かった。カークランドは、知的で思慮深いが、変革への活力や関心がない人、という感じだった。すっかり現状に甘んじていた。

その春は、ヴァーモントの労働者三〇〇人が、リッチ・トラムカの話を聞きに出てきた。トラムカは、全米鉱山労働組合の前委員長であり、ＡＦＬ－ＣＩＯの新しい財務委員長だった。彼は熱気のある演説をおこない、すごく受けもよかった。ヴァーモントＡＦＬ－ＣＩＯの新委員長、紙業労働組合のロン・ピカリングは、ヴァーモントの労働運動をふたたび活性化させるうえで、すばらしい仕事をしている。「サンダースを連邦議会へ」という選挙運動の主な目的のひとつは、もっともっと多くの労働者を政治のプロセスに引き入れることだ。選挙運動が進み、ロンと共に取り組めることが楽しみだ。私たちは、労働組合からたくさんの資金援助を受けるだろうが、名もなき草の根からの支援にも期待している。

六月、労働党の創立大会がクリーブランドであった。この組織は、当初から、合わせて百万人を超えるアメリカ労働者の労働諸団体によって支持されていた。これらの組合労働者は、民主党と共和党には本質的な違いがないと思っている。だから新しい政党を立ち上げようというわけだ。これは重要な政治的事件だったが、ほとんど報道されなかった。『ニューヨーク・タイムズ』や『ワシントン・ポスト』や『ウォール・ストリート・ジャーナル』には一言も載らなかった。なんてこった！　百万人の労働者の代表が集まって、新しい政党をつくりました。以上。さて次は、みんな大好きな億万長者ロス・ペローと、彼が立ち上げた第三政党の話題です、というわけか。

労働党大会は、石油・化学・原子力労働組合、全米電気労働組合、その他の進歩的労働組合の人々が生み出したものだ。これらの組合活動家たちは、良い労働契約を結ぶことだけが彼らの役目ではないこと、働く人々の利益を代表する政府ができないかぎり、労働者が馬鹿を見る状況は変わらないことを、ずっと理解してきた。労働党のスローガンは、「雇い主には政党二つ。私たちにも自分のものを」。異論を挟む余地はないだろう。

政治家はよく、公職選挙に出馬するのは「人々に強く勧められたから」だと言う。これが事実であることはめったにない。ところが一九八〇年の末、これが私にとって現実となった。いや、「人々」ではなかったな。それは私の良き友、リチャード・シュガーマンだった。

リチャードは、トークショーのマニアであり、野球の統計分析家であり、明晰な哲学者であり、そしてヴァーモント大学の宗教学教授だ。バーリントン市長選挙に、五期目の現職候補、民主党のゴードン・パケットに対抗して立候補するよう、私に勧めたのは彼なのだ。リチャードは、どう見ても政治アドバイザーらしい人間ではない。彼はハシド派ユダヤ教徒、教授、物書きとして、聖典の解釈に没頭している。哲学者として、プラトン、ニーチェ、サルトル、レヴィナスの抽象的な思想に傾倒している。ところが彼には、とても実用主義的なところもある。私の知るかぎり、最も鋭い政治観察者の一人なのだ。

しかし、彼の提案はむちゃくちゃだと私には思えた。「リチャード、晴れて政治をやめたのに、なぜまた立候補しなきゃならないの？ ガチガチの政治機関と闘ったって、勝てる見込みはないだろ？ それに、何かの間違いで本当に勝っちゃったらどうするの？」これらは、一九八〇年秋の終わり頃、リチャードが私をバーリントン市の事務員室に連れ出した時に投げかけた疑問の、ほんの一部だ。

市の事務員の助けを借りて、リチャードと私は、バーリントンでの選挙の公式結果をまとめて綴じたカビ臭いバインダーを見つけた。そこから、一九七六年の州知事選挙の結果を調べて分析した。リチャードは、地区ごとの結果を根気よく示して、市の住民がどんなふうに投票したのかを指摘していった。彼は重要なことを明らかにした。私は州全体ではたった六パーセントの得票率だったが、バーリントン市では一二パーセントを取っており、市内の労働者階級の地区二つでは一六パーセントを超えていたのだ。

これにもとづいてリチャードは、もし私たちが地元で全力をつぎ込めば、今度の市長選挙で勝てるかもしれないと推論した。毎日毎晩、友人たちと私は、出馬するのは賢明なのか、もし出馬するならどんな戦略が有効なのかを議論した。最終的に私は、大衆を教育するのみならず、選挙で実際に勝てる、初めての現実的なチャンスであると確信して、無所属で出馬することに決めた。私は、推薦嘆願の署名を集め、市の事務員に提出した。選挙運動が動きだした。

何たる選挙運動だったか！　連帯とはこのことか。投票日が来るまでに私たちは、低所得地域のリーダー、大学教授、バーリントン巡査組合、環境保護運動家、財産税の上昇に苦しむ保守的な家主を寄せ集めた。

これは「教育」のための選挙運動ではない。目的は、勝つことだ。そのため、選挙運動は問題志向型とし、ヴァーモント最大の市が抱える最も深刻な問題、市当局から無視されている問題に焦点を絞ることにした。私はたびたび、これらの問題を国全体で起きていることの中に位置づけ、国レベルで優先順位の根本的変革が必要だとはっきり述べたけれども、実質的には、私はバーリントンの人々が直面している関心事に全力をつぎ込んだ。これは上院議員選挙ではなく市長選挙だ。市民が知りたがっているのは、もし私が市長になったら、地域レベルの生活の質をどう改善してくれるのかということだ。私はそこに焦点を当てて取り組んだ。

私たちの選挙戦略は明快だ。そのねらいは、草の根からの支持者を広くつくりだすことに向けられた。低所得者と労働者階級の地区から始めて、私はできるかぎり多くの家を訪問した。そうした地域を歩きながら人々に、私は市庁舎からずっと締め出されてきた人たちを代表して全力を尽くすつもりだ、と語った。私は彼らの関心事に耳を傾け、不満を支持した。たとえば、公営住宅の住人は、バーリントン住宅局の幹部が無能なせいで自分たちがどれほど不幸かを語る。彼らは決定に口を挟めず、補修はおろそかで、子どものレクリエーション活動もないに等しかった。市南端にある労働者地区のレイクサイドでは、住民と一緒にピケットラインを歩いた。彼らは何年も、地下道の改修を行政に求めていた。雨が降ると通れず、地域全体が市から孤立して危険なのだ。

低所得者の地域で、キッチンに座ったり、玄関先で話したりしていると、彼らの声の中から恨み（うら）が聞こえてきた。彼らは、行政サービスが不公平におこなわれていることによく気づいていた。街路や歩道の舗装、警察の警備、公園の整備、雪かきなどが、高所得者の地域より乏（とぼ）しいことを知っていた。そこで私は、低所得者と労働者階級が住む地域の住民組織と連携を結ぶことにした。彼らは、自分の地域が市の行政から公正に扱われていないことをわかっていた。

私は、市議会に声が反映されることのなかった人々を代弁しようと試みた。バーリントンの家主たちは、借家人との関係において絶大な力を持っていた。そこで私は借家人たちに向けて、あなた方が初めて市長と強く結びつくことになるのだと約束した。私は借家人の権利のために闘い、家賃規制法を求める彼らの運動を支援しに出かけた。

私の主張で最も広く知られたもののひとつは、パケット市長が提案した財産税の大幅引き上げに対する強い反対だった。パケットは、ほんの形だけの抵抗（私の）があるくらいで、政治的に悪影響もなく、増税を滑り込ませられると見ていた。私は、このたびの増税に対してだけでなく、財産税の発想そのものに対して、反対を強調しつづけた。財産税はきわめて逆進的で、とりわけ低中所得の市民、なかでも高齢者に痛みを与える。選挙運動中、私は、バーリントンが財産税への依存を断ち切り、行政サービスと地域教育の資金をまかなうための、公正で累進的な税制度を発展させることを提案した。日に日に、訪問を重ねるたびに、私は応援に出くわして、うれしい驚きを感じたものだ。人々が嘘をついているのでなければ、私たちは専門家の予想よりずっとうまくやっていることになる。やがて、バーリントンの人々は嘘つきでないことが判明した。

私たちの選挙運動は、活力に満ちていたが、洗練されてはいなかった。私の選挙対策部長、リンダ・ニードウェスキーは、大学を出たての意欲的な栄養士だったが、政治に関わったことは一度もなかった。リンダは私たちに強い一体感を与え、みんなを集中させた。二人の低所得の支持者、ディック・サートルとジョン・バートレットは、いい仕事をした。ジョン・フランコ、テリー・ボーリシャスなど、かつての自由連合の人たちも多数、積極的な役割を果たしてくれた。デーヴィッド・クラヴェルは、リーヒー上院議員のために少し働いたことがあって、有権者への電話かけをどうやるのか教えてくれた。なんて画期的なアイディアだ！　選挙運動に電話を使うとは。誰も思いつかなかった。私たちが勝って、全く新しい政治をこの市に展開できるかもしれない。わずかだがゼロではない可能性に鼓舞された、たくさんのボランティアと一緒に、私たちはバーリントンじゅうの家やアパートをくまなく訪問した。

選挙運動そのものが、バーリントンの問題や政治についての速習講座みたいなものだった。実を言うと、私はバーリントンの市政についてほとんど知らなかった。私は市議会の会議に二回出席したことがあったが、うち一回は寝てしまった。退屈なのだ。選挙運動が始まった時、私は第一区がどこなのか知らなかったし、第四区と第二区が政治的にどう違うのかも知らなかった。市の問題とその解決策に精通するだけでなく、これらの問題を適切な脈絡（みゃくらく）に置き、可能な解決策を見つけ出すことを学ばなければならない。私は国全体や州全体の政治についてのほうがくわしかったので、いろいろな面で、州知事選挙のほうが市長選挙よりも楽だった。

私の選挙運動は低所得層と中所得層の人々に向けられていたが、バーリントンの上層市民もたくさん私に投票してくれた。そのひとつの理由は、湖に沿って高層マンションを建てる計画に私が反対していたことだった。バーリントンはシャンプレーン湖の東岸に位置し、この湖とニューヨーク州アディロンダック山地がすばらしい景色をなす、美しい都市だ。不動産開発業者が、豪華な高層マンションを湖岸の一等地に沿って建てる提案をしてきた。私がその計画に激しく反対すると、環境に関心があり市の自然の美しさを保とうとする多くの市民が、私が立候補していることを真面目に考える価値のあることと判断した。選挙運動の途中に、地元の芸術家フランク・ヒューウィットが印象的なポスターをデザインしたのだが、そこには大胆にも、「バーリントンは売り物ではない」と宣言されていた。

私は病院の拡張計画に反対した。そのいちばんの理由は、増加する医療コストを地域が負担することになるからだった。しかし私はまた、その地域の住民が、必要もない病院拡張のせいで、そり滑りのできる丘が大駐車場に変えられることに怒っていることを、一軒一軒を訪ねる中で知っていた。そのため私は、車やセメントよりも子どもたちや風習が大事にされるのを望んでいる地域住民のために立ち上がった。

何度も何度も、いろいろなやり方で、私たちの選挙運動はバーリントンの人々に、現職の市長と彼の民主党機関は、商業地区の企業界や無責任な「成長志向」勢力と結託しており、一般市民の関心事からかけ離れているのだ、ということを思い起こさせた。私の選挙運動の基本メッセージは、私がもし市長になったら、市庁舎をすべての人に開放する、というものだった。私は、働く人々、低所得の人々、中所得の人々、つまり意思決定のプロセスでほとんど無視されてきた、まさにその人々の最大の関心に応えるように市を運営したいのだ。

しかし結局のところ、私が掲げたあらゆる問題の中で、私の選挙運動に最も弾みをつけたのは、市職員労働者への私からの応援だった。現職市長と収入役が、労働組合との誠実な交渉を何年間も拒否してきたことに、彼らは不満を募らせていたのだ。

第三政党や無所属の候補者が直面する問題は、すでに自由連合時代に学んでいたとおり、人々は候補者の立場に賛同したとしても、その候補者の「当選する可能性」に疑問を抱いているということだった。その意味で、バーリントン巡査組合が選挙日の直前に、私が市長をめざす試みへの支持を表明してくれたのは、ものすごく重要なことだった。彼らがそうしてくれたのは、私が彼らに、もし市長になったら巡回中の警官の関心事をしっかり聞いて、組合との真摯な労使協議を開始するつもりだと約束したからだ。私の立候補を支持するにあたって、巡査組合とその指導者ジョー・クレポーは、並々ならぬ勇気を発揮した。これでもし私が落選したら（大方がそう予想していたが）、彼らと現職市長との軋轢はますます深まることになるのだ。

言うまでもなく、彼らの支持表明は、選挙運動上の記念碑的な出来事となり、ニュースの話題となった。左翼のポピュリスト、元ヴェトナム反戦活動家が、法と秩序の実動部隊から支持を取りつけた！ 私たちが結集した連合体は、低所得の人々、追いつめられた労働者階級の自宅所有者、環境保護活動家、賃借人、労働組合員、大学生、教授、そして今や警官まで、みんなで選挙に勝てることを信じ、互いに力を強め合った。

「連帯の政治」を発展させることがいかに大切か、いくら強調しても足りない。アメリカでふたたび希望を燃え上がらせる方法は、私たちがニューイングランドの小さな市で学んだように、人々を結集することなのだ。結局のところ、たいていの人は、周りの人と同じことを共有している。生活のためにがんばって働いている。子どものことが心配だ。きれいな水が飲みたい。家は安全がいい。普通の人々に、政府は彼らの意思で、彼らのために、機能しうるし機能すべきだと気づかせることは、連帯の政治の大きな強みであり、アメリカの未来のための希望だと私は信じる。

連邦議会議員でいることは、想像以上に大変なことだ。そして、議員としてワシントンで真剣に成果をあげようとしつつ、同時に再選に向けて厳しい選挙に立候補するというのは、もっと大変なことだ。そのうえ無所属だとしたら、半分をワシントン、半分を地元でこなすのは、さらに大変なことなのだ（私の友人は、また大げさだと言いそうだ）。

私は毎週末にヴァーモントに帰る。そこが私の住みかだ。私がワシントンに住んでいるものと思い込んでいる人に出くわすたびに、私はびっくりする。とんでもない。私はワシントンで働いている。ヴァーモントに住んでいる。私が議会にいる六年間のうち、週末をワシントンで過ごしたのは二回だ。ヴァーモントに帰る理由はいくつもある。家族と友人がいるところだから。ヴァーモントは、自分の時間を過ごしたいところだから。友人や隣人や有権者との不断の付き合いができないとしたら、私は良い議会議員にはなれないだろう。私が主催するたくさんの町民集会や会議、私が出席する研修会や集会もあるが、それだけではない。街を歩くこと。田舎で乗馬をすること。天気を感じ取ること。ファックスを読むかわりに地元の新聞を読むこと。地元のテレビを見ること。何が起こっているか、人々が何を考えているかの感覚をつかむこと。

議会にしばらく身を置いている議員の中には、自分はワシントンに住んでいるのだと思っている人がいる。彼らはたまには地元に戻る。しかし彼らの心はワシントンにある。これは危険だ。こうなると、自分がどこから来たのか、何をするものと思われていたのかを忘れるという、本物の危険を冒すことになる。

市長でいるのと連邦議会議員でいるのとでは、とても大きな違いがある。市長は、小さな池の大きな魚だ。議会議員は、五三五分の一だ（大統領のことはさておき）。しかし、私にとっての主な違いは、物理的な近さだ。市長はいつも地元で仕事をする。実際、一分たりとも逃れられないところに問題がある。午前四時に電話が鳴る。除雪車が家の通路をふさいだせいで、仕事に出られないのだと。食料品店の青果コーナーで住民につかまり、土地利用規制のわずらわしさについてご報告を受ける。雪が降れば、街路の状況を確認するために市内を走りまわる。青少年センターで子どもたちに話しかける。それは、議会にいるのとはぜんぜん違う。議会では、何百万もの人々に影響する数十億ドルの問題に取り組むかもしれないが、いま何をやっているのか、地元の人にはわからない。天気のことも考えない。

選挙運動の最中には、何もかも見られてしまうように思えるものだ。ノイローゼも、恐怖心も、弱さも。だからいつも気を張っている。疲れて、緊張し、ミスをしやすくなる。選挙運動中のミスは高くつきかねない。私も疲れた。この二年間はとても大変だった。ギングリッチと右翼の政策を知的に批判すること。それから、毎日の闘争に巻き込まれること。委員会の会議や下院の議場に出ること。起こることの多くに醜悪(しゅうあく)さや不合理を感じること。気が重くなるし、ぐったりする。しかし今、私は選挙運動を始める。前に進む時なのだ。

一九八三年の、市長の再選に向けた取り組みを始めた時を思い出す。私は市の問題に没頭していて、来(きた)るべき選挙運動のことを無視していた。最初の討論会が、ある午後、ラジオ局で開かれた。私は市庁舎に遅くまでいて、ちょうどの時間に局に飛び込んだ。準備不足で、出来が悪かった。討論で打ち負かされた衝撃が、私をすぐさま現実の政治世界へ引き戻した。公職者であることと候補者であることとは、全く違うのだということを理解した。これは一生ものの発見だった。どれだけ懸命に働こうが、何を達成しようが、他の誰かがいつも私の職をねらっているのだ。それが民主主義というものだ。わかった。どうやって再選されるかを考える時だ。過ぎた二年間について悩むな。疲労のことも気にするな。この選挙運動での前進を始めよう。集中、集中、集中。

アメリカ教員組合連盟の元オルグで、私の議会でのアウトリーチ活動の長であるフィル・フィアモンテは、選挙運動を組織しはじめるべきだと私にたびたび念を押す。「ちょっと遅れ気味だよ、バーニー」と彼は言う。「お金が要る。スタッフも要る。もう動きださなきゃ。良い選対部長を得るには、それなりに時間がかかるんだ」。「どうだ、フィル。君が選対部長になりたいのでは？」「いや、それは絶対にない。僕は選挙運動は好きじゃないんだ。手伝いはするけど、議会事務所にとどまるよ」

しかしフィルは、心の底で、自分は運命づけられた人だとわかっている。彼は選挙運動に活を入れなければならなくなるだろう。一週間に八〇時間も働くことになるだろう。たいへんなプレッシャーを処理することになるだろう。私はヴァーモントの進歩派をみんな知っているが、フィルは断トツの組織能力を持っているし、この仕事が性に合っている。そのうえ彼は、私をよくわかっていて、私のたくさんの短所を大目に見てくれる。

私たちは一時、州外から採用する可能性も考えたが、やめにした。『ニューヨーク・タイムズ』にこんな広告を出すわけにはいかない。「募集。議会唯一の無所属議員の選挙対策部長。民主的社会主義と無所属政治の知識のある方。ヴァーモントへの親しみと田舎生活が必須。週八〇時間。責任絶大。低賃金。」正直、こんな募集に応募する人がたくさんいるとは思えない。やはりヴァーモント人にこだわろう。

フィル、ジェーン、私と親友たち数人で、当面の課題について議論した。話が進むのに従って、私は、この選挙運動が直面している主な心配事のリストをまとめた。次のようなものだ。

お金
スタッフ
スタイル
銃
メディア
私の健康
私たちの「メッセージ」

多くの人には、奇妙なごった煮に見えるかもしれない。政治課題、資金集め、メディア戦略、私の個人的な心配は、論理的には別々の分類にすべきだろう。しかし、政治という食事の席についたら、肉の皿、野菜の皿、芋の皿をそこに見ることはない。選挙運動は煮物みたいなもんで、すべては一つの鍋の中にある。あらゆる問題が混ざり合っているのだ。

お金

スウィーツァーが一一月に立候補を宣言した時、彼女は、選挙運動支出の上限について議論することを拒否した。それはつまり、彼女の富裕なお仲間たちが大金を提供するだろうということだ。前回の選挙で、私たちは七〇万ドル以上を集めた。今回はもっとたくさん、おそらく九〇万ドル以上は必要になるだろう。私の選挙運動が、主として小口の個人献金によってまかなわれていることを考えたら、これはかなりの金額だ。労働組合、高齢者の市民団体、環境団体、女性団体、子どもの団体からのパック〔政治資金団体〕献金も受け取るが、私たちの資金の大部分は、限られた資産しか持たない庶民からのものなのだ。以前、州外から集めた資金が多すぎると批判されたことがあるので（もっとも、ヴァーモント内の個人献金者も他の候補者より常に多いのだが）、私たちはヴァーモントでもっとたくさんの資金を集めると決意した。私たちの支持者はお金をいっぱい持ってはおらず、五〇〇ドルの食事会を開くわけにはいかない。しかし私たちは、過去よりもずっとうまくやれる。

スタッフ

選挙運動の込み入った仕事に精通している人を見つけるのは、人が思うよりも困難なことだ。選挙運動の仕事のために、自宅で一年半も待機している人はいない。時々、幸運なことに、経験も熟練もある失職中の人を獲得できることもある。できないこともある。前回の選挙運動での問題点のひとつは、スタッフたちが若く経験不足であり、あまり仲良くなかったことだ。彼らはみんな、ものすごく優秀で勤勉な人たちだったが、性格のぶつかり合いというのがあった。実を言えば、後で知ったことだが、たまに椅子が飛んだりしていたらしい。今度は、もっと成熟した、仲良くやっていけるスタッフを雇いたい。

スタイル

一九九四年の選挙運動はうまくいかなかった。その弱さが何だったかを検討してみると、スタッフではなく私に問題があったと認めざるをえない。私の選挙運動のスタイルが、あまりにも受け身だった。攻撃された時に、直ちに激しく反論することを渋ってしまった。私の態度はこんな感じだった。「こんなナンセンス、誰も信じないだろう。みんな私の立場をわかっている。馬鹿な批判にいちいち答える必要はない」。これは間違いだ。今度は、すぐに強く反論しよう。のみならず、守りの姿勢に入らないようにしよう。私の対立候補は、州の上院で四年間務めている。その実績がどうだったか、ヴァーモントの人たちに知らせよう。

銃

一九九四年の選挙戦を通して、全米ライフル協会は、私を攻撃する役割をとても強力に果たした。彼らは、「さよならバーニー」と書かれた自動車用ステッカーを広く配布し、記者会見や公開集会を開き、ラジオ宣伝を流し、電話かけをした。それは効果的だった。私たちがこの選挙で銃問題の扱い方を誤ったために、たくさんの労働者階級男性の票を逃したことは間違いない。

ヴァーモントは田舎の州で、何万もの人々が猟（りょう）を楽しみ、自分の銃を持っている。猟の季節になると、何千もの子どもたちが、両親と一緒に猟に出かけ、野外で楽しむ。ヴァーモントは「野外」州なのだ。そして猟は、そうした生き方の重要な部分なのだ。私は銃にも猟にも賛成だ。しかし、狩猟者が鹿を仕留めるのに、対人殺傷用銃器やＡＫ−47が必要だとは思わない。私は、対人殺傷用銃器の禁止に賛成投票をした。それが全米ライフル協会からの復讐をもたらしたのだ。

今回の選挙運動では、銃問題について三方面の戦略を立てる。第一に、多くの世論調査によると、ヴァーモントの人々の（そしてアメリカ人の）大多数は、対人殺傷用銃器の禁止を支持している。スーザン・スウィーツァーの立場は、あらゆる銃規制に反対する全米ライフル協会の路線そのものであり、ヴァーモントの人々の信念からかけ離れたものだ。そのことを明確にしよう。第二に、対人殺傷用銃器禁止という私の立場を支持する狩猟者を、たくさん選挙運動に取り込もう。第三に、禁止に反対の友人たちに、私への支持を公にしてもらい、銃は多くの問題のうちの一つにすぎないと述べてもらおう。全米ライフル協会の友人が私に言ったように、「職がなかったら、ＡＫ−47も買えないよ。優先順位をきちんとしよう」。

メディア

私の政治人生の大半において、ＷＣＡＸテレビとは問題を抱えてきた。それはヴァーモント州最大のテレビ局で、要するに共和党のテレビ局なのだ。ＷＣＡＸのオーナーは、富裕で保守的な共和党員で、州の共和党に多大な寄付をしている。意外なことではないが、そのニュース部門には彼の見解がよく反映される。この局は、右翼のイカれた指令本部ではない。多くの政治報道は公正で正確だし、良い記者がたくさんいる。しかし全体として見れば、一貫してその報道には、共和党的な偏りが明確にある。選挙が近づくと、それがますます目立ってくる。標的は私だけではない。進歩派連合、リベラルな民主党員、リーヒー上院議員も、みんなＷＣＡＸにこき下ろされたことがある。ポジティブなことは無視され、ネガティブなことばかり報じられる。これに対処するのは大変だ。テレビカメラの背後にいる何者かと闘って勝つのは難しい。考えつづける必要がある。

健　康

現代の政治では、好むと好まざるとにかかわらず、個人的なことが政治的なことになる。そして私は、今度の選挙運動に対してやっかいな意味を持ちかねない個人的問題に直面している。前回の選挙運動が終わってからずっと、私の声がしゃがれっぱなしで、聞き取れないこともあるのだ。一度、下院の議場で、かろうじて演説を終えたこともあった。会話の時は、しきりに水を飲まなければならない。マイクがないと公衆の前で話ができない。私の声は、どんどん不自然でぎこちなくなっているようだ。個人的には本当にうんざりだし、政治的にも私を害するものだと思う。

医者の診断によると、声帯にこぶができており、手術したほうがいいという。私は今までの人生で、深刻な病気になったことがない。生まれてから一度も、病院で一夜を過ごしたことはない。私は、医者が私の声帯を削り取り、ドナルドダックみたいな声にしてしまうのはイヤだ。

私は「自然治癒」のためにがんばっている。のど飴産業に貢献している。あらゆる種類の薄気味悪いお茶を飲んでいる。ホメオパシー療法をやっている。しゃべり方を変えようと試みている。どれも興味深いが、効き目があったのはひとつもない。

イヤだけど、近いうちに声が良くならないようなら、手術を受けようと思う。こんな声では選挙戦を闘えない。最近ある記者に、「喉頭癌ではありませんか?」と聞かれた。ラジオに出るたびに声のことを聞かれる。健康のすぐれない人だと思われたら、この選挙で勝てないだろう。

メッセージ

驚かれるかもしれないが、目下の課題の中で、選挙運動全体のメッセージをどうするかを決めることは、いちばん簡単な課題だ。この二年間、私は、ギングリッチと右翼仲間たちの与太話をずっと聞いてきた。そして二年間、彼らと闘ってきた。この選挙運動は、ギングリッチの方針についてのものにしよう。

もしスウィーツァーが選出されれば、彼女は、下院議長の選出にあたってギングリッチに投票するだろう。もしヴァーモントの人々が、メディケア、メディケイド、教育、退役軍人給付、環境保護の大幅削減を、金持ちの大幅減税と併せて望んでいるとすれば、ミズ・スウィーツァーが次のヴァーモント代表として選出されるだろう。率直に言って、それはありそうもないことだ。

しかし私は、彼女がかなり手ごわい相手であることもわかっている。聡明で、明快で、魅力的で、とても人気だ。さらに彼女には、たいへんな勇気と強さの持ち主であることを示す、並外れた経歴がある。ケヴィン・J・ケリーは、週刊紙『ヴァーモント・タイムズ』の一一月の記事でこう書いている。

スーザン・スウィーツァーは、バーニー・サンダース議員との競争において、いくつかの強みを持っている。その中の最たるものは、彼女がヴァーモントで最も人気のある若い政治家の一人だということだ。州議会をたった一期務めた後の一九九四年、当時三六歳のこの共和党員は、チッテンデン郡からの州上院議席をめざす競争で、この激戦区を一位で終えた。スウィーツァーは、この州の政治で、いやひょっとすると全国の政治でも、これから何年も輝きつづけると見られる期待の星だ。

スウィーツァーといえば人々が思い浮かべるのは、一九八九年の勇気ある決意のことだ。それは、その九年前にレイプされていた事実を、彼女が公表したことだった。性的暴行を受けたと認めることで、スウィーツァーは、レイプ被害者が抱く不当な恥辱の気持ちを問題にしないよう女性に沈黙を求める社会的タブーに、闘いを挑んだのだ。

微妙な問題についての率直な議論の開始を促したスウィーツァーは、それから「被害者の権利」のために不断の運動を進めてきた。彼女は「暴力被害者の会」を創設した。この団体は、暴力犯罪に関して、より厳しい刑罰と予防措置をとることを主張している。この分野におけるスウィーツァーの実行力には、州上院の同僚エリザベス・レディが「元気魂」と呼ぶものもあずかっている。スウィーツァーは、決然とした、自律的な生き方の実例を示しており、それはヴァーモントの多くの人々を引きつけるに違いない。

そのとおり、これは厳しい選挙になるだろう。初期の世論調査がそれを示している。二月二八日、『ラトランド・ヘラルド』の世論調査では、私が四七パーセント、彼女が三二パーセントだった。良さそうに見えるが、そうではない。私はスウィーツァーよりずっと知名度が高いし、初期の世論調査はたいてい現職に有利だ。実際、『ラトランド・ヘラルド』が指摘するように、私は一九九四年の時、六月下旬の世論調査では対立候補ジョン・キャロルを約三〇ポイント離していたのに、たった三ポイント差で勝ったのだった。スウィーツァーはキャロルよりずっと早く選挙運動を始めており、すでに彼より知名度が高い。『ロール・コール』というワシントンの政治新聞は、議会選挙を分析して、この選挙を「コイン投げ」〔五分五分〕としている。私もこの予測を否定できない。

＊＊＊

投票日、あるいはヴァーモントの呼び方で町民大会の日は、一九八一年三月三日だった。私は朝五時に起きて準備をした。北通りを車で進んでいくと、電柱に、赤と白の「サンダースを市長に」のポスターが貼られていた。選挙運動のボランティア、多くは低所得者向け公営住宅団地の人々が、早起きしていたのだ。それらのポスターは、私たちの投票日の仕事が順調に進んでいることを示していた。良い兆候だ。私たちはそこらじゅうにいるぞ。最終日の準備はオーケーだ。

さらに市の北端のほうに車を進めていくと、大きな交差点で一人の看護師が、仕事に備えて白い制服を着て、「サンダースを市長に」の看板を掲げて立っていた。彼女をそんなところで見るとは思ってもみなかった。早朝の寒さにぶるぶる震えながら、この選挙運動を前進させてきた活力と献身を象徴しているようだ。これも良い兆候。

しかしなお、この日は私たちのもの、という確信からはほど遠かった。楽勝してみんなを驚かす可能性はある。私が二〇ポイント差で負けると前日に予想していた新聞のコラムニストには、いい天罰だ。しかし、それまでいつもそうだったように、完敗する可能性もある。世間一般の見方は、例のコラムニストと一緒だろう。巡査組合からの意外な支持や、市全域から引き出したように見える幅広い支持にもかかわらず、バーニー・サンダースと進歩的運動は、また叩きのめされるのだと。誰も予想していないが、実際に起こること。はらはらさせられた。

その日は霞でぼんやりしていた。私は六つの地区の投票所それぞれに顔を出した。選挙運動本部にいるリンダ・ニードウェスキーと、事はどう進んでいるか、投票者数はどんな感じかを、たびたび話し合った。私たちにとって良いニュースだったのは、投票率がいつもより高く、前回の市長選挙と比べて二五パーセントも高かったことだ。支持者たちは健闘を祈ってくれた。選挙運動のスタッフたちは、車の相乗りを準備して、お年寄りや低所得の有権者を投票所に送り迎えした。

投票所は七時に閉められた。それぞれの地区で、票が区職員によって集計される。多くのところでは、私たちの無所属連合体のメンバーがそれを見守った。友人のリチャードが数カ月前に市庁舎で、カビ臭い選挙結果の束を熟読して予想したとおりに、私は労働者階級の地域では圧倒的な成績だった。実際、第二区と第三区は、伝統的に民主党の強い労働者階級の地区だが、ほぼ二対一でパケットを上回った。

開票が進んで総計に近づくにつれ、この選挙は接戦になりそうだとわかってきた。低所得者と労働者階級の地区であげている成績が、より富裕な地区での、がっかりするような結果によって相殺される。働く人々の要求について率直に語ったことが、裕福な人々の神経に障ったようだ。機械で投票が集計され、第三区を除くすべての不在者投票も合計された時点で、私たちはリードしていたが、差は小さかった。一つの民主党支配地区の不在者投票用紙のみが集計されずに残った。私たちは、やきもきしながら待った。

果てしなく思えるほどの時間が過ぎたが、第三区からは一言もなかった。とうとう私は、いったいどうなっているのかを見るために、弁護士や支持者に囲まれて第三区の投票所まで出かけた。数分後、地区の職員たちが、票を数えていた部屋のドアを開けて出てきた。この区で私は、機械の集計票では二対一で勝っていたが、不在者投票で同じぐらい負けるのではないかと思えた。

しかし、私にとっては驚いたことに、パケット市長にとってはショックなことに、企業界にとっては警戒すべきことに、そしてヴァーモントじゅうの人々にとって興味深いことに、残りの不在者投票も全部合計された時、私は自分がバーリントンの市長に選出されたことを知ったのだ——たった一四票差で。今回ばかりは、昔の格言が本当に正しかった。一票といえども大切だ。あまりに驚愕（きょうがく）の番狂わせだったので、それから九年経った後でも、州内最大の新聞はこのことを「この一〇年の事件」として挙げている。

ところがこの夜は、私たちの勝利で終わったわけではなかった。屋根にサイレンのついた車に乗せられて、記者の運転で州内最大のテレビ局に送られて、夜のニュースに生中継で出演する、といったこともなかった。このような接戦では、数え直しがおこなわれる。そしてすべての投票用紙は市庁舎にあるのだ。誰だったかのオフィスで、混沌の渦中（かちゅう）の会合がおこなわれ、友人の弁護士たちのわけのわからない法的な議論が山ほどなされたあげく、私たちは、投票用紙を市庁舎から外に出そうと決めた。

真夜中、正確に言うと朝の三時に、弁護士と私は、泥だらけの道を進み、判事を起こして、選挙の投票用紙の接収を要請した。判事は認めてくれた。次の朝、投票用紙は州の裁判所に移された。

一カ月後、私はヴァーモント州最大の市の市長に宣誓就任した。二大政党に反旗をひるがえして当選した、全国でただ一人の市長だ。その後、私は三回再選され、それから合衆国下院議員となり、四〇年ぶりの無所属議員になった。しかし一九八一年三月、あの夜の出来事こそが、その後のすべてを可能にしたのだ。

私たちは、従来の体制の中では実質的に権力を行使できない人ばかりの、庶民の連合体だった。しかし私たちは重要な選挙を闘い、そして勝ってきた。無所属の進歩的運動が、アメリカの最も田舎の州——つい最近まで、最も共和党の強い州のひとつだった——で勝てたとすれば、進歩派は、この国のどこでも、同じことができるかもしれないのだ。

2

ひとつの市での社会主義

勝利記念パーティー〔1981年〕。私の政治経歴は、ゴードン・パケットを破って
バーリントン市長になったことから始まったのだ。

「彼らはみなさんを馬鹿にしています。みなさんの議会への代表権は、彼らに奪われているのです。『彼ら』とは誰か？　国じゅうの左翼、極端なリベラル、急進派のことです。カリフォルニアのバークレーからニューヨークのグリニッジ・ヴィレッジに至るまで、これら何千もの人たち、そう、何千もの彼らが、バーナード・サンダースを議会に送ろうとして、献金や選挙運動をどんどんやってきたのです」

ヴァーモントじゅうに配られた、献金を呼びかける手紙から取った一文だが、これこそスウィーツァーの選挙運動の要点だ。一九五〇年代の赤狩りをちょっと手直ししたバージョンと言える。ヴァーモントの人々は、ずっと騙(だま)されてきたのだ。バーニー・サンダースは、彼らの利益など代表していない。彼が忠誠を誓っている相手は、左翼の「はぐれ者」たちなのだ。彼らが財布のひもでサンダースを操(あやつ)っているのだ。

選挙運動には公式の開始日というものがある。私の場合は一九九六年五月二七日だった。私が立候補を公式に発表した日だ。ヴァーモントの各地で計画した五つの立候補発表の最初は、バーリントンでやった。私の地元であり、州で最大の市だ。私を際立たせるために、そのイベントは湖岸にあるコミュニティ・ボートハウス〔非営利のボート乗り場〕でやった。ここは私の市長時代の大きな業績のひとつなのだ。私たちは、二年前にやったのと同じように立候補発表の準備をした。選挙運動スタッフのトム・スミス、ジョン・ギャラガー、ブレンダン・スミスは、私たちを支える柱とも言うべき、さまざまな支持基盤の指導的代表者を集めてくれた。彼らはそれぞれ、彼らにとっての重要問題について、そしてなぜ私が再選されなければならないかについて、数分のスピーチをしてくれた。進歩派連合の州議会議員だったことのあるトム・スミスが司会を務めた。昼には一五〇人を超える大勢の人が集まってくれた。ヴァーモントの美しい春の日だった。

ヴァーモントAFL－CIO委員長のロン・ピカリングは、二万人の労働者と退職者を代表して来てくれた。ボビー・スター議員もいた。彼は州下院農業委員会の委員長であり、州議会で農家のために声をあげている中心人物だ。サリー・コンラドもいた。元州上院議員で、女性と貧困者のために最も強く声をあげている人の一人だ。スタン・ラフラムは、ヴェトナム戦争の傷痍軍人で、私たちの退役軍人協議会の一員なのだが、とても胸を打つスピーチをしてくれた。シエラ・クラブのネッド・ファークワーは環境団体を代表して、マイラ・ファキラナーダは低所得者地区を代表して、アリス・クック・バセットは高齢市民を代表してスピーチした。ガーデナーズ・サプライ社のオーナー、ウィル・ラップのスピーチも聞けた。環境問題への意識が高い、成功した小企業の経営者だ。州上院の進歩的な民主党議員、リズ・レディは、スーザン・スウィーツァーと闘った思い出を語った。私の市政の経済開発局長を務め、今はバーリントンの進歩派連合市長として三期目に入っていたピーター・クラヴェルは、私の市長時代の業績についてスピーチしてくれた。

これらの人々は、多くは個人的な友人でもあるが、私たちが長年にわたり結集しようと努力してきた進歩的連合体を代表する人々だった。労働者、農家、女性活動家、低所得の人々、退役軍人、高齢市民、環境活動家、小企業経営者たちだ。みんな一緒に、ヴァーモントの大多数の人々のために立ち上がったのだ。みんな一緒に、この選挙に勝つだろう。

私は立候補宣言を前の晩に書いた。いつもどおり、私が話す時は、声がしゃがれて変になる。水を飲むために何回か中断しなければならなかった。スピーチでは、選挙運動の中心的な問題が際立つようにした。冒頭はこうだ。


六年前、私はヴァーモントのみなさんに、わが州の歴史でいまだやったことのないこと、アメリカ合衆国で四〇年間なかったことをするようにお願いしました。それは、無所属候補を議会に送ること、共和党にも民主党にも属していない者を議会に送ることでした。

初めて議会に立候補した時、私をワシントンに送るようヴァーモントのみなさんにお願いしたのは、そうすれば、対立候補が最近開いたような、五〇〇ドルの資金集め行事に参加するお金など、持っていない人たちのために闘えるからでした。自分の利益を守るためにワシントンの高給ロビイストを雇うお金など、持っていない人たちのために闘えるからでした。それが私の約束でした。そして、守ってきた約束でした。

私をワシントンに送るようヴァーモントのみなさんにお願いしたのは、そうすれば、共和党の大統領が悪いことをやったら立ち向かい、民主党の大統領が悪いことをやったら立ち向かえるからでした。民主党支配の議会が悪いことをやったら立ち向かい、共和党支配の議会が悪いことをやったら立ち向かえるからでした。そして、私はそうしてきました。

私を議会に送るようヴァーモントのみなさんにお願いしてきたのは、いつも、公正を求めて闘うためでした。最近ではすっかり聞かなくなった概念です。働く家族と中間層のための公正を求める闘いなのです。これらの人々の八〇パーセントは、一九七三年以来、生活水準の低下か、良くてせいぜい経済的停滞を経験しています。その一方で、同じ時に、トップの人々は、かつてないほどいい思いをしているのです。

一九八〇年代を通じて、この国の資産所有者のトップ一パーセントは、金融資産の増加全体の三分の二を享受しました。下から八〇パーセントの人々は、一九八九年の実質金融資産が、一九八三年よりも少なくなっていました。この傾向は続いています。今日、残念なことにアメリカ合衆国は、世界の先進諸国全体の中で、資産と所得の分配が最も不公平な国になっています。

公正。大金持ちだけでなく、すべての人が良くやっていける経済。これこそ、私が求めて闘いつづけているものなのです。

そして私は、それに先立つ二年間にヴァーモント州じゅうをまわって見てきたことを、いくつか述べた。

私は、ダンヴィルでのある女性との面会について話した。彼女も夫も、一週間に六〇時間も働いている。お金を貯めて、優秀な高校生の娘たちをいい大学に行かせるためだ。だが、たいへんな苦労をしても、うまくいくかどうかはわからない。大学の授業料は高く、巨額の借金を背負わなければならないからだ。

私はトロイで会った若い農家について話した。その夫婦は、朝五時に牛乳を絞りに出かける。週に七日だ。だが、懸命に働き、土地も愛しているけれど、農場にとどまれるかどうかわからない。牛乳の価格が暴落しているからだ。

私は、州のあちこちで出会った高齢市民について話した。メディケアはあるけれど、処方薬が買えないという。冬場にきちんと暖房するか、必要な食べ物を買うか、迷わざるをえない人たちもいた。

そして私は、医療保険がなく、将来のない仕事しかない、若い労働者たちについて話した。

私の話の要点は、経済はトップにいる人たちにとってうまくまわっているかもしれないが、たくさんの、本当にたくさんの人々を置きざりにしている、ということだ。

次は、私が議会で成し遂げたことについてだ。私への反対者は、何年にもわたってヴァーモントの人々に、無所属議員には主要な法案や修正案を通すことはできないと言ってきた。実績を正確に知らせることが重要だ。事実、私には、堂々たる立法実績がある。

私は最低賃金を引き上げる努力を主導するのに貢献したし、「北東部酪農協定」という、ヴァーモントの農家にとってたいへん重要な法案を通した。メキシコ経済の救済措置として、ウォール街の投資銀行のために五〇〇億ドルを危険にさらすことは、下院を通過した私の修正案によって大統領が予算執行できなくなった。私の修正案によって、とんでもない企業優遇を止めたこともある。〔軍需企業の〕ロッキードとマーティンの会社統合と一万七千人の労働者の首切りにあたって、重役と最高経営責任者に支払われようとしていた三一〇〇万ドルのペンタゴン〔国防総省〕賞与のことだ。ヴァーモントでは、冬はとても寒くなる。そこで私は、燃料費支援プログラムを廃止しようとするギングリッチの試みを阻止する取り組みを主導して、ほぼ全額を回復させたし、住宅取得支援のための主要な修正もやり遂げた。さらに私は、夫などに虐待された女性を保険会社が差別できないようにする法案を通した。退院の準備ができていない女性や新生児を、健康維持機構や保険会社が追い出すことをできなくする修正案も通した。私が作成して成就した修正案や法案は、他にもある。大事なのは、無所属議員でも州や国にとって重要な法律を通せるのだと、ヴァーモントの人々に示すことだった。

だがここで、私が主張したい最も大事なポイントに入る。私は続けた。

この選挙で問われるのは、ニュート・ギングリッチ、ディック・アーミー、共和党が、現代アメリカ史上、最も反動的で極端な方針をやり遂げるために、さらに二年を得るのかどうかということです。あるいは、今すぐそれをストップして、貪欲や偏狭(へんきょう)や人身御供(ひとみごくう)のためにアメリカがあるのではないと、彼らに告げるのかどうかが問われているのです。
　この選挙で問われるのは、ギングリッチ、アーミー、共和党が、金持ちや大企業に巨額の減税を与え、ペンタゴンが必要としてもいないB—2爆撃機やスターウォーズ装置をつくる一方で、メディケア、メディケイド、教育、環境保護、退役軍人給付、栄養、住宅取得支援その他、何千万ものアメリカ人に影響を与えるたくさんのプログラムを削減することに成功するのかどうかということです。

最後に私は、政治においてあまりに無視されることの多い点を強調して締めくくった。政治の世界では、日々ありとあらゆる問題や瑣事(さじ)が起こるけれど、進歩派にとって、ヴィジョンを持ちつづけることが絶対に必要だ。世代から世代へ、何代も受け継がれるヴィジョン。社会的公正と、この国が持つ本当の潜在力を実現するよう、強く願い求めるヴィジョン。
私は、次のように述べて演説を終えた。

　この国と州の未来にとって決定的に重要なのは、私たちが共和党の方針を打ち砕くことです。議会をふたたび彼らの天下にさせず、ホワイトハウスに彼らの大統領を送らせないことです。

これは本当に重要なことです。しかしもっと重要とも言えるのは、私たちが進歩派として、またヴァーモント人として、この先何年にもわたって私たちを前進させてくれる特別なヴィジョンを、しっかり持ちつづけることなのです。

そのヴィジョンとは、世界で最も豊かなこの国では、金持ちだけでなくすべての人々が、まともな職の労働がもたらす果実と、尊厳を持って生きることを可能にする福利とを、享受すべきだというものです。百万長者や億万長者が増えつづけている時に、世界で最も高い子どもの貧困率をそのままにしておけないというものです。ヴィジョンとは、この国のすべての男女と子どもには、市民の権利として医療への権利があり、合衆国は単一基金の医療保険制度、国民皆保険制度を立法化することにより、他の先進世界に仲間入りするというものです。ヴィジョンとは、生涯にわたる良質の教育は、生きることの意味にとって本質的なものであり、私たち市民すべてが、その所得に関わりなく、高等教育を受けられるべきだというものです。

ヴィジョンとは、女性たちの長年の苦闘に敬意を払い、妊娠中絶というきわめて個人的な決定は、その女性自身によってなされるべきであり、ニュート・ギングリッチや合衆国政府によってなされるべきではないというものです。ヴィジョンとは、人々を、肌の色、性、性的指向、出生国によって判断するのではなく、個性の質によって判断すべきであり、性差別、人種差別、同性愛嫌悪を決して容認しないというものです。

ヴィジョンとは、環境の尊重と雇用の成長との間に矛盾はなく、実際、私たちの経済は、環境の悪化を阻止する時に改善するというものです。ヴィジョンとは、私たちの中で最も弱くて傷つきやすい者、すなわち子ども、お年寄り、病人、障害者をどう処遇するかに、社会の究極的な判定基準を置くものです。そして、弱くて権力を持たない人々を援助するプログラムを、金持ちや権力者に免税措置を与えるために削減するようなことはしない、というものです。

バーリントンでの立候補発表イベントは大成功だった。たくさんの昔の友人に再会できて、とてもうれしかった。市長の時にバーリントンで一緒にがんばった人々や、何年も共に働いてきた人々だった。このような善良な、立派な、地道な人々の連帯の中に自分がいることを名誉に感じ、謙虚（けんきょ）であらねばと思った。悪口ばかりのワシントンとは全く違う世界だった。ヴァーモント人であることが、とても誇らしく思えた。

しかし、この温かな雰囲気も、晩のニュースが流されるまでのことだった。私たちはそこで、政治には現実があること、そしてテレビの描写を通じた現実認識があることを、まざまざと思い知らされた。公式の選挙運動が始まり、有権者の中に第一印象がつくられつつあった。そして、彼らがテレビで見たのは、現実に起きたこととは全く違うものだった。

共和党の対立候補、スーザン・スウィーツァーが、私の立候補表明の直後に記者会見を開いた。私が彼女を攻撃したことに対する彼女からの反撃（私は攻撃どころか言及すらしていなかったのだが）が、ニュースを独占した。スウィーツァーは、私たちの立候補表明を、彼女の強みへと転換させることに成功した。州最大のテレビ局、WCAXテレビは、私のスピーチに匹敵する長さの時間を、スウィーツァーによる反論にあてたのだ。報道の中で彼らは、何を間違えたのか、前回の選挙で私が共和党候補者より二〇万ドル近くも多く支出したことをぜひ報告しなければと考えた。候補者自身のかわりに共和党が払った独立支出が別にあり、そこにはWCAXに払ったお金も含まれるわけだが、WCAXはそれに言及するのを「忘れて」いたのだ。

WCAXのオーナー、スチュアート・「レッド」・マーティンは、保守的な共和党員だ。彼はスウィーツァーの選挙運動に、すでに法定限度額いっぱいの二千ドルを寄付していた。最近、ヴァーモントの週刊紙『セヴン・デイズ』のコラムニスト、ピーター・フレインは、マーティンが次のとおり話したと書いている。「できるかぎりの寄付をしたいと思いました。……私は、バーニー・サンダースを追い出すことを、公共への奉仕だと思ってやっていました」。当初から私たちは、WCAXがどのような選挙報道をするのか心配していた。今やそれがわかった。悪いスタートになったわけだ。

実際、私の出馬発表はテレビでは、スウィーツァーを応援する宣伝となってしまった。彼女の選挙アドバイザーの戦略は、テレビ重視の現代の選挙運動の真髄（しんずい）と言うべきものだ。対立候補が発言をしたら、すかさず反論せよ。そしてテレビ報道の焦点を、元の発言よりも反論のほうに向けてしまえ。一般的に言って、テレビの要約ニュースは、単なる情報の報告よりも、「ぶつかり合い」のほうを好むのだ。これはテレビ局が特定の見解に同情的な場合、とりわけうまくいく。

私は、選挙運動に関しても、議会での仕事に関しても、テレビの「ニュース」がわが国のあり方に果たす役割がだんだん心配になっている。それはテレビ局の政治的傾向とは関係のない問題だ。単純な事実として、ビル・クリントンであれ、ボブ・ドールであれ、バーニー・サンダースであれ、七秒の要約ニュースで複雑な問題を扱うのは無理なのだ。「アクション・ニュース」のテンポの速さは、大事な問題を真剣に扱うことを、ほとんど不可能にしている。さらに、問題に対する報道の割り当て方には、バランス感覚がほとんどない。テレビニュースは新しい展開を欲しがる。賢い報道幹部たちは、彼らの親分をテレビに出すために企画や撮影機会をでっち上げ、この欲求を満たそうとする。

他方、この国が直面している最も深く重大な問題は、めったに取り上げられない。そういうものは型に合わないのだ。何年か前に私は、あるネットワークニュース部門の部長との会合に出席したことがある。彼は、航空機事故の報道に、途方もない規模の労働とお金を費やしていることを述べていた。災害の報道では通常の手続きだ。誰かが彼に、S&L（貯蓄貸付組合）のスキャンダル（まったくもって災害だ）に関する彼のネットワークの報道について質問した。彼が答えていわく、「あまりやりませんでした。テレビ向きじゃないんです。退屈すぎます」。

毎晩、テレビのニュースは、派手で、機敏で、刺激的な報道を流している。しかし、何についての報道なのか？　結局のところ、情報をテレビに頼るアメリカ人は、この国で実際に物事がどう起こっているのか、それがなぜ起こるのか、ほとんど学ぶことができないのだ。いい娯楽？　そのとおり。民主主義のための知識？　そうではない。

スウィーツァー陣営が、即席の応答でたくさん「スピン」（事実や論理のすりかえ）をしていくことは間違いない。ヴァーモントのような小さな州にしては、かなり洗練されたスタッフだ。私の今までの選挙運動と比べたらはるかに良い。私の立候補発表の時、彼女の選挙対策部長がテープレコーダーを持って参加していたなんて、後になるまで全くわからなかった。彼らの戦略はもはや明らかだ。私が演説するたびに、彼らはそこにいるだろう。文字どおり「私の足下が見える」ところに。しかし他方で、この種の攻撃戦略がヴァーモントで成功するのかは、まだわからない。ヴァーモントは、カリフォルニアやニューヨークとは違う。相手を足蹴にしまくるスタイルの選挙運動の見世物を、ヴァーモントの人々が楽しむかどうか、私にとって確かではない。

私の出馬発表は、テレビではひどい扱いだったが、新聞の報道はすばらしいものだった。『バーリントン・フリー・プレス』、ヴァーモント通信局（州の第二位と第三位の新聞である『ラトランド・ヘラルド』と『タイムズ・アーガス』に記事を出している）、AP通信（州内のすべての新聞に配信する）の三つの活字メディアは、一面でイベントを正確に扱い、私の見解をたっぷり報道した。新聞上で、私がヴァーモントの大多数の人々の代表に囲まれている状況では、「バーニー・サンダースは、陳腐で破綻した極左イデオロギーの典型だ」というスウィーツァーの発言は、テレビのようにうまくはいかなかった。働く人々と中間層のニーズを支援する私に対して、彼女が浴びせる論難は、大多数のヴァーモント人は彼女ほどのギングリッチ支持者ではないことに、彼女が気づいていないことの表れのように響いた。

ひとたび選挙戦が公式に始まれば、私は熱狂した――と言いたいところだけど。結果的に、古くからの友人がたくさん現れ、多くの闘いを共にすることになったのは、すばらしいことだった。しかしそれすら、良い面ばかりではなかった。そのことは私に、この選挙戦では、人々を単に巻き込むだけではなく、意味のあるやり方で巻き込むことが大きな課題だ、ということを思い起こさせた。一九九四年の選挙の時は、新たに迎えた選挙運動員はとても少なかった。事務所に座って上からの指示を待っていたい人なんていない。どうすればボランティアを魅了し、意義のある仕事を与えるような仕組みをつくれるか？　どうすれば興奮を生み出せるのか？　難しいことだ。しかし私たちは、一九九四年よりもうまくやらなければならない。

現職議員であることもつらかった。ええ、わかってますよ。あなたは私を気の毒だとは思わないでしょう。現職候補はあらゆる点で有利じゃないかと。確かにそうだ。私たちにはスタッフがいる。情報に通じている。ニュースになる。仕事をきちんとやっていれば、それが「ローズガーデン戦略」になる。それはそのとおり。しかし、きわめて不利な点もあるのだ。

この選挙戦で本当に大変だった問題のひとつは、二年前にも痛感したことだが、対立候補が週に七日間ヴァーモントにいるのに、私は自分の時間の多くをワシントンで過ごさなければならないことだった。彼女は地元のラジオ番組に出演する。絶えず人々に話しかける。小さな町々で記者から取材を受ける。その間、私はワシントンに釘づけになって、地元のニュースでは報道されないような議会の職務をこなし（それが仕事ですから）、あるいは有権者のいくらかに不快感を与えかねない難しい票決に直面する。

しかし、現職ゆえの困難に悩まなければならないのは、私だけではない。ギングリッチ革命の新入生たちも、おうちに帰りたいのだ。彼らは困難に陥っており、自分の選挙区で選挙運動をやりたいと思っている。だから今年は、前回の選挙より早く議事堂を脱出できるかもしれない。これはいいことだ。

＊＊＊

数え直しは、投票の二週間後に終了した。私のリードは一四票から一〇票に減った。しかし、私はバーリントン市長に選ばれた。アメリカでただ一人、二大政党制に反抗した候補者。この国でただ一人の、社会主義者の市長だ。

私は一九八一年四月、市庁舎に詰めかけた大群衆の前で就任した。スピーチには満足できた。そこでは、地域の問題を、より広く全国的・国際的な文脈に結びつけようと試みた。誰の記憶でも初めてのことだが、地元のラジオが市長のスピーチを生中継した。後になって、ある記者が私にそのスピーチの原稿を求めてきたので、黄色い罫紙（けいし）に殴り書きされたのを彼女に渡した。ひどい出来だった。今ならもっとうまくできるのに。

興奮が支配した。既存体制の人々は完全にショックを受けていた。病院の院長が後に書いたところでは、彼は車を運転中にラジオでそのニュースを聞いて、危うく橋から落ちるところだったという。地元の銀行家たちは、選挙の翌日に会議を開き、新市長とどうコミュニケーションをとったらいいのかを理解しようとした。この男を知っている人はいただろうか？　民主党員の州副知事が私に電話をかけてきた。「軽率なことはしないように」

私は一種の有名人になった。地域のメディアは熱狂した。この選挙は、何年もの間、ヴァーモントの政治の話題で最も大きなものだった。それはヴァーモントにとどまらなかった。『ニューヨーク・タイムズ』、『ボストン・グローブ』、その他たくさんの全国紙が「社会主義者市長」の記事を特集した。フィル・ドナヒューが、まる一時間の彼のショーに私を招いてくれた〔有名な全国テレビ番組「フィル・ドナヒュー・ショー」のこと〕。私はお断りし、アメリカ社会主義運動の広報担当にならないことを選んだ。私はNBCの申し出に応えて、「トゥデイ・ショー」〔朝のテレビ番組〕でドナヒューから一〇分間インタビューを受けるために、ジェーンと一緒にシカゴへ飛んだ。カナダのテレビや、BBCもあった。中国のラジオでも報道されたと誰かが言っていた。

ドゥーンズベリーで有名な〔漫画家の〕ギャリー・トゥルードーがバーリントンにやってきて、私たちは朝食を共にした。それは、フランスで社会党とフランソワ・ミッテランが権力を取った直後だった。まもなくして、「バーリントンで起こった、フランスでも起こった」と書かれたドゥーンズベリーの漫画が現れた。それから、「バーリントン人民共和国」と書かれたいくつかの種類のTシャツが出てきた。どれもこれも、その前の公職選挙で六パーセントの票しか取れなかった男にとっては、とてもわくわくする経験だった。

目下の重大事のひとつは、市長にふさわしい服を買いそろえることだった。その時の私はスーツを持っておらず、一着か二着のコーデュロイのジャケットと、数本のネクタイだけだった。アメリカのベスト・ドレッサー市長になるつもりはないし、そんなに頻繁(ひんぱん)にネクタイを着けるつもりはないけれど、ちょっとオシャレをするのは悪くないと思った。一晩で、私の衣装は二倍に増えた。

より重要なのは、行政を編成しなければならないことだった。バーリントン憲章では、市長は、市弁護士、書記、収入役、保安官、その他多くの役職を任命する権限を持つ。私は、政治観を私と共有し、かつ能力も経験もある人を探さなければならなかった。そして、この目前の仕事の先には、市政をつくりかえるという、とんでもなく大変な仕事が控えていた。

どうやって私たちは、選挙公約を果たしたらいいのか？　どうやって私たちは、バーリントンの政治を民主化し、市政をすべての人々に開いたらいいのか？　どうしたら私たちは、逆進的な財産税への依存を断ち切れるのか？　どうしたら私たちは、環境を守り、不必要な道路建設を止めることができるのか？　どのように私たちは、低所得者と労働者階級の人々のニーズに取り組んだらいいのか？　どのように私たちは、縁故(えんこ)主義に支配された市政に、女性たちを参加させたらいいのか？　この市の子どもと高齢者のために、私たちには何ができるのか？　どうやって私たちは、市の職員を、まともな賃金と労働条件を通じてだけでなく、部署の意思決定にもっと関与させることを通じて、公平に処遇することができるのか？　どうやって私たちはバーリントンを、お金のある人だけでなく、すべての人が芸術にふれられる市にするのか？　そして何より、どうしたら私たちは、一三人の市議会に二人しか支持者がおらず、バーリントン市のほとんどの部署を指揮する各種委員会に支持者がほとんどいない中で、これらすべてを実現できるのか？

私の「影の内閣」と私は、これらの疑問に対処するために、一連の特別委員会を立ち上げた。基本的に私たちは、市庁舎のドアを開き、関心を持つすべての人に、前進のための最良の方法を示唆しに来てもらえるようにした。その反応に私たちは大喜びした。あらゆる職業や階級からの何百人もの人々が、さまざまな種類の会議に参加したのだ。多くの人が、すばらしいアイディアを持っていた。

これらの特別委員会から、数々の市長評議会ができあがった。たとえば、若者、芸術、女性、高齢者、医療、税制改革についての評議会だ。何年もかけて、たいへんな政治的努力を経て、こうした評議会のいくつかは、市の行政機構の中に組み込まれた。しかし私の市政の初期には、それらは「もうひとつの政府」のような働きをしていた。

市庁舎でのこうした初期の日々はウキウキするものだったが、同時に緊張感もあった。より正確に言えば、バーリントン市政に内戦が勃発したのだ。保守的な民主党が何十年もバーリントン市政を牛耳っていた。彼らは、共和党とグルになっての闘争を経ることなしには、絶対に彼らの権力を捨てようとしなかった。市議会（当時「ボード・オブ・オルダマン」と呼ばれていた）は、八人の民主党員、三人の共和党員、そして二人の私の支持者——テリー・ボーリシャスとサディ・ホワイトで構成されていた。

テリーは二七歳の時、アメリカで公職に選出された初めての市民党候補者になった。私はテリーを、彼がミドルベリー大学の学生だった頃から知っている。その頃、彼は自由連合に参加して、一九七六年の私の州知事選挙を手伝ってくれた。テリーは私の市長選挙からは少々離れて、独自に市議会選挙に出ることになるが、彼は力のある社会主義者であり、自然と協力関係にあったし、今日に至るまでヴァーモントの進歩的運動のリーダーだ。市議会で五期を務めた後、テリーは州議会に選出され、現在、四期目を務めている。

サディ・ホワイトは七九歳の時、やはり民主党の政治機関を打ち破って市議会議員になった。しかし彼女の経緯は、テリーとは全く違う。サディは長年、州議会の民主党議員だった。労働者階級の有権者のために闘う彼女の独立心と意志が、政治機関の敵意を買い、彼らは彼女を捨てた。しかし、最後に笑ったのはサディだった。復讐に燃えた彼女は、無所属として市議会選挙に勝利したのだ。民主党組織に戻れという強力な圧力にもかかわらず、彼女は任期中から今日に至るまで、不屈の盟友であり、良き友だ。

市長としての最初の公式会議で、市議会は私の秘書を解任した。私がそれまでに雇用できた唯一の人だった。彼らは、私が彼女を適切なやり方で雇用しなかったと文句をつけた（すぐ後に、彼女の再雇用を認めたが）。二カ月後、市長が行政職の人選を公式に発表する日に、市議会は、私が指名した人をすべて却下した。まったく馬鹿げた事態だった。厳しい選挙戦で打ち負かしたばかりの、私の政治目標に激しく反対する人々からなる体制でもって、私は市政を運営することになるのだ。私たちは、あらゆる主要な決定において、反対意見に包囲された。投票も常にそうだった。一一対二。一方は民主党が八票、共和党が三票。他方はテリーとサディの二票だった。

民主党の戦略は、そう複雑なものではなかった。私の手を縛り、何も実現できないようにして、私を無能だと主張することで、市長の席を取り戻そうとしたのだ。

私たちの戦略はどうだったか？ 第一に、市長が市議会の支持なしでできることを、全部やるということだ。第二に、地域の民主党や共和党の正体を暴露し、彼らが積極的な考えを持たない妨害者や政治屋にすぎないことを明らかにすることだ。第三に、これがいちばん重要なのだが、次の選挙で彼らを打ち負かすために、第三政党を立ち上げることだ。

この最初の任期で私は、市がかなりの金額を、保険契約に無駄につぎ込んでいることを発見した。地域の会社は、毎年毎年、市場よりかなり高い料率で、市から仕事をもらっていた。私はそこに、「競争」入札という急進的社会主義の概念を打ち立て、何万ドルものお金を市のために節約した。私たちは、「急進的」であることは、納税者のお金を無駄にすることを意味しない、ということを示そうとした。全く反対なのだ。政府は地域社会にとって重要な役目を果たすべきだと考える人々に対して、私たちは、けちん坊な、費用対効果の高い行政運営ができることを、絶対に示す必要があった。納税者のお金を無駄に使うことに、言い訳はできない。

私たちはまた、市の最も貧しい地域でリトル・リーグ〔少年野球リーグ〕プログラムを始め、成功した。さらに、やがて全市に広がることになる植林プログラムに着手し、バーリントンを一街区ごとに変えていった。私たちはまた、たいへんな人気を集めることになる夏の音楽会シリーズを始めた。何千もの人々が美しい湖岸の公園へ誘われ、そこですばらしい音楽を聴き、シャンプレーン湖に沈む夕日を眺めた。私たちは、こうしたことをすべて、あちこちでお金をかき集めながらやっていった。

時が経つにつれてはっきりしてきたのは、市のために効果的な政策を実行するには、進歩派を市議会の過半数に選出するしかないということだった。それは新しい政治的実体の創造を意味した。当初、私たちはそれを無所属連合と呼んでいた。後に進歩派連合に改名された。この連合はバーリントンにしかなかった。州法上の政党ではなかったが（州全体の組織ではなかったため）、バーリントンではあたかも政党のように機能した。

一九八一年から八二年にかけての冬、私たちは、三月にある選挙をめざして、市の各選挙区から市議会議員の候補者を募った。ヴァーモント大学心理学教授のリック・マスティが、第一区の私たちの候補者。ＩＢＭの青年労働者、ゾー・ブライナーが第二区の候補者。州の精神保健職員、ゲイリー・デカロリスが第三区。弁護士のジェーン・ワトソンが第四区。長年の地域活動家、ジョーン・ボーチェミンが第五区。そして、この本の共著者、ヴァーモント大学英語教授のハック・ガットマンが第六区だ。

ヴァーモントの冬はとても寒く、雪と氷でいっぱいだ。正直言って、気温がゼロ以下（摂氏マイナス一八度以下」の中でドアをノックしてまわるのは、いつも楽しいわけではない。しかし私たちはそれをやった。私たちの候補者は、例外なくみんな、力強く選挙運動に取り組み、自分の選挙区のほぼすべてのドアをノックした。私も候補者と一緒に、できるかぎり出かけた。私たちは、控えめに言っても、やる気があった。この選挙運動の主題は、きわめてはっきりしていた。第一に、私たちの候補者は進歩的な綱領で出馬する。第二に、彼らは、市長の仕事を邪魔する民主党や共和党と対決する。

この市議会選挙の投票率は、空前の高さだった。投票日、一九八二年三月二日の夜に、私たちは楽しいお祝いを催（もよお）した。第一区──勝利。第二区──勝利。第三区──勝利。第四区──敗北。第五区──勝負つかず。進歩派連合と民主党が、いずれも投票の四〇パーセントを取れず、決選投票に。共和党は敗北。第六区──勝負つかず。進歩派連合と共和党の決選投票。民主党は敗北。

一年前の私の市長選挙勝利はまぐれと思われたかもしれないが、いま起こっていることには誤解はありえない。バーリントンに政治革命が起こったのだ。人々が、大きく、はっきりと声をあげたのだ。きわめて高い投票率でもって、バーリントン市民は、民主党と共和党に知らせたのだ。彼らは変革を望んでいるのだと。本当の変革だ。進歩派は動きはじめていた。

予想どおり、第五区と第六区の決選投票では、民主党と共和党が手を組んだ。第五区では共和党が民主党を支持し、第六区では民主党が共和党を支えた。私たちの候補者はがんばったが、ジョーンもハックも負けてしまった。

結果として私たちは、一三人の市議会で過半数を握ることはできなかった（私の市長八年間を通じて、それはできなかった）。しかし、リック、ゾー、ゲイリーの三票がサディとテリーに加わり、私たちは、少なくとも拒否権を持つことができた。私たちは、民主党と共和党のどんな発案も、拒否権で阻止できた。彼らはもう、私たちと協力するしか道はなかった。力のバランスが変わり、私たちは前進できた。

こうして市議会が急に心を入れ替えることとなり、市のさまざまな役職について私が指名した人を認めることを決めると、私の市長生活はすぐに楽になった。市長になって一年後、ようやく私は政権を握ったのだ。市長への助言者たちは、予算案を作成するにあたり、ボランティアとして私のキッチンテーブルで会議をしなくてもよくなった。私たちは実際に市庁舎で仕事できるようになり、彼らの仕事には給料が支払われることとなった。

私は、一流の財務分析者であるジョナサン・レオポルドを収入役に迎えることができた。ジョナサンは市全体の財政運営を改善し、バーリントンはたくさんのお金を節約できた。バー・スウィナフェルトが副収入役、ピーター・クラヴェルが人事部長、ジム・ダンが市弁護士補佐、ジム・レイダーが市書記、デーヴィッド・クラヴェルが保安官、スティーヴ・グッドカインドが都市計画技官となり、私の初期の任命が完成した。

サンダース市政と進歩派連合は、あらゆる面で精力的にやった。きわめて活動的な市政だった。財産税は、ヴァーモントの教育と行政サービスの主な財源だったが、支払能力にもとづいておらず、逆進的だった。多くの高齢者や働く人々は、限られた所得から支払いうるよりも、かなり多くの財産税を支払っていた（今もそうだ）。私は七年間ずっと、バーリントンの住宅所有者の一般財産税を上げなかった。同時に私は、より累進的な税制のために一生懸命闘った。

この闘いでは、市の住民から強力な支援があったものの、州議会からの支持がなかった。ヴァーモントでは、市が憲章を改正するためには、州議会の承認を得なければならない。バーリントンの人々が賛成票を投じた、時には圧倒的に賛成多数だった進歩的な憲章改正に対して、州議会はたびたび承認を拒否した。それは本当にがっかりすることであり、私が一九八六年の州知事選挙に立候補する理由のひとつとなった。それについてはまた後で語ろう。

それにもかかわらず私たちは、ヴァーモントで初めて、財産税に代わる制度を発展させた市となった。たくさんのレストランのオーナーたちとの闘争を経て、一パーセントの飲食・貸室税を実施した。商業・工業資産への税率を一・二倍に引き上げる課税分類体系を通過させた。裁判闘争の末に、公益事業のために街路を掘り起こした事業者に、その損害を支払わせるようにした。ケーブルテレビ会社との熱い闘いと、それを市の所有のもとにおく制度をつくりだす努力の後、私たちは、それらから多大な収入を得ることができ、高齢者への料金レートを引き下げることができた。

市内で非課税の巨大機関、ヴァーモント大学とメディカル・センター病院は、現状を変える試みのほとんどに抵抗しおおせた。しかし私たちは、それらが警察と消防に支払う額を、充分に増やすことができた。州知事と州議会による反対の結果、私たちは、市が所有する南バーリントンの空港から、私たちの望む収入を生み出すことはできなかった。しかし、そこにある巨大な駐車場の運営を引き継ぎ、警備要員として市の警察を配置することで、キャッシュ・フローを改善できた。

言うまでもなく、私たちの市政と運動は、課税の累進化や行政の効率化についてだけの存在ではなかった。政治プロセスに人々を引き込むこと、地域社会のこと、エンパワメント、楽しみ、刺激、そんなこともあった。たとえば、女性に関する市長評議会は、すぐにバーリントン女性評議会になったのだが、それは、急進的な同性愛者のフェミニストから保守的な女性企業家に至るまで、さまざまな職業や政治傾向を代表する女性組織を集めたものだった。女性評議会によって発案されたものの中には、当時きわめて先進的だった、以下のような立法が含まれていた。ドメスティック・バイオレンスと、そのための警察部門の専門的訓練についての立法。多くの女性市職員の経済的向上をもたらした、「同等価値」〔同一価値労働同一賃金〕調査についての立法。低所得の女性のために、建築業など男性が支配的な職種の、非伝統的な種類の職業訓練を施す、とても成功したプログラムの基金についての立法。

ジェーン・オミーラ・ドリスコル、後に私の妻になる女性だが、彼女が若者局の局長だった。最初はボランティアだったが、後には給料が出た。ジェーンは、青少年センターや、市の資金による保育センターを立ち上げ、とてもうまくいった。誰もが一〇代の若者に対して、トラブルに近寄るな、麻薬に走るなと大声で注意する。私たちは彼らに、社会的な空間と、音楽やダンスの機会を提供した。ジェーンは、幼少の子ども向け放課後プログラム、若者新聞、演劇プログラム、若者雇用プログラム、サマー・ガーデン・プロジェクト、市民制作によるテレビ・ショーなどをつくりあげていった。彼女は「雪かき作戦」も始めた。これは、若者たちがお年寄りや障害者のために雪かきをしてあげるという、すばらしい奉仕活動だ。

私たちは、芸術を街角にもたらす文化活動をたくさん始めた。ジャズ・フェスティバル。これは無料のコンサートと、バスの中で音楽をかけるというもの。ブルース・フェスティバル。レゲエ・フェスティバル。カントリー・ミュージック・フェスティバル。汽車ポッポ・フェスティバル。公園での夏の無料コンサート。一二月三一日のファースト・ナイト・イベントには、何千もの人々が参加した。これらのイベントはほぼ全部、今日まで続いている。

私がとりわけ気に入った夜会は、バーリントン市庁舎での詩の朗読会だ。バーリントンの生徒たちが彼らの詩を朗読する会に、アレン・ギンズバーグが参加して朗読したのだ。ノーム・チョムスキーは、おそらくアメリカで最も有名な急進的著述家だが、市庁舎を満員にして講演した。「労働者の権利」祝賀会の最中に、スタッズ・ターケルが訪ねてきた。アビー・ホフマン、デーヴ・デリンジャー、そして私で公開討論会をやり、その夕べは本当に楽しいものとなった。エラ・フィッツジェラルドが、ジャズ・フェスティバルで歌を披露した。バーリントンは、この国で最も刺激的で文化的に活発な小都市のひとつになっていった。

評議会の仕事をこのように簡単に記してしまうと、これらのプログラムの実施はそよ風みたいなものだったように思えるだろう。しかし、評議会の創設は、たいへんな政治闘争であり、血と汗と涙の結晶だった。資金要求には、ほぼ例外なく、罵倒と悪意に満ちた討論が付きまとった。すべてがパルチザンだった。簡単なものはひとつもなかった。

私は、年長の男性からの、ある編集部宛ての投書のことを覚えている。そこにはこう書かれていた。「私は社会主義というものは何もわからないが、サンダースは道路を舗装して、いい仕事をしている」。市政の範囲を広げること、新しい政策を展開することは、大事だしやりがいのあることだ。でも、基本を大事にすることを忘れてはいけない。私の市政は、この事実を決して見失いはしなかった。そしてこの分野では、私たちは共和党以上に共和党だった。

私たちは警察部門を拡張し、改善した。警察官に生活できる給料を支払うことを始めた。皮肉なことに、警察部門の改善における私の強い味方は、トニー・ポマローだった。警察委員会の委員長、州で最も裕福な人物の一人だ（私が一九八一年の選挙戦で反対したのは、トニーの破滅的な湖岸高層マンション開発計画だった）。トニーは警察問題についての良き協力者となったので、民主党と共和党からの支持を失ってしまった。彼が再任されるにあたっては、進歩派連合の票が必要だった。

私たちは、消防部門で使用する、とても高価な人命救助用のトラックや器具を、新しいものに更新した。私たちは、道路部門と水道部門を合併させて、新たな有能なリーダーシップを有する、より効率的な公共事業部門を創設した。私たちは、主な道路の再舗装プログラムを開発し、実施した。私たちは、全く新しい除雪車のひと揃いを購入し、新しい、より効果的な除雪計画を展開した。そして私たちは、市の各部門を運営する、有能な責任者を集めた。

私たちは、州の歴史上、最も巨大で費用のかかる環境改善プログラムを実施した。下水道システムを再建し、排水処理工場を更新し、シャンプレーン湖の汚染を止めるための、五二〇〇万ドルの市・州・連邦プロジェクトだ。私たちは、環境に悪いごみ埋め立て場を閉鎖し、提案されたごみ焼却計画をやめさせた。この計画は、環境と財政のいずれの面でも破壊的なものだった。

私たちは、湖岸の大規模な美化計画に着手した。前市長は、湖岸の街に建てる破壊的な高層マンション計画を支持していた。公開討論と熾烈（しれつ）な論争がたくさんなされた後、私たちの湖岸は、公園、九マイルの自転車道、コミュニティ・ボートハウスからなる、住民優先の大人気のものになった。今日では、バーリントンの端から端まで自転車で行ける。四つの公園のどこでも無料で泳げる。立派な体育施設もある。

私たちはまた、住宅取得に関して、革新的な着想を生み出した。地域の不動産産業の一部からの反対にもかかわらず、私たちはアメリカで初めて、地域土地信託住宅に資金を提供する市となった。「バーリントン地域土地信託」を通じて、労働者階級の人々は、営利市場より低い費用で自分の住宅を買えるようになった。住宅所有者は、ほどほどの投資収益しか得られず、市場価格で住宅を転売しないことに同意しなければならないので、住宅はずっと手ごろな価格のままとなる。

賃借人組織や非営利住宅団体と共に私たちは、州最大の補助金が投入されたノースゲートの住宅開発が、高価なマンションに変更されるのを阻止した。リーヒー上院議員が確保した連邦補助金や、その他の資金源によって、私たちはこの開発を、共同所有住宅のプロジェクトに変更させた。それにより、そこそこの所得の人々のために、三三六戸を守ることができた。さまざまな仕組みを通して、手ごろな住宅をたくさん建てることもできた。

私たちはまた、バーリントン公営住宅の低所得者たちの生活を改善した。私はバーリントン住宅局に、毎年一人の新委員を任命できた。三年目の終わりに、ついに私たちは多数派となり、新局長にマイク・マクナマラという傑出した人を迎えた。彼は、市が運営する低所得者と高齢者の住宅を、大きく改善した。

私たちは、賃借人の権利についての、州で最も包括的な立法を成立させることができた。しかし、賃借人向けの大事な行動計画である家賃規制には成功しなかった。一九八二年に地主組織は、この問題をめぐる市全域の投票で、私たちを完全に打ち負かした。彼らはかなりのカネを集めてコンサルタントを雇い、私たちをしのぐ政治運動をしたのだ。

一九八三年に、地元の企業家トム・ラシーンが指揮する市民委員会と協力して、私たちはマイナー・リーグの野球チームをバーリントンに迎え入れた。AAイースタン・リーグのフランチャイズ権とシンシナティ・レッズを所有するオーナーとの、果てしなく続く議論の末に、マイナー・リーグ野球が三〇年ぶりにバーリントンに戻ってきた。ヴァーモント大学の運動場を使う合意ができ、ヴァーモント・レッズは大成功となった。最初の年に、一二万人以上のファンを引き寄せた。チームはイースタン・リーグで三回連続の優勝を果たし、驚くべきことに、この時期の偉大なマイナー・リーグ・チームのひとつとなった。ヴァーモント・レッズの選手のうち、少なくとも五、六人がメジャー・リーグ入りを果たした。カル・ダニエルズ、ポール・オニール、クリス・セイボー、ジェフ・モンゴメリーとジェフ・トレッドウェイといったスターたちだ。

私はたまたま、バーリントンがアメリカでいちばん美しい都市のひとつだと思うようになった。しかし実際には、すてきな湖岸、良い街路、誠実な警察署、マイナー・リーグの野球チームを持っている都市はたくさんある。しかし、人口四万人の都市で、外交政策を持っている都市はどれほどあるだろうか？　そう、私たちは持っていたのだ。

思い起こしてほしいのだが、私は、一九八〇年代にアメリカで公職に選出された唯一の人物ではない。ロナルド・レーガンもそうだった。多くのバーリントンの人々は、私も含めて、ニカラグアのサンディニスタ政権を支持していた。レーガン大統領はそうではなかった（サンディニスタ政権打倒のため、反政府民兵「コントラ」に武器や資金を提供し、武力攻撃もおこなった）。私たちは彼と意見が合わない。私たちは不快感を表明した。

レーガン大統領図書館かどこかに残っていると思うが、この件についての、バーリントン市長からの書簡がある。また、感情のこもった長時間の公聴会を経てつくられた、バーリントン市議会の公式声明もある。「ニカラグアの人々への戦争をやめよ！　私たちの税金で、飢えた人々に食事を、ホームレスに家を与えよ。ニカラグアの罪なき人々を殺すのをやめよ」

これは、進歩的運動に関わる者の多くが、強く感じていた問題だった。ニカラグアに対する戦争は、違法で非道であるだけでなく、納税者のお金の途方もない無駄づかいだった。市長として私は、より多くの連邦政府資金を、手ごろな住宅と経済発展のために使ってほしいと思っていた。ぞっとするような戦争のために、税金がＣＩＡに使われることを望んではいなかった。市議会の民主党と共和党の多くは同意しなかったが、私たちにとっては、これはまさに市の問題だったのだ。

一九八五年、私はニカラグア政府の招待で、サンディニスタ革命七周年の祝賀に〔首都〕マナグアを訪れた。私は――信じるか信じないかはさておき――出席したアメリカの公人の中で、最も位の高い人物だった。競争はそう激しいものではなかった。もう一人のアメリカ公人は、カリフォルニア州バークレーの教育委員会の委員だったと思う。

ニカラグアへの旅は、本当に感動的な経験だった。他の「外国高官」と共に私は、七周年祝賀に集まったたくさんの群衆に紹介された。大群衆の最前列に、車いすに乗った、脚のない何十人もの人たちがいたことを、私は決して忘れないだろう。若い兵士、その多くは一〇代だ。アメリカ政府が押しつけ、カネをつぎ込んだ戦争で、脚を失ったのだ。

この旅の中で私は、ニカラグア大統領のダニエル・オルテガに会う機会があった。他の政府公人にも会った。ジェイム・チャモロを含め、何人かの野党の人とも会った。チャモロは野党の新聞『ラ・プレンサ』の編集者だ。ミゲル・デスコト神父は、当時ニカラグアの外務大臣だった。私はマナグアの小さな教会で彼に会ったが、彼はベッドに横たわり、アメリカのコントラ支援に抗議して断食をしていた。

この旅をとりわけ意義深いものにしたのは、地元の新聞記者が私に付いてきたことだった。州で最大の新聞、『バーリントン・フリー・プレス』だ。ドン・メルヴィン記者が、この市庁舎の特ダネを報じた。私がニカラグアに行くことを知って、市長を追っかけるのが自分の仕事だから、ニカラグアまで追っかけるんだと、上司をどうにか説得したのだ。ドンは毎晩ニカラグアから記事を送り、それが新聞の一面になった。私たちの関係は、実に仕事の領分をわきまえたものであり、私は彼が何を書いているのか、国に帰るまで全くわからなかった。ところが彼の見聞記は実にいい仕事であり、ニカラグアについて大企業メディアが書き立てた多くの嘘と偏見に反論することに成功した。

この旅で最も心を動かされた経験のひとつが、ニカラグアでの最初の日に起こった。マナグアに着いてまもなく、私たちは小さな飛行機に乗って、大西洋岸のプエルト・カベサスという町に飛んだ。バーリントンを発つ前に、プエルト・カベサスと姉妹都市プログラムを進展させる合意をしていた。私は、現地の担当者に会って詳細を練るために向かったのだった。ニュースが入ってきた。この町にはミスキトという先住民がたくさん住んでいる。その何人かが故郷のリオ・ココに戻っていたのだが、そこで殺されて、遺体がプエルト・カベサスに運ばれてくるというのだ。

一八時間前、ドンと私はバーリントンで一緒に朝食をとっていた。そして今、信じられないほど長いその同じ日に、ニカラグアの大西洋岸の、とある先住民村落で、親戚の遺体を引き取る家族たちの泣き叫ぶ声を聞いている。忘れられない体験だった。

プエルト・カベサスとの姉妹都市プログラムは、とても人気があり、現在も続いている。このプログラムによって、ヴァーモント人がニカラグアへ、ニカラグア人がヴァーモントへ旅することが多くおこなわれ、たくさんの友情が築かれた。バーリントンの人々は、医療用品、学校設備など、切実に必要とされているものをたくさん提供した。そのお返しに私たちは、勇気ある人々や、とても異なる文化について、学ぶ機会を持つことができた。

一九八八年五月二八日、ジェーンと私は結婚した。結婚式の場所は――他にどこかあるか？――バーリントンの湖岸の公園、ノース・ビーチだ。たくさんの人が出席してくれた。

次の日から私たちは、静かでロマンチックな新婚旅行に出かけた。ソ連のヤロスラヴリに行ったのだが、一〇人のバーリントンの人たちも一緒だった。ヤロスラヴリとの姉妹都市関係を仕上げるためだった。嘘じゃないぞ。とても不思議なハネムーンだった。

プエルト・カベサスのプロジェクトと同じく、ヤロスラヴリとの姉妹都市プログラムも、とてもうまくいっている。それぞれに異なる支持者がいる。プエルト・カベサスが引きつけたのは、大部分が、当初から関わっていた左翼活動家の活力だった。彼らはサンディニスタ革命の支持者だったし、中央アメリカへの合衆国の干渉に反対していたからだ。ヤロスラヴリのプロジェクトは、より広範な支持層を得ていて、そこには市のたくさんの企業家も含まれていた。

一九八七年、レニングラード少年少女合唱団が、市の最大の施設である記念公会堂で壮大なコンサートを催した。聴衆がとりわけ感動したのは、レニングラードから来た若者たちが、ヴァーモントじゅうから集まった高校生と並んで演奏した時だった。私たちはまた、交換プログラムの一環としてバーリントン高校を訪れるソヴィエトからの学生をもてなした。

ジェーンと私は、一九八九年にキューバを訪れた。私はカストロに会いたかったのだが、うまくいかなかった。しかし、ハバナ市長などの公人に会えた。

バーリントンは外交政策を持っていた。進歩派として私たちは、みんな一つの世界に住んでいるということを理解していたからだ。私たちは、市の外で取られた行動が私たちに影響を及ぼすのと同じように、私たちも全国的、あるいは国際的な展開に影響を及ぼしうると理解していた。ニカラグアの子どもたちが、合衆国の政策のせいで苦しんでいるのなら、その政策を変える試みをするのは私たちの責任だ。合衆国の子どもたちが、連邦政府が必要以上に軍事にお金をかけているせいで飢えているならば、私たちにはそれを変えるために働く責任もあるのだ。

バーリントン市長であり、そして草の根民主主義に関わってきた私には、地域的、全国的、国際的問題を分ける魔法の線など見えなかった。連邦政府の教育支出の削減が、どうして地域の問題でないと言えるのか？　それは私たちの公立学校に影響する。環境の悪化が、どうして地域の問題でないと言えるのか？　それは私たちの飲む水や、私たちの健康に影響する。平和と戦争の問題が、どうして地域の問題でないと言えるのか？　戦争で戦って死ぬのは地域の若者だ。結局、この国で民主主義の再活性化を図ろうとすれば、地域の政府がより強力に、より広範囲に、役割を引き受けなければならないだろう。

私は、バーリントン市長としての八年間を、大きな満足をもって思い返す。良き人々が一緒になり、特別な強い関心を持って、社会変革のために成功裏に闘うことは可能だと、私たちは示した。

市庁舎のドアを開き、庶民の利益のために闘う覚悟があれば、彼らはやってきて闘いに参加する、ということを私たちは示した。

しかし、このことははっきりさせておきたい。私たちの成功の主な要因は、私たちがものすごく一生懸命働いたことだ。そうしないと生き残れなかった。来る年も来る年も。確かにこの運動は、創造的なアイディアを山ほど持った、賢明な人々に満ちていた。確かに私たちは、魅力的で論理明快な候補者を出し、優れた行政官を迎え入れた。しかし、街に出て、ドアをノックし、有権者と対話しないかぎり、成功することはないのだ。

私たちは、やろうとしたことのすべてをやり遂げることはできなかった。たくさんの間違いもした。しかし誰も、私たちの最大の敵でさえも、私たちのことを、書斎にこもった急進派と言って非難することはできない。私たちは、すべての選挙運動で、競争相手よりもたくさん働いた。覚えておいていただきたい。バーリントンでは毎年、市議会の半分が任期切れになって選挙がおこなわれるのだ。大変な仕事だ。

一九八三年、市の企業界を代弁する日刊紙『バーリントン・フリー・プレス』は、民主党と共和党に向けて、私の再選を阻止するため、候補者を一人に絞って力を合わせることを勧めた。なんてこった。私は毎年毎年、二大政党に違いなんかありゃしないと言っていたのだが、『バーリントン・フリー・プレス』もそう思っていたのか。

しかし、二つの政党はこの年、一緒にはならなかった。それぞれ候補者を出してきた。ヴァーモント州下院の大物、ジュディ・ステファニーが民主党の候補で、教育委員会委員長のジム・ギルソンが共和党の候補だった。選挙の夜の結果は、サンダースが五二パーセント、ステファニーが三一パーセント、ギルソンが一七パーセントだった。進歩派連合は、市議会の二人の議員を再選させることにも成功した。

一九七九年、進歩的運動がバーリントンに起こる前は、市長選挙で投票したのは七千人だった。一九八一年、私が最初に当選した年には、投票参加者は増えて九三〇〇人になった。三〇パーセントの増加だ。一九八三年、私が再選された時には、一万三三二〇人が投票した。一九七九年のほぼ二倍だ。バーリントンの市民は、地方政府が彼らのために働いているのを見てきた。だからそれを支えようと、たくさん投票に出てきたのだ。低所得者と労働者階級の地区では、私は三者の争いで七〇パーセント近い得票を勝ち取り、私たちの市議会候補者は地滑り的勝利を収めた。

興味深いことに、バーリントンの人たちは、三月の地方選挙への関心を高めるにつれて、一一月の国政選挙にも大勢が投票するようになった。一九八四年には、一万八一二九人が大統領選挙で投票したのだが、それは一九八〇年より二三パーセントも高い数値だった。国政選挙では、この市はかなり民主党に投票した。

一九八五年、私は、前ヴァーモント州副知事の民主党員ブライアン・バーンズを相手に、三期目に挑戦した。共和党の候補者は、市議会議員のダイアン・ギャラガーだ。この選挙では、私が五五パーセント、バーンズが三一パーセント、ギャラガーが一二パーセントという結果だった。

一九八七年、四期目の立候補を宣言した時、私は、もし当選したらこれを最後の二年にすると言った。この選挙では、遅ればせながら、民主党と共和党はついに『バーリントン・フリー・プレス』の一九八三年の助言に従った。市議会の民主党議員、ポール・ラファイエットに、候補者を一本化したのだ。言うまでもなく、一本化された二大政党と対決するのは簡単なことではないし、ポールは賢い選挙運動をやった。彼が候補者選びの党員集会で民主党候補者に指名された時、一千人近い大勢の人がそこに出席していた。市長の席から追い出されて六年、民主党は市庁舎を取り戻すのに躍起になっていた。だから私たちは、五四パーセント対四六パーセントでラファイエットを破った時にはとてもうれしかった。

世論は私にとても好意的だったし、大きな反対もなかったが、私は一九八九年四月、市長職を辞した。八年間で充分だった。その月の最後に私は、バーリントン市長としての最後の市議会に出席した。この会議が、私の最初の時よりも良い雰囲気に終わったことは、とても幸せだった。民主党、共和党、進歩派連合の議員たちは、私の任期中の突出した出来事にスポットを当てた、美しい新聞のコラージュをプレゼントしてくれた。

市長の後継者が、進歩派連合のピーター・クラヴェルであることもうれしかった。ピーターは私の任期中、私を助けて何年も働き、直近では経済開発局長として傑出した仕事をしていた。ピーターは、民主党と共和党の両党が支持する候補者を破って市長になった。私は、良き人材に後を任せて、市政を去ることになった。

選挙における資金集めは、まったくひどいものだ。私は、選挙運動に使える資金の額を制限する選挙資金改革を求めて懸命に闘ってきた。その改革は、公的資金と、小口の個人献金を重視するものだ。金持ちやその代理人だけでなく、普通のアメリカ人も、選挙で当選するチャンスを持つべきだ。もし再選されたら、私はこの分野でさらに努力するつもりだ。

皮肉なことに、スーザン・スウィーツァーは、資金問題で私を攻撃してきた。彼女が批判してきたのは、私が二〇〇ドル未満の献金のすべてをリストに載せていないという点だ（連邦選挙委員会法では、二〇〇ドル以上の献金者のみ、明細が記載されなければならない）。そして彼女は、記者会見と報道用発表で、私が州外から多くの献金を受けていることを指摘した。つまり、私を全国的な極左の陰謀につなげてみせようとする戦略なのだ。

何年もの間、ヴァーモントの共和党員たちは、私が資金集めをでき、強力な選挙運動をできることに苛立ってきた。彼らも私も、充分な資金源がなければ選挙戦に勝つのはほぼ不可能だということをわかっている。一九八八年（の下院議員選挙）も、もし私が、共和党候補のピーター・スミスと同じぐらい資金を使えたら、私が選挙に勝っていただろう。一九九〇年には、私たちの支出額はスミスにまだかなわなかったものの、強力な選挙運動をやるには充分な資金を集め——そして勝った。一九九二年、九四年には、資金支出でも負けなかった。

議会でただ一人の無所属議員として、私には資金集めの点で特有のハンディキャップがあり、それを克服するために、私たちの選挙運動はたいへんな努力を傾けている。民主党や共和党の議員と違って、私は政党から一切資金を受けることができない。民主党や共和党の議員たちがよく使う、協調的な選挙運動という手から利益を得ることもない。私の選挙運動は、スタッフ、世論調査、チラシ、事務所、郵送事務、投票者チェックリスト、その他について、政党組織からの援助が一切ない。そのうえ、私は進歩派として、大金持ち側からの資金支援を断固拒否してきた。私の政治経歴を通じて、企業パックから一銭たりとも受け取ったことはない（五二人の銀行委員会のうち、金融企業界の利害と結びついたパック資金を受け取っていないのは、私を含めて二人だけだ）。

いちばん大事なのは、私への献金者の圧倒的多数は、お金をたくさん持っておらず、大金を出すことができないということだ。選挙運動を重ねる中で、私はどの対立候補よりも多数の個人献金をヴァーモントから集めているが、総額は少ない。私たちが受け取る献金は、平均で三五ドル以下だ。共和党の対立候補が受けている献金の平均額は、はるかに多いだろう。たとえばスウィーツァーは、州の金持ちから一千ドル小切手をたくさん集めている。ディック・アーミーも出席した五〇〇ドル食事会で集めた三万ドルを別としてもだ。

では、私たちは今までどうやって資金を集めてきたのか、そして今度の選挙運動では何をするのか？　簡単さ。私たちの強みを生かすことだ。私たちは、献金の平均額は小さいけれど、ヴァーモントからも国じゅうからも、中間層と労働者から、膨大な数の献金を受けている。今度の選挙で私たちは、二万人という、途方もない数の個人献金を集めたいと思っている。議会でただ一人の無所属議員であり、そして進歩派である私の選挙運動には、あらゆる州の労働者が献金してきた。共和党は、私がこのことに何か不都合でも感じていると思うなら、もう一度考えなおすがいい。私はこの支援を誇りに思っているのだ。

これほどたくさんの人から献金を受けるには、膨大な作業と記録が必要だ。入ってくる献金をひとつひとつ記録しなければならないし、銀行の預金が正確であることを確かめなければならない。選挙期間中に何回も、連邦選挙委員会への報告書を作成しなければならず、それが正確であることを確かめなければならない。ティネケ・ラッセルとジェローム・ラッセル、サラ・バーチャードは、最近の二つの選挙で、この膨大な仕事をボランティアで引き受け、途方もない仕事をこなしてくれた。

スウィーツァーのような有力な共和党員と同じだけの金額をヴァーモントで集めることは、今後もないだろう。簡単な算数のお話だ。四〇〇人の富裕な個人が、平均五〇〇ドルの献金をすれば、スウィーツァーはヴァーモントで二〇万ドルを集められる。これは、今まで私たちが集めたことのある金額よりずっと多いし、今後も集められそうにない金額だ。平均の献金額が三五ドル以下、一〇ドルや二〇ドルの小切手を送るのがやっとの数千の献金者から、これだけのお金を集めることはできない。平均三五ドルの献金で、彼女と同じ二〇万ドルに達するためには、六千人近くが必要だ。ましてや、こんなにたくさんの人から実際に資金を集めるには、さらに多くの費用と労力がかかる。

私は、アメリカ企業界からのパック資金は受け取らないが、庶民の生活を改善するために闘っている組織からのパック献金は、喜んで受け取る。私の選挙運動は、組織労働者、環境団体、女性団体、高齢者団体、人権団体、子どものための団体が関係するパックからの強力な資金支援を、何年にもわたって受けてきた。この選挙でもそうするつもりだ。

選挙運動に伴う資金問題について、無知がはびこっていることにはがっかりする。私の対立候補は、私がパックから資金を受け取っているからといって「偽善者」呼ばわりする。パックから資金を受け取っているくせに、どうして「特殊な利害」と闘うなどと自称できるんだ、と彼らは言うのだ。パックとは定義からして「特殊な利害」ではないか？　パック献金なんてみんな同じではないか？　パックを構成しているのは誰かなど、どうでもいいことではないか？

こうした愚問は、吐き気がするほどメディアでくり返されているが、政治におけるお金の役割についての理解のなさを示している。そこで、このことについては明らかにしておきたい。私は、働く人々を特殊な利害関係者だとは思わない。飢えた子どもたちを特殊な利害関係者だとは思わない。女性が自分自身の身体について決定できるために闘うことを、特殊な利害だと思わない。環境を保護することが特殊な利害だとは思わない。

いいですか。ワシントンが抱えている問題、合衆国の政治が抱えている問題は、庶民が権力と影響力を持ちすぎていることではないのだ。低所得の子どもたちに注意が払われすぎていることではないのだ。金持ちや巨大企業のニーズが無視されていることではないのだ。

窒息しそうなところからようやく這い出そうとしている人たちにとっての問題は、この国で最も富んだ人々を代表するグループが、立法過程に決定的な影響を及ぼすことができるということだ。そのために公共政策が、特権を持った少数の人々の利害を反映し、一般の人々のニーズを反映していないことなのだ。こんな簡単な事実がわからないとしたら、アメリカの政治とは何であるかについて、わずかな糸口すら持っていないことになる。

この選挙戦で、私の対立候補は、共和党全国組織から一五万三千ドルを約束されている。そのお金は、アメリカで最も富裕な人々から直接流れてくるものだ。彼女はすでに受け取ってきたし、今後も間違いなく、アメリカ最大級の巨大企業や、巨万の企業利益を代表する団体から、巨額の献金を受け取りつづけるだろう。彼女は、ヴァーモントの最富裕層のかなりの人々から、多大な支持を勝ち得ている。彼女はこの選挙戦の当初から、支出金額には上限を設けたくないことをほのめかしている。

何を言いたいかって？　もし人々やメディアが、働く人々と中間層を代表する組織や個人から支持の大部分を受けている候補者と、富裕層や巨大企業から支持の大部分を受けている候補者との違いを理解していないとすれば、それは、議会で何がおこなわれているかを知らないということになるのだ。私は、金持ちや企業がこの選挙を買収することを阻止するため、全力を尽くすことになるだろう。

3

長い行進はすすむ

1990年の議会選挙への出馬。背景写真は、
労働組合運動家で大統領選挙にも立候補したユージン・デブスだ。

一九八六年、私は無所属で州知事に立候補した。バーリントン市長として三期目の任期中ではあったが、それでも立候補をした理由は、州議会が、バーリントンやその他の地域に対して、逆進的な財産税制度を改革する民主主義的権利をずっと認めなかったからだ。私たちは変革に賛成票を投じたが、州議会や州知事は、「地方の自律性」をさんざん謳（うた）っておきながら、市が憲章を改正したり、進歩的な法律を制定したりすることを拒んだ。彼らはあっさりと、私たちの試みを台無しにした。バーリントンで、私たちは草の根民主主義が機能しうるのだということを見せつけていた。州都で彼らは、この運動を妨害して、私たちの勢いを削（そ）ごうとしていたのだ。

私が州知事に立候補したもうひとつの理由は、もし私たちが一つの都市を超えて拡大しなければ、「バーリントン革命」の息の根が止まってしまうのではないか、と危惧したからだ。州じゅうの人々が進歩的な政治を信じ、選挙運動に関わることを望んでいた。新しい活力が必要だったし、州の農村部と都市部を政治的に結びつける必要もあった。

民主党の元州副知事マデリーン・キューニンは、一九八四年にヴァーモント州で初めての女性知事に選出され、一九八六年にふたたび立候補していた。州副知事のピーター・スミスが、共和党の候補者になった。キューニンはリベラルで、女性問題や環境問題に強かった。しかし私たちは、地方の「自律性」の問題や、財産税依存からヴァーモント州を脱却させる必要性について、また、医療や育児支援、公共料金、貧困層のニーズ、働く人々の政治参加についても、かなり意見が食い違っていた。いずれにしても、私はヴァーモント州史上初の無所属知事になるための選挙運動を開始した。選挙運動はほぼ大失敗で、すんでのところで私の政治生命が絶たれるところだった。

戦術上の大きな失敗は、私たちの選挙事務所をバーリントンからモントピリアに移したことだ。モントピリアは支持基盤が強固ではあったが、経験が不足していた。私は市長としての仕事を選挙事務所の仕事から物理的に切り離したかったたし、新しい進歩的活動家のグループを主導的な立場に就かせたかった。それに私は、ヴァーモントの人々に、これは州規模の運動であって、バーリントンの進歩派コミュニティから生じたものではないと感じてもらいたかったのだ。

しかし、選挙運動は全く想定どおりにはならなかった。ヴァーモント中央部の活動家は頭が良く、勉強熱心で、献身的だったが、彼らには選挙運動を恒常的に展開するという経験が不足していた。加えて、何よりもキューニンとの闘いがとても難しかった。リベラル派と、一部の環境保護運動家は、私が女性の民主党員と対立していることに腹を立てていた。

選挙運動の途中で、私は資金不足に陥り、世論調査で行きづまりの状態になっていたため、選挙対策部長が辞任した。私はこの選挙戦から降りるべきだし、降りることになるだろうという雰囲気が、支持者から、そしてメディアから高まっていた。この時が、私の政治経歴のどん底だった。どうすべきか？

私はこの選挙戦から降りなかった。しっかりと内省して計画を練った後、残りの選挙運動はバーリントンに戻ってやることにし、形勢を立てなおした。選挙運動はふたたび、市長選挙の間ずっと私と一緒にいてくれた人々の手に戻った。

ジェーンと私は飛行機でカリフォルニア州へ飛び、ロサンゼルスとサンフランシスコで演説をおこなった。シェリー・フルムキンとレオ・フルムキン、ピーター・カメージョなどの進歩派の尽力によって、六千ドルの資金を集めることができた。大きな額ではなかったが、すべて役に立った。ヴァーモントでの資金集めも上向きはじめた。

市庁舎で一緒に仕事をしている人の中には、空いている時間を支援にあててくれた人もいた。市庁舎で四〇時間、選挙運動に四〇時間。長い一週間だ。ジェーン、市収入役のジョナサン・レオポルド、スー・トレイナー、その他数名が、真っ先に選挙運動に勇んで加わった。そこに、ヴァーモント州セント・オルバンズ出身の青年で、人種差別に抗議してボストン大学を退学させられたジェフ・ウィーヴァーが加わった。ジェフは、それから八年もの間、一緒に働いてくれた。

徐々に、選挙運動は活気を取り戻した。数多くの討論会がおこなわれ、なかにはテレビ討論会もあったが、どれもうまくいった。私たちは精力的に集会を開いた。世論調査ではかなり引き離されていて、この状況では第三政党の候補者は消えていくのが常だったにもかかわらず、私たちは選挙当日に至るまで勢いを増しつづけた。

得票率は、キューニンが四八パーセント、スミスが三七パーセント。私の得票率は一四・五パーセントだった。大敗だったが、実を言うと、とてもいい気分だった。私たちは問題を正しく提起し、州じゅうの多くの労働者階級から支持され、政治的な瀕死(ひんし)状態からよみがえってきた。不幸中の幸いだ。

一九八八年に、ロバート・スタフォード上院議員が一六年の在任期間を経て引退し、共和党のジム・ジェフォーズ下院議員がその空いた議席に立候補した。ヴァーモント州のただ一つの下院の席が空いたので、私は下院議員に立候補する決心をした。共和党の候補者は、一九八六年に州知事選挙でキューニンと争って二位になったピーター・スミス。民主党のほうは、厳しい三つ巴の予備選挙に勝利して候補に名乗りを挙げたポール・ポイリエだった。

私にとってあの議会選挙戦は、多くの点で、州規模の政治における転機となった。私は、「スポイラー」〔有力候補の票を食う候補者〕として選挙戦を開始した（ああ、私はこの言葉が大好きだ。たとえこの言葉が、二大政党制は本質的に神聖で侵すことができないことを暗示するものだとしても）。私は、共和党候補が当選するのに充分な票を、民主党候補から食ってしまうことになるのだろうか。しかし、選挙当日になると、おかしなことが起こった。スポイラーは私ではなかった。民主党候補だったのだ。

思い返せば、一九八八年の選挙は本当にとても楽しかった。スミスは穏健派の共和党員で、ヴァーモント州のコミュニティ・カレッジ制度の導入に貢献したことで肯定的に評価されている。ポイリエはヴァーモント州の下院多数党院内総務で、中道リベラルの民主党員だった。彼は元教師で、礼儀正しくて堅実な男として広く知られていた。そして私がいた。

ヴァーモントは小さな州なので、スミスもポイリエも私も、お互いをかなりよく知っていた。実のところ、私たちは仲が良かった。あの選挙戦は、ヴァーモント州の政治のあるべき姿だった。私たち三人は、意見の隔たりは大きかったが、市民的で問題志向型の選挙運動を展開した。討論会は礼儀正しく、ネガティブ宣伝もしなかったし、相手を「滅ぼす」気も毛頭なかった。いやはや、あの頃が本当に遠い昔のように感じられるものだ。

その秋は、ハリー・リーソナーと「シックスティ・ミニッツ」〔CBSテレビのドキュメンタリー番組〕取材班が、私の選挙運動を撮影するために、ヴァーモントにやってきた。彼らは、無所属の民主的社会主義者が議会選挙戦に勝つ可能性があるぞと聞いていた。彼らにとっておもしろいネタだったのだ。彼らがいる間に、私は、ヴァーモント中央部の農場の農業問題について記者会見を開いた。州で最も重要な活字メディア機関であるＡＰ通信は姿を見せなかった。それが彼らの習慣になっていた。

メディアを扱う政治家なら、生は難し。メディアにひどい目にあわされたら、メディアを頼ろうとはしないはず。しかし、誰に不満を訴える？　彼らはカメラを持っている。新聞を発行している。あなたならどうする？

最終的に、私は生涯でただ一度、実際にメディアに頼った。「シックスティ・ミニッツ」が私に付いてくる。ＡＰ通信を世界にさらすことができる。政治家の夢が実現するぞ。

「さあみんな」と私はスタッフに言った。「AP通信に行って、公平なニュース報道について話そうじゃないか」。一〇分後、私はモントピリアにあるAP通信のオフィスの階段を上っていた。すぐ後ろには「シックスティ・ミニッツ」のカメラとマイクがあった。今回は私のほうが質問をしていた。「さて、なぜ私の記者会見を報道してくれないんですか？　共和党候補には時間を割き、民主党候補にも時間を割くのに、なぜ無所属候補には時間を割いてくれないんですか？」AP通信は、以前にもこのすべての質問を聞いていた。ただし今回は、「シックスティ・ミニッツ」のカメラが回っていたので、AP通信は受け身になっていた。実におもしろかった。

楽しい午後のひと時だった。当然ながら、後で痛い目にあった。メディアには絶対に勝てない。私が一九九〇年に当選した後、AP通信の支局長がワシントンにやってきて、私が実力のある下院議員かどうかについて、長期にわたって報道したのだ。彼はどんな結論を出したと思う？　だが今となっては、それはみんな終わったことだ。過去のことは水に流そう。わざわざ覚えておくほどのことではないのだから。今やAP通信と私は友だちであり、真に職務上の関係を築いている。そうだよな。そうだよな？　おーい。

スミスには遠く及ばないものの、私の選挙運動は上手に資金を集めていた。残念なことに、私たちは投票日の一週間前に資金を使い果たし、テレビ宣伝の放送を中止しなければならなくなった。ジェーンと私は話し合い、銀行に行って、私たちが持っている全財産の一万ドルを引き出し、それをテレビ局に渡した。

投票日の前夜、州都のモントピリアで選挙運動をやっていた時、私はスミスと鉢合わせした。私たちは抱き合って、良い選挙運動だったと讃え合った。投票日の夜は、まるでジェットコースターに乗っている気分だった。開票結果はまず、バーリントンやその周辺の町から入ってきた。いつも良い結果の出ている地域だ。私たちは一〇ポイントリードしていた。夜がふけるにつれて、リードは五ポイントまで縮まった。それから大接戦をくり広げた。ついに三ポイント差でリードされた。何時間経っても縮まらない。三ポイント差。午前一時、私はスミスに電話して敗北を認めた。とてもがっかりだったが、私たちはすばらしい選挙運動を展開した。最終的に得票率は、スミスが四一パーセント、サンダースが三八パーセント、ポイリエが一九パーセント。もう二度と、私はスポイラーと呼ばれることはないだろう。

言うまでもなく、「シックスティ・ミニッツ」は、バーニー・サンダースの人物紹介を放送しなかった。ここはアメリカ。勝者がすべてを得る。下院議員になれそうだった男の話なんて、誰が知りたいんだ？

私自身の選挙運動はさておき、一九八八年は私にとって、政治的に興味深い年だった。なぜなら私は民主党員になったからだ——一晩だけ。この年は、ジェシー・ジャクソンが、民主党の大統領候補者指名獲得をめぐって、刺激的で戦略的に重要な争いをくり広げた年だった。ヴァーモントの進歩的運動の中で、私たちがジャクソンの運動にどう関わるべきかについては、意見が分かれていた。ほとんどの人が彼の選挙運動に感銘を受けていたが、進歩派の中には、ジャクソンは民主党から立候補しているのだから、私たちは関与すべきではない、と考える者もいた。その一方で、エレン・デーヴィッド・フリードマン、リズ・ブルム、クリス・ウッドなどの有力なヴァーモントの進歩派たちは、虹の連合〔マイノリティの政治連合勢力〕のヴァーモント支部を結成し、ジャクソンのために熱心かつ効果的に働いていた。相当な議論を重ねた末に、バーリントン進歩派連合はジャクソンを支持することに決めた。

虹の連合は、州全体にわたってジャクソンへの支持を獲得した。ヴァーモント中央部では、彼がモントピリアに姿を見せた際、大勢の人を動員した。バーリントンやチッテンデン郡の進歩派たちも熱心に取り組み、ジャクソンがバーリントンを訪れた時には、私は彼と一緒に選挙運動をやった。拘束力のない民主党党員集会が州の各地の町で開かれる夜に、私は、民主党の公式会合に、生涯最初で最後の参加をした〔ヴァーモントでは、予備選挙のプロセスが、当時は完全に開かれていた。みんなどの政党でも投票できた〕。多くの進歩派と共に、私はバーリントンの民主党党員集会に出席した。

私は、この市の市長として、ジャクソンの指名を推薦する演説をした。同じくバーリントンに住んでいるマデリーン・キューニン州知事は、〔マイケル・〕デュカキスの指名を推薦する演説をした。民主党に代わって進歩派がバーリントンの与党になったことを考えれば、そこに集まった人がみんな私の参加を熱烈に歓迎していたわけではない。実のところ、保守的な民主党員の多くは、私が演説をしている時に、立ち上がったりくるりと背を向けたりして、無言の抗議行動をしていた。そして私が席に戻ったら、聴衆の中にいた一人の女性から、横っ面にビンタを食らってしまった。刺激も勝った。

的な夜だった。ちなみに、ジャクソンは圧倒的多数でバーリントンの党員集会を制した。彼は州でも勝った。

一九八九年の春に、私のバーリントン市長としての任期が満了した。私は失業したので、職探しを始めた。一部の元公職者とは違って、私のところには名門大学から招待状が殺到することはなかった。実際、私にはどこからも仕事の申し入れがなかった。どうやら私の特殊技能は、あまり市場性がないらしい。若干パニックになって、国内のあらゆる大学に手紙を送った。私は講演の仕事にも教職にも興味があった。多くの新聞に同時掲載されるコラムを書くことも妄想していた。

一九八九年秋、私は、ハーヴァード大学ケネディスクール政策研究所で教えることになった。ここには、実際の政治家（往々にして最近の選挙で落選した人たち）を大学に招いて、学生に実際の政治感覚を抱かせるという、賢明なプログラムが用意されている。私は第三政党の政治についての講座を担当することになったが、この講座の出席者は多かった。ジェーンはケネディスクールでいくつかの講義を受講した。子どものうち二人、カライナとデーヴィッドは、現地の公立学校に通った。この秋に私は、二〇年間の観戦数よりも多くアメフトを観戦し、ハーヴァードスクエアにあるオー・ボン・パンのシナモンレーズンパンにハマった。保守派がハーヴァードを相当心配していることは知っている。彼らは、ハーヴァードを進歩思想の拠点、革命の顧問団と考えているのだ。大丈夫。心配しなくてもよろしい。ハーヴァードは多くのすばらしい特性を持っているが、革命がハーヴァード大学から始まることはないだろう。

春になって、私はニューヨーク州クリントンのハミルトン・カレッジに行った。この大学の社会学教授、デニス・ギルバートが、一学期間、彼の学部で私が教えられるように手配してくれたのだ。政治学についての講座と、都市問題についての講座を担当した。それ以来デニスとは親友になり、私たちの政治ファミリーの一員でありつづけている。ニューヨーク州立大学ビンガムトン校のサテライトキャンパスで、社会人向けの講座も担当した。

一九九〇年五月、私は自分の未来について決断を下さなければならなかった。三つの選択肢があった。一つめは、ほぼすべての正気の人が選ぶこと――政治から手を引くことだった。私は、過去二〇年のうちの八年間、市長を務めてきた。私は一〇回選挙に出馬して候補者名簿に載り、他の五、六回の選挙でも活躍した。私は、ヴァーモントの人々、私自身、そして家族に休みを与え――そして市長になる前の数年間に大いに楽しんだ、急進的な教育メディアの制作に復帰できるだろう。ビデオやレコード、テープをつくるアイディアは魅力的だった。私は仕事が好きだから、たぶん人並みの収入は得られるだろう。私は、教えることも、講演することも、執筆することも――そして、妻と四人の子どもと一緒に過ごすこともできるだろう。やはり、これがとても魅力的な選択肢だった。

二つめの選択肢は、州知事に立候補することだった。一九九〇年に、キューニン知事は四期目をめざさないことを決めた。リチャード・スネリング前知事が最有力候補になり、多くの民主党員が出馬を検討していた。進歩的運動の中で、私を州知事に立候補させることに大きな関心が集まっていた。実際のところ、当時は（そして現在も）、ワシントンDCという遠く離れた場所で起こっていることよりも、州レベルで起こっていることのほうに関心を持っていた。「サンダースを州知事に」の選挙運動によってムードが盛り上がり、さまざまな進歩派の連合体が結集し、州の政治意識が一気に高まり、三つ巴の選挙戦に勝利するかもしれない。これは、私や他の進歩派が真剣に考える選択肢だった。

州知事に立候補することの欠点は、ヨギ・ベラ（野球選手）の言葉を借りれば、立候補はデジャヴのくり返しになるということだった。私が市長になった時、既存体制の側が怒り狂ったことを思うと、私が州知事になってさらに危険度が増そうものなら、彼らはどうなってしまうだろう？　私たちは間違いなく、政治的にも経済的にも猛反発を食らうことになる。私たちの中には、そのような猛攻撃に耐えるだけの州規模の政治基盤や政治力があるのかを心配する人もいた。

もし勝利したら、おそらく、州議会を支配する民主党議員や共和党議員が、私が進める進歩的な取り組みに猛反発することになるだろう。私は、重要法案の制定に際して、多くの票を集めることができるだろうか？

大企業の利害関係者からの猛反発も受けるだろう。もし、富裕層や大企業に応分の税負担を要求したら、彼らの一部が、州を去ったり、ヴァーモントの労働者を路頭に迷わせたりするのではないか？　私たちがヴァーモントのすべての人々に州規模の医療保険プログラムを提供するために闘ったら、保険会社や既成の医療関係組織が私たちの取り組みを妨害したり、医療サービスを削減したりするのではないか？　ウォール街がヴァーモント州の公債格付けを下げて、私たちを財政危機に追い込むのではないか？　私たちは、自分たちの見解を保守的な報道機関全体に伝えることができるだろうか？　そして何よりも重要なことだが、私たちは、支持者を結集し、闘いつづけさせるだけの、充分な政治組織を持っているのか？　私たちは長期間にわたって耐え抜くことができるだろうか。それとも、彼らが二年後に私たちを一掃するのだろうか。

実際、こうも考えていた――三つ巴の選挙戦で投票の過半数を取るなんて、とうてい不可能だと。ヴァーモント州憲法では、過半数を取った候補者がいない場合、州議会が州知事を選ぶと定められている。もし州議会が得票トップの候補者を州知事にしなかったら、たいへんな騒動になるだろうが、その可能性はとても高かった。州議会の多くの共和党議員や民主党議員は、このバーニー・サンダースに票を入れることは絶対にないだろうから。

私の三つめの最後の選択肢は、連邦議会議員に立候補して、ふたたびピーター・スミスと闘うことだった。現職議員を倒すのはとても大変なことではあるが、私が前回敗れた選挙戦での差は、わずか三・五ポイントだった。一九八八年の選挙で民主党の候補者が大差をつけられて三位になったことを考えると、有力な民主党員が選挙戦に出る可能性はほとんどない。それゆえ、私がポイリエの一九パーセントの獲得票を最も多く取れる可能性が高かったのだ。さらに、S&Lの大失敗――これによって納税者が最終的に負担した金額は数百万ドル――が表面化したことで、議会の当事者たちが、金持ち集団の利害を代表するためにどれだけ尽力していたかが明らかになり、私が何年も前から言ってきたことが裏づけられていた。

私は州知事に立候補すべきか？　それとも、連邦議会議員に立候補すべきか？　州じゅうの進歩派と相当な議論を重ねた後に、メディアの憶測が飛び交う中で、私はもう一度、スミスの対立候補として出馬することを決意した。

一九八八年の議会選挙戦は友好的で、ポジティブで、問題志向型だったが、一九九〇年の選挙戦はまさに正反対だった。一九九〇年の選挙は、ヴァーモント州の歴史の中で最も激烈な選挙だった。楽しくはなかった。

しかし、私に有利に働く重要な要因がたくさんあった。第一に、スミスが、メディケア〔高齢者向け公的医療保険制度〕の大幅削減を提案した一九九〇年財政調整法案に賛成票を投じていたことだ。彼は厳しい選択を迫られたが、彼の選択は間違っていた。私はこの立法に猛反対していたし、ヴァーモント州でも不人気な法案だった。ヴァーモントの高齢者の間では共和党と民主党が強く、必ずしも進歩的な無所属候補を受け入れるとは限らなかった。しかし、スミスの投票後、私は高齢者からより多くの支持を受けるようになった。

第二に、一九九〇年議会の会期が延々と伸びていたことだ。スミスは、選挙運動の大半の期間、ワシントンで身動きが取れなくなっていた。私は市長と候補者の両方の義務を負っていた一九八八年の時とは違って、常にヴァーモントで選挙運動をすることができた。自分の時間の半分を市の運営に費やさなくてもよくなったのだ。この点が有利であることは明らかで、私は州を歩きまわって、有権者に会うことができるようになった。

第三に、全米ライフル協会はスミスに敵対していた。一九八八年には、彼らはスミスとポイリエの両方を支持し、私に敵対していた。その選挙期間中、私は、拳銃の購入待機期間は州レベルで対応できると思うので、ブレイディ法案には反対する、しかし、明らかに国レベルの問題である特定の対人殺傷用銃器の禁止は支持すると、態度を明確に示していた〔ブレイディ法案は、銃購入前に五日間の猶予期間を設け、その間に犯罪歴の調査を義務づける法律〕。スミスとポイリエは、いずれも全米ライフル協会と同じく、銃規制反対の立場を取っていた。

スミスは就任から数カ月して、突然、これからは対人殺傷用銃器の禁止に賛成すると発表した。全米ライフル協会やその他のヴァーモントの狩猟者団体は、彼の一八〇度の方向転換に激怒した。彼らは裏切られたと感じて、スミスを倒すために躍起になった。全米ライフル協会は、一度たりとて私を支持したことはないし、五セント玉たりとて私に寄付したこともないが、一九八八年の反スミス運動が、今回の選挙戦で私への追い風になることは明らかだった（とはいえ、全米ライフル協会は一九九二年、九四年、九六年には私に猛反対したことを、ここで付け加えておこう）。

第四に、私が予想したとおり、有力な民主党員は選挙に出馬しなかった。ヴァーモント大学教授のドロレス・サンドヴァルは、党の支援がほとんどない状態で、弱々しい選挙運動を展開していた。

第五に、多くの共和党員は、スミスのためにヴァーモントに駆けつけて遊説したブッシュ大統領に対して、スミスが無礼な態度を取り、忠義を尽くさなかったと考えていた。バーリントンで大々的に催された大統領列席の共和党の資金集めパーティーで、スミスは、ブッシュに反対して富裕者への増税を支持すると発表したのだ。ヴァーモントの人々はみんな、富裕者増税は私が最初から表明している立場だと知っていたので、多くの共和党員は、スミスは日和見主義的な態度を取ったと受けとめた。ヴァーモントを訪問した久しぶりの現職大統領に恥をかかせてけしからんと感じ、スミスへの支持は冷めていった。

最後に、ヴァーモントとアメリカの政治情勢が変化していた。一九八〇年代の行きすぎた行為がますます明らかになり、それはS&Lの不祥事だけにとどまらなかった。金持ちが裕福になるほど、中間層は収縮し、新たに生み出された雇用は低賃金の仕事ばかりなので、ヴァーモントの人々はますます政治の現状に不満を抱くようになっていた。二大政党制から離れるという考え方は、ますます魅力的になっていった。このような背景から、無所属候補が魅力的に見えるようになってきたのだ。

選挙戦を通じてずっと、世論調査では、スミスがわずかな差でリードしていた。しかし、スミスが財政調整法案とメディケア削減に賛成票を投じてからは、その勢いは私たちに移った。投票の数週間前には、私たちが四～六ポイントリードしていた。それからスミスはパニックになり、彼の選挙運動で最大の過ちを犯した――彼はワシントンのコンサルタントに耳を傾け、ヴァーモントでは今まで誰も見たこともないような、最もネガティブなテレビ宣伝を制作したのだ。そのうちの一つでは、文脈を無視して私の発言を抜き出して、私がジョン・F・ケネディの就任演説を聞いて「反吐が出る」と言う描写をしていた。他のものは、私とフィデル・カストロの映像を一つの画面に並べて、私を共産主義者だとして叩いていた。

投票の一週間前、めきめき頭角を現して熟練世論調査員になったデニス・ギルバートが、私たちの世論調査の集計速報を作成した。私たちは「洗練」されておらず、ワシントンのやり手による世論調査も持たなかったが、世論調査情報を即座に表にまとめることができた。実を言うと、デニスと私は、ボランティア電話隊のひとつから生データを入手した後、車の中でその結果を集計したのだった。この世論調査で、私たちが街に出て感じていたことが裏づけられた――スミスの宣伝は裏目に出ている、そして私たちは大勝している。ヴァーモントの人々は、不快でネガティブな宣伝が好きではなかったのだ。

私たちの勢いは明らかだった。どこへ行っても圧倒的な支持を受けた。街を歩くと、人々は車のクラクションを鳴らして、車の中からこう叫んでいた。「やっちまえ、バーニー」「一新しろ」。私たちの事務所長、ヘスター・マッキニーは、州じゅうから応援の電話がかかってくるのをさばいていた。私たちの選挙運動のスローガンは「ヴァーモントで歴史をつくろう」だった。これこそ、私たちがまさにやりつつあること――誰もがそれを理解していたのだ。

投票日の夜は幸福感に満たされた。テレビ局が多くの町々での私の勝利を報じていた時も、私の頭からどうしても離れなかったのは、二年前、私たちは宵の口ではリードしていたのに、なぜ最終的に負けてしまったんだろうということだった。祝賀会に出て勝利を確信していたのに敗れる、ということだけは絶対にイヤだった。だから私と家族は、親しい友人と共に、長い夜が明けるのを家で待っていた。

しかし一九九〇年は一九八八年ではなかった。私たちへの支持は州全域で驚くほど強力で、私たちはヴァーモントの一四の郡のうち一三の郡を制した。最終的に得票率は、サンダースが五六パーセント、スミスが四〇パーセント、サンドヴァルが三パーセントだった。私たちがようやく祝賀会に向かった時には、ゆうに一千人を超える人々が、すでに記念公会堂の地下を埋め尽くしていた。大騒動になっていた。私はその中をかき分けて、やっとの思いで登壇した。

その瞬間の私の気持ちを、どう表現したらいいだろう。私たちは、あれだけ勝ち目がなかったにもかかわらず、これほどまでの大飛躍を遂げたのだ。だから、この闘いに勝利できたのは、州のいたるところから集まり協力してくれた、多くのすばらしい人々のおかげなのだ。二〇年前、私が州規模の公職選挙に立候補した時の得票率は二パーセントだった。今、勝利宣言をするために舞台に上がった時には、ヴァーモント州選出の次期下院議員であり、四〇年ぶりの無所属議員当選者になっている。もはや理解不能と言っていい。

私たちはみんな疲れきっていたが、勝利というアドレナリンのおかげで、何日間も休むことなく活動を続けられた。州じゅうに、訪問してお礼を言うべき人々がいたし、かけるべき電話が山ほどあった。国じゅうのいたるところから、ラジオやテレビ、新聞のインタビューを受けた。私は正真正銘の変わり種だった――議会で唯一の無所属、しかも社会主義者だ。「社会主義者」がメディアにとって何を意味するにせよ、とにかく新奇で、普通ではなかったのだ。メディアの嵐。いろいろな番組に出たが、テッド・コッペルの「ナイトライン」〔ABCニュースの報道番組〕にも出演した。上院議員に選出されたばかりのポール・ウェルストーンや、初の黒人共和党議員となったゲイリー・フランクスも、その夜に出演した。私はバーリントンのABC系列局から番組に出演したのだが、カメラだけに視線を向けながら質問に答えなければならなかったのは、これが初めてだった。面食らった経験だった。その少し後で、私はラリー・キングのラジオ番組に出演した。キングと私は、二人が育ったブルックリンの思い出にふけった。

新人議員は、社会主義者の無所属議員であろうと右派の共和党員であろうと、直ちに家事に着手しなければならない。私はワシントンに向かい、飛び込んだ。最初に私は、約八七万七千ドルという下院議員の年度予算に自分を慣らし、スタッフや郵便物、一般事務所費などに資金を割り振るための法的指針を理解しなければならなかった。他の新人議員と共に、私は下院議員会館——レイバーン、キャノン、ロングワース——の中から事務所を選ぶために、箱の中から数字をひとつ選び出さなければならなかった。私はキャノンの五階の事務所になった。偶然にもここは、数十年前、勇猛果敢だった若かりし頃のリチャード・ニクソンが使っていた事務所だった。ところで彼は、〔盗聴に使った〕あのテープレコーダーをどこに隠したのだろう？

議員会館のベルが採決の一五分前に鳴り、エレベーターで下に降り、玄関ホールを通り抜け、向かいにある連邦議会議事堂に向かう。採決の多い日には、議事堂との行き来に一時間を費やすことがある。それは、健康を維持するひとつの方法だ。いちばんいい事務所（レイバーン会館の中にある）は議事堂に最も近い。言うまでもなく、新人議員はそんな事務所はもらえない。

次にやらなければならない仕事は、有能なスタッフの招集、電話の設置、私のニーズに最適な馬鹿高いコンピュータ・システムの見きわめ、連邦政府調達局からの調度品の調達（ピーター・スミスの古い机も一部譲り受けた）に加えて、下院選挙区事務所を組織することだった。バーリントンはヴァーモント州最大の市で、私が主たる選挙区事務所を開設すると決めた場所だ。しかし、選挙期間中に私は、州の南端の、ヴァーモント州政府にないがしろにされていると感じているベニントンの人々に、私が当選したらここにも事務所を開設すると約束していた。だからそこにも開設した。

もしあなたが、（一九九五年に一部の新人共和党議員〔ギングリッチ・チルドレン〕がやっていたように）自分の事務所に泊まり込んで、ある種異様な政治的発言をしたいという変わり者でないならば、あなたは住む場所を見つけなければならない。ジェーンと私は、キャピトル・ヒル〔議事堂周辺地域〕に住み、歩いて職場に通いたいと思っていた。私たちは事務所から五街区ほどのところにあるアパートを見つけたが、そのアパートは大きすぎるうえに家賃が高すぎた。その後、事務所から一街区のところにあるワンルーム・マンションを選んだ。

下院議員になったので、今後二年間の目標を設定し、私が現実的に達成できることを決めなければならなかった。この方針設定で大事なことは、委員を務めるのに適した委員会を選ぶことだった。これには、政治的戦略がかなり必要になる。

こうした問題のすべてに同時に対処することは、どんな下院議員でも困難であるに違いない。しかし、支援してくれる党組織がなく、かつ州選出の下院議員が自分しかいなければ、その問題はいっそう厳しくなる〔ヴァーモント、アラスカ、デラウェア、モンタナ、ノースダコタ、サウスダコタ、ワイオミングの七つの州では、下院議員は一人しかいない〕。ヴァーモント州選出の上院議員パトリック・リーヒーは、親切にも私に〔新人議員の〕移行期間中は事務所を使ってもいいと言ってくれたので、しなければならないことに取り組みはじめることにした。

無報酬の「特別補佐官」になったジェーンとジェフ・ウィーヴァーは、交代で首席補佐官の入職教育を担当し、数百もの履歴書を選り分け、職員候補者を面接した。当時ディック・ゲッパートの補佐官だったジョージ・ステファノプロスという若者は、私たちが議会でのコツを教わるのにとても役立つ人だとわかった。彼は後に、あのジョージ・ステファノプロスになった〔クリントン政権の広報担当大統領補佐官〕。

ワシントンDCの事務所を統率するために、私は、元大学講師で環境ライターのダグ・バウチャーを迎え入れた。彼は外交政策問題やラテンアメリカにたいへん精通していたからだ。キャピトル・ヒルのベテラン、ルーサン・ウィルマンは私たちの事務所長として参加し、ジョン・フランコとジェフ・ウィーヴァーは立法業務を引き受けた。電話業務を担当していたケイティ・クラークという注目すべき若い女性は、数年のうちに私たちの立法部長になった。ジェシー・ジャクソンの選挙運動に何度か従事していたキャロライン・カズディンは、経済問題と、組織労働者との関係に、重点的に取り組んだ。

ヴァーモントのスタッフに、「農村ヴァーモント」〔進歩的な農家の組織〕の創設者で理事長のアンソニー・ポリーナを選挙区長として採用した。減少を続ける家族経営の酪農場を守ることが最優先課題だったのだが、アンソニーは、こうした農業問題について最も知識のある人の一人だ。また、彼は環境問題についての優れた専門知識も持っていた。選挙運動の運営に手を貸してくれたレイチェル・レヴィンは、選挙区事務所長として参加した（二〇年前、レイチェルの母ルースは自由連合の党員で、私は赤ちゃんの頃のレイチェルを覚えている）。バーリントン市庁舎で長年にわたって活躍し、選挙期間中は私たちの現場指揮官の役割をとても効果的に果たしてくれたジム・シュマッハーは、私たちのアウトリーチ部長になった。リズ・ギブス＝ウエストは、スケジュールや一般事務の管理を引き受けた。

ヴァーモントでは、私たちは強力な事務所を組織し、選挙区民へのサービスを特に重視した。私やスタッフが何を実現したとしても、ヴァーモントの高齢者、退役軍人、働く人々にこれだけは知ってほしい、と思うことがあった。それは、もしあなたが、連邦政府から受けられるはずのものを受けられず苦労しているのなら、私たちの事務所があなたの力になります、ということだ。選挙民へのサービスはあまり人目を引く問題ではないが、私の事務所がいつもとても真面目に取り組んでいることであり、毎年私たちは何千人もの選挙民の心配事に対応している。長年にわたって貧困問題専門の弁護士を務めてきたリサ・バレットは、この事務所を立ち上げる時にすばらしい仕事をしてくれた。デーヴィッド・ウェインスタインは最近、きわめて優れた仕事をしている。

当初私は、議会の前例を破って、広報担当補佐官を雇わないことに決めていた。なぜ私が、他人にお金を払って、私のことを記者に話してもらわなければならないのか？　それは納税者のお金の無駄づかいだし、自己満足的な行為だ。だから、自分でやってみた。私は間違っていた！　六カ月後、私は『ラトランド・ヘラルド』に寄稿していたデビー・ブックチンを雇った。ヴァーモント北部でラジオの仕事をしていたティナ・ウィセルが、最終的にデビーの後を引き継ぎ、それから数年間ずっと私と共にいる。

一二月、ジェーンと私は、ある友人からお金を借りて（私たちは全くの無一文だった）、一週間メキシコに行った。政治の喧噪（けんそう）から離れて、私は、自分の事務所が重点的に取り組むことや、私たちが最も効果を見込めるやり方について、考えることができた。

ワシントンに来て数週間経った頃に、そこの進歩派のコミュニティが「ワシントンＤＣへようこそ」とすばらしいパーティーを催してくれたことは、うれしい驚きだった。主賓のジェシー・ジャクソンとラルフ・ネーダーと共に、およそ五〇〇人が〔キャピトル・ヒルの〕イースタン・マーケットに押しかけた。ここに集まったほとんどの人々にとって、私がただのヴァーモント選出の下院議員ではないことは明らかだった。この出席者の数は、国じゅうのいたるところで、変わらない政治や二大政党制に対する不満が高まっていることを示していた。

最近まで、下院の執行部は、新人議員のために超党派の入職教育を主催しており、それはハーヴァードでおこわれるのが通例だった。この目的は、新人議員に、議会の仕組みに関する一般的な概要を伝えることに加えて、経済や社会問題、外交政策の第一人者の専門的な見解を聞かせることだった。対立する見解を聞くには、ふさわしい時と場所というものがあるけれど、ここではそのどちらもふさわしくなかった。私はレーガン政権期の数人の第一人者の話を聞いて腹が立った。私はサプライサイド経済学の美徳を聞くために議会に来たのではない。政治的観点が異なる他の新人議員も、同様に不満を持っていた。一九九四年に、この超党派の入職教育をやめさせたのがニュート・ギングリッチだったというのは、なんとも皮肉だ。まったく正しいご判断だった。

しかし、私はその入職教育で、議員としての新しい地位を初めて味わった。アンドリュース空軍基地から軍用輸送機で飛び立ってボストンに向かい、鞄(かばん)を軍に運んでもらい、回転灯が点滅する地元警察のパトカーに警護されたバスに乗ってホテルに向かうというのは、控えめに言っても、ちょっと興奮した。

いくつかの議論を除いて、その講義から学ぶことはあまりなかったものの、私は第一〇二議会の同期の議員と親交を結ぶ機会を得た。ニール・アバクロンビー（ハワイ）、マクシーン・ウォーターズ（カリフォルニア）、ピート・ピーターソン（フロリダ）、ジム・バッカス（フロリダ）、ビル・ジェファーソン（ルイジアナ）、ローザ・デローロ（コネティカット）、チェット・エドワーズ（テキサス）、ジム・モラン（ヴァージニア）、バド・クレイマー（アラバマ）、ティム・ローマー（インディアナ）、エレナー・ホルムズ・ノートン（ワシントンDC）、コリン・ピーターソン（ミネソタ）、そしてジョン・コックス（イリノイ）だ。議会で仲の良い議員のほとんどは、当時も今も、共通の政治的見解を持つ人たちだ。しかし、政治的にほとんど共通点がない多くの議員のことも好きになってきた。

入職教育の一環として、新人議員は、〔ブッシュ〕大統領夫妻とクエール副大統領夫妻に会う社交行事のために、ホワイトハウスに招待された。大統領夫妻は二人とも、ジェーンと私に親切かつ好意的で、私の勝利をとてもよく知っているようだった。ジェーンはブッシュ夫人と長話をしていて、夫人は「あら、あなたのご主人は、大統領にとても失礼なことをしたあの男に勝ったのね」というようなことを言っていた。まったく不思議だ。その一方で、ダンとマリリンのクエール夫妻は少しも友好的ではなかった。なお、興味のある方のために言っておくと、食事はすごかった。

入職教育期間中の私のいちばんの関心事は、委員会の配属と先任権に関して、どのように処遇されるかということだった。私は四〇年ぶりの無所属議員。彼らはどう処遇するのか？　委員会の配属は政党がおこなうのだが、私はどの党にも所属していなかった。私は委員会に入れるのか？　議会では、在任期間が長ければ長いほど、委員会組織での地位が上がるようになっている。私は再選されたら地位が上がっていくのか？　それとも、いつまでも序列のいちばん下にいて、委員長の地位を獲得することも、序列を上げることもできないのか？

選挙期間中、私は、無所属のままで民主党議員会派に所属したいと公言していた。私は民主党議員会派のリーダーの何人かに声をかけたし、彼らもこの方式に好意的でないわけではなかった。しかし残念ながら、すべての民主党議員が同意したわけではなかった。保守派のブルー・ドッグ民主党議員団のリーダーで、テキサス州選出のチャーリー・ステンホルムが反対した。彼は、会派の中に社会主義者がいることは、地元の人々にとって受け入れがたいことだと考えていた。

ステンホルムは、私が民主党について述べた、お世辞にすらなっていない発言をまとめた文書をばらまいた。正直な話、私は彼の調査の質の高さに驚いた（私とレクシスネクシス〔リサーチデータベース会社〕との出会いだ）。引用に間違いはなかったのだ。長年にわたって私は、民主党に対して、また彼らがこの国の働く家族のために闘う気概（きがい）を持っていないことに対して、きわめて批判的だった。民主党のリベラル派は私が会派に参加することを支援してくれたが、保守派は一歩も譲らなかった。この時、私は下院議長のトム・フォーリーや多数党院内総務のディック・ゲッパートと、妥協案をひねり出した。私は民主党議員会派の一員にはならないが、委員会の配属と先任権については、私を民主党議員扱いとし、序列は同期議員の中でいちばん下とする。この妥協案は現在も有効だ。

新人議員には、一つの「大きな」委員会と、一つの「小さな」委員会を選ぶ資格が与えられている。私は銀行・地域開発委員会（とても大きい）と政府運営委員会を選んだ。私がこの二つの委員会を選んだのは、どちらも進歩的な民主党議員が委員長を務めていたからであり、そして何より、どちらも私の関心に合っていたからだ。S&Lの大失敗は、私の選挙運動の演説でも大きく扱っていた。私の考えは、働く人々はS&Lの救済に代金を支払うべきではないし、S&Lを保護するような法律を通すべきではない、というものだった。元市長として、私は、手ごろな住宅の創出、地域開発プログラムの維持、他の市や町での進歩的な取り組みの進展にも関心を持っていた。これらすべては、ヘンリー・ゴンザレスが委員長を務める銀行委員会の管轄下に入っていた。ゴンザレスは、議会で最も有力な進歩派の一人だった。

政府運営委員会は、連邦政府のすべての部局に対して監督責任を負っている。この委員会は、部や局が適切に任務を遂行していないのを見つけることができるし、その原因を突きとめることもできる。この委員会は幅広い調査能力を持っている。さらに、政府運営委員会の委員長を務めていたのは、ミシガン州選出のジョン・コニャーズで、彼とはバーリントン市長時代に共に演壇に立ったことがあった。私は古参の進歩派であるジョンを尊敬しており、一緒に仕事ができることを楽しみにしていた。

ほとんどのアメリカ人は、連邦議会の議員の席の配置を知らない。私もここに来るまで知らなかった。上院では議員がそれぞれ自分の机を持っていて、共和党と民主党の机は議場の両サイドに置かれている。私は下院も当然同じだと思っていたので、私のために新たな区分が設けられるのだろうかと考えていた。ところが、下院議員にはそれぞれ自分用の席というのはなかった。どこでも好きなところに座れる。通常、民主党は議長席に向かって左側に座り、共和党は右側に座る。私は、民主党側のイリノイ州の一群とつるんでいたりする。

民主党と共和党のそれぞれに「議員控室」があり、それは議場から少し離れたところにある。私は民主党の部屋を使っている。そこは、電話をかけたり、サンドイッチをつまんだり、テレビを観たりできる場所であり、また、午前二時になったので仮眠をとりたいが、わざわざ自分の事務所まで戻る旅はしたくない時に、ソファで横になったりもできる場所なのだ。

議事堂や下院議員会館の壁には、連邦議会議員の部屋番号や電話番号が載った名簿が貼られている。ここで問題です――どうやって、民主党議員か共和党議員か無所属議員かを見分けるのでしょうか？　答え――ローマン体が民主党議員、イタリック体が共和党議員、そして一人だけスモールキャピタル体が私。私が選出されたことで、Cスパン〔議会中継などをおこなう政治専門ケーブルテレビ局〕にとっても問題が生じた。Cスパンは議会中継のテロップに一行追加しなければならなくなった。現在、Cスパンが下院の採決のテロップを表示する時には、民主党議員の行、共和党議員の行、そして無所属議員の行がある。地元のみんなからこう言われる。「バーニー、君がどれに投票したのか、いつもわかってるよ」。私はツイている。

4

手に入れた いくつかの勝利

2010年5月1日。単一基金の医療保険制度への支持を表明するため、
ヴァーモント州議事堂の前に集まった群衆に、あいさつをしているところ。

一九九六年八月二日、下院はついに最低賃金を引き上げる投票のチャンスを手に入れた。そして法案は、圧倒的な票差で可決された。

メディケアやメディケイドや教育の予算を削減する立法。環境に関する重要な法律を骨抜きにする立法。妊娠中絶についての女性の選択を制限する立法。子どもたちを懲らしめる立法。そんな破壊的で反動的な立法に関する数カ月にも及ぶ議論の後、合衆国下院は、切実に助けを求めている数千万人のアメリカ人の生活を、いくらかでも改善する法律をついに可決したのだ。

私は、議員生活のほとんど初日から、最低賃金の引き上げに取り組んできた。一九九三年、私は、最低賃金を直ちに時給五・五〇ドルに引き上げ、さらに物価上昇に合わせて引き上げていく法案を提出した。当時、そのような法案を提出した下院議員は、私以外にはミネソタ州のマーティ・セイボーただ一人だった。

もしもあなたが、連邦議員として年に一三万三千ドルを手にしたならば、現実の人生がどんなものかを忘れるのは簡単だ。もしもあなたが、上院にいる二九人の百万長者の一人ならば、低所得の労働者の気持ちを忘れるのは簡単だ。もしもあなたが、そんな自分が最低賃金労働者に見えるほどの人たちとつるんでゴルフやテニスに通うならば、ほとんどの人は昼食に五〇ドルも払えないことなんて、忘れるのは簡単だ。

ところが、アメリカの労働者のうち一二〇〇万人は、一時間に五・一五ドル未満、一年に一万七一二ドル未満しか稼いでいない。これがみんな、中間層の一〇代の小遣い稼ぎかというと、そうではない。その四分の三は成人で、ほとんどは女性であり、自分と家族を食べさせようとしている人たちだ。週四〇時間の仕事が見つからず、二つも三つも仕事をしている人たちだ。自動車を買うお金をかき集められず、歩いて職場に通うか、バスを長いこと待たなければならない人たちだ。家賃を払うことができず、緊急シェルターやキャンプ場で眠る人たちだ。

今日の連邦最低賃金は、購買力で見ると、二〇年前より二六パーセントも低い。もし最低賃金が、一九六八年以降、物価上昇に追いついて上がっていたら、今日それは六・四五ドルだろう。議会で可決された引き上げ、つまり一九九六年七月一日に四・七〇ドルへ、一九九七年七月一日に五・一五ドルへの引き上げは、全く不充分ではあるが、少なくとも、前進のための一歩だ。さらに、最低賃金をほんの少し上回るだけの、時給五・〇〇ドルから六・〇〇ドルを得ている数百万人の労働者も、昇給するだろう。

最低賃金の法律が最初に成立した一九三〇年代以降、企業界とその議会における代表たちは、最低賃金引き上げに対して猛烈に反対してきた。経営幹部たちは一年に何百万ドルも所得を得るが、一年に八八四〇ドルという同胞の賃金を、もう二千ドル引き上げることには反対する。合衆国商業会議所、全米独立企業連盟、全米製造業者協会から、ロビイストたちを闘いのために送り込んでくる。なんてこった。

下院議場での議論の進み方には、何ひとつ新しいものはなかった。あいかわらずの嘘。あいかわらずのでたらめ。あいかわらずの虚しい響きと怒り。ディック・アーミーとニュート・ギングリッチ、そしてアメリカ企業界と富裕層から何百万ドルも献金を受けてきたその他の者が、突然、低所得労働者の状態を深く心配しはじめた。最低賃金の引き上げは、貧しい人々に損害をもたらし、手助けにはならないのです。メロドラマよろしく、手ぶりを交えた熱弁だ。低所得労働者の苦境に胸が痛み、どうにか涙をこらえているわけだ。アメリカ企業界から資金を得ている右翼のシンクタンクは、「科学的に」集められた実証データにもとづいて、同じ結論にたどり着いた。最低賃金の引き上げは、雇用の減少をもたらす。企業は若い労働者を雇わなくなるだろう、と。

この同じ議員たちが、数百万人の貧しい人々を福祉から追い出し、フードスタンプ〔低所得者向けの食費補助〕を大幅に切り下げ、住宅取得支援を削減する法案を可決した直後のことだったから、彼らが急に低所得労働者への心配を見せたことを、ちょっと偽善的だと思っても許されるだろう。その芝居ぶりときたら、ほとんど漫画だ。アーミーは、最低賃金引き上げに対して全身全霊で闘うことを誓った。確かに彼はそうした。共和党の執行部は、できるかぎり採決を先延ばししたのだ。下院共和党会議の議長ジョン・ベイナーは、もし最低賃金の引き上げが可決されたら自殺すると脅した。彼はそうしなかった。ここぞという時に、共和党の名誉はどこに行ったんだ?

しかしこの年の議論には、新しい、もっと欺瞞(ぎまん)に満ちてさえいる要素もあった。一九八九年に、ジョージ・ブッシュ大統領は、ニュート・ギングリッチを含むほとんどの共和党議員の支持のもと、最低賃金の引き上げに署名していた。それは理にかなった超党派の努力の成果だった。一九九六年の議論の最初の段階で、最低賃金の引き上げを支持する共和党議員はほぼ皆無だった。このことは、議会がいかに早く、いかに大きく、右に向かって旋回するものかを示している。さらに信じられないことに、今や最低賃金という考え方を撤廃したい、そしてアメリカの労働者に時給三・〇〇ドルで働く「自由」を授けたいと思っている共和党議員がかなりいるのだ。かつては常軌を逸した過激派の夢だったものが、今日、共和党の主流となっている。

ジャングルの法則は適者生存だ。雇い主は労働者に、最低限での賃金を払いたい。労働者は命がけなので、それを断らない。ほら!「市場のマジック」が働いている。年に一三万三千ドルを手にする人たちがもたらしてくれるのだ。なんと文明的なことか。

今、何百万人ものアメリカ人が、生きていけないほどの低賃金で働いている。さらにひどいことに、これらの低賃金の仕事は、企業にかわって巨額のお金を納税者に負担させる。ファストフードのチェーン店や、食料品店や、サービス業の雇い主が、時間あたり四・五〇ドルや五・〇〇ドルしか支払わないならば、彼らの従業員は、食べるため、家賃を支払うため、育児のために、しばしば支援を受ける必要が生じる。メディケイドやフードスタンプや補助付きの住宅、その他の政府プログラムによる支援を受けている労働者は、こういう人たちなのだ。

一九九三年に、私が最低賃金に関する法律の私案を提出した時、五〇人の共同提案者しか集めることができなかった。そのほとんどが進歩的な民主党議員だった。署名してくれた共和党議員は皆無だった。クリントン大統領も反対だった。そのことを私が悟ったのは、大統領執務室で彼と会談した時だった。クリントンは、民主党と共和党の議会執行部と、定期的に協議していた。私は電話会談の折に、「無所属会派」とも会談するのがあなたにふさわしいのではないかと提案した。彼は親切にも、私のために一五分の会談を設けてくれた。私は三〇分ぐらいいいた。

私たちの議論は三つの課題に集中した。第一に、私は最低賃金引き上げに対する彼の支持を勝ち取ろうと努力した。彼は、その考えに共感していないわけではないと言ったが、医療についての自分の提案が議論されている間はできないとも言った。第二に私は、彼がメディアから乱暴な攻撃を受けていることに同情した。彼と夫人は、ラッシュ・リンボーその他の右翼によって、毎日めちゃめちゃにされていた。私は彼に、企業によるメディア支配というとても深刻な問題について、そしてそれに対して何ができるのかについて、考えるようにお願いした。最後に私は、ヴァーモントの酪農家たちを大いに助ける北東部酪農協定に対する彼の支持を求めた。多くのヴァーモントの酪農家たちが廃業していた。とても低い牛乳代金しか手に入らないからだ。ニューイングランドの六つの州がすべて支持するこの協定があれば、北東部地方では、酪農家が生産する牛乳に適正な価格を設定できるようになる。クリントンは、その考え方に理解を示すとともに、共感しないわけでもないことをほのめかした。

この課題の重要性と、選挙区の主たる有権者が置かれている絶望的な苦境にもかかわらず、一九九三年当時の民主党において、最低賃金の引き上げに関する議論はほとんどなかった。いま一九九六年になって、大統領選挙が近づき、共和党の方針に対して守勢にまわることにうんざりしてくると、民主党はようやく、それがとても良い政治的争点であることを認識した。世論調査では、八〇パーセントを超える人々が最低賃金引き上げに賛意を示していた。民主党は、低賃金労働者にすり寄ることが、ギングリッチやボブ・ドールとの選挙戦において後押しとなり、働く人々のニーズに関する情けない記録を向上させることにもなると、正しく認識した。

民主党の名誉のために言っておくと、彼らはこの課題を推し進めると決めてからは、たいへん効果的な仕事をした。下院多数党院内総務のディック・ゲッパートは、低賃金労働者が意見表明の機会を持つ、印象的な記者会見を設定した。労働者がキャピトル・ヒルの演壇に立つことは稀(まれ)であり、新鮮だった。下院の私たちの他に、テッド・ケネディやポール・ウェルストーンなど、数名の上院議員が演説をした。

それ以降、民主党のリーダーたちは、この課題を彼らの方針の前面に立てた。彼らは党議員に、議事日の始まりの「一分間」〔慣行として認められている自由発言スピーチ〕でこの課題を取り上げるように伝えた。そして、共和党執行部が提出していたさまざまな法案にこれを付け加えて立法化するよう、熱心かつ創造的に力を尽くした。今回に限っては、法律の一部として押し通すことを決め、それに集中したのだ。

ギングリッチが下院の議長席に登りつめてから何回かあったことだが、共和党は、党議員を一致させることができなかった。選挙区の低中所得労働者に、なぜとっくに機が熟した最低賃金引き上げに賛成しないのかを弁明するという、おもしろくない任務に直面して、北部地方の六人の共和党議員がギングリッチと袂(たもと)を分かち、立法を支持したのだ。その直後、他の一四人の共和党議員が造反の覚悟を決め、さらに多くが時機をうかがっていた。最終的に、下院の過半数が最低賃金引き上げに賛成した。大声をあげて抵抗していたギングリッチとアーミーも、採決を呼びかけざるをえなくなった。

議論自体がなんとも驚くべきものだった。実際、共和党議員は、悲惨な賃金は国の競争力を維持するから、アメリカのために良いものだと主張した。もちろん労働者にとってこの「競争」は、時給二〇セントといった中国の賃金に対応するような、どん底に向かう競争を意味している。

しかし、議場での主たる争いは、〔ウィリアム・〕グッドリングの修正案に関するものだった。その修正案は、利益が五〇万ドル以下の企業には最低賃金を免除することを意図していた。この修正案そのものが、最低賃金による保護を、新たに適用対象となるはずの一〇五〇万人から奪い去るものだった。さらに重要なことに、それは最低賃金の概念を最終的に完全に消し去る道を整えるものだった。中小企業の最低賃金支払いを免除する提案は、二二九対一九六という僅差(きんさ)の投票で阻止された。一八九人の共和党議員がそれに賛成票を投じていた。

議論の中で、ひとつだけ共和党議員の指摘がもっともだったのは、民主党がそんなに低賃金労働者のことを気にかけているなら、なぜ下院でも上院でも多数派だった二年前に最低賃金引き上げを可決しなかったのか、と疑問を呈したことだ。私も同感だったので、私の見解を伝えるために、コロラド州選出の共和党議員スコット・マクイニスに時間を取ってもらった。

共和党議員たちは、最低賃金の小幅な引き上げが雇用の喪失につながると主張している点で間違っているが、彼らの議論はもっと重要な課題を隠していた。現在の主たる危機は、失業ではなく、労働者階級の賃金が急速に低下していることなのだ。失業率は依然として高く、それは「公式」統計が示すよりもはるかに高いのだが、さらに深刻な問題は、アメリカの労働者の実質賃金が、過去二〇年間に一六パーセントも低下したことなのだ。一九七三年には、平均的なアメリカの労働者は、一週間に四四五ドル稼いでいた。その二〇年後には、一週間に実質三七三ドルしか稼いでいない。

このような状況は、低賃金労働者や、大学の学位を持っていない労働者にとって、いっそう厳しいものだ。初歩的な職に就く高卒男性の実質賃金は、過去一五年で三〇パーセントも急落した。若年女性の賃金は一八パーセント低下した。一九八〇年代、アメリカで生み出された新しい雇用の約四分の三が貧困レベルの仕事であり、多くは臨時の仕事やパートタイムの仕事だった。

「福祉改革」はその危機をさらに深めた。何百万人もの働く貧困層が、セーフティ・ネットを失い、他の低賃金労働者との競争を強いられたら、賃金はどうなるか？　福祉受給者だった人たちがワークフェア〔就労義務〕プログラムに押し込まれて、公務員の職がそれに置き換えられたら、公務員の賃金体系はどうなるか？

最低賃金法案は、三五四対七二で可決された。興味深いことに、一六〇人の共和党議員が、結局、法案に賛成した。ほんの数カ月前には、そのうち誰も支持していなかったのに。多くの人は、この転向を不思議だと思うかもしれない。実のところ、これはある重要な政治力学の、予測しうる結果なのだ。

反作用が有効に働くのは、閉まったドアを押さねばならない場合だ。反動の力が有効に働くのは、世間の目から隠れている時なのだ。今回のように、ある課題についての議論が、開かれた下院議場に押し込まれた場合、そして特殊な利益団体や富裕層と議会におけるその「代表」との密接な結びつきが人目にさらされる恐れが生じた時は、反対者はしばしば抵抗ではなく降伏を選ぶものなのだ。

投票となれば、多くの人々が彼らの代表たちの立場を見るので、しばしば社会全体にとって良いことが勝るのだ。とても驚いたことだが、私が一九九五年九月に提出した修正案についてもこれが起こった。その修正案は、ロッキード・マーティン社への恥知らずな企業助成を削除しようとしたものだった。

バーリントン最大の雇い主のひとつが、マーティン・マリエッタ社だった。この国防業者がロッキード社と合併してロッキード・マーティンになった時、私はこの取引が意味するところを普通よりもよく理解していた。一万七千人の労働者の人員削減があったのだ。すべての労働者を解雇するという「困難な決定」をしたことに対して、新しい合併企業の経営幹部は、自分たちに九一〇〇万ドルの賞与を支給することを決めた。九一〇〇万ドルは、一万七千人の職を破壊したことへのご褒(ほう)

美なのだ。

賞与を受け取った主な人たちは、最高経営責任者のノーム・オーガスティン（八二〇万ドル）、前テネシー州知事で大統領志望のラマー・アレクサンダー（一二三万六千ドル）、前国防長官のメル・レアード（一六〇万ドル）、退役将軍で統合参謀本部の一員だったジョン・ヴェッシー（三七万二千ドル）だった。

一万七千人を解雇した経営幹部に対する九一〇〇万ドルの賞与は、それだけで充分に不道徳だ。しかしさらにひどいことに、私の立法部長のビル・グールドが発見したのは、そのお金の三分の一にあたる三一〇〇万ドルが、ペンタゴンから「組織再編費用」として払われそうだということだった。この恥知らずな連邦賞金のことを知るやいなや、私はペンタゴンがこの賞与を支払えないようにする修正案を起草した。想像してみたまえ。仕事から追い出された労働者たちは、自分をクビにした野郎のポケットをふくらますために税金を払うことになるのだ。ビルはその法案を、「レイオフへのペイオフ」（解雇への報酬）修正案と呼んだ。

修正案を議場に提出した時、これは本当に厳しい闘いを自分でしなければならないぞと思っていた。ところが驚いたことに、国防歳出委員会の民主党筆頭委員、したがってこの法案に関する民主党の戦略に責任のあるジョン・マーサが、それを支持するつもりだと言ってくれた。彼は、国防歳出委員会の委員長である共和党のビル・ヤングと、修正案について議論してくれた。ビルは躊躇なくサインした。修正案は発声投票で可決された。

アメリカ企業界に対する挑戦、とりわけ、働く人々の仕事を奪う自分に気前よく賞与を出す富裕層の権利に対する挑戦という、物議を醸すはずの修正案が、二大政党の両方から支持されたのだ。事の真相はこうだ。誰も、下院の議場や、特に有権者の見ているところでは、何千人もの労働者を解雇したばかりの（すでに巨万の富をなしている）経営幹部たちに、納税者のお金で政府が賞与を支払うことを、擁護したくないのだ。

政治の世界では、学びつづけないとどんどん不利になる。私はこの成功から、政治のプロセスを学び、ペンタゴンからあふれ出る「企業助成」の流れについて学んだ。これらの教訓と、スタッフの優れた仕事のおかげで、後に私たちは、本当に意義のある手柄を立てることになる。

多くの調査を経て私たちは、ペンタゴンからロッキード・マーティン経営幹部への賞与は、軍需産業に対する企業助成としては、氷山の一角にすぎないことを知った。クリントン政権の国防長官ウィリアム・ペリーは、合併をおこなう企業にペンタゴンが「組織再編費用」を提供する新しい政策を開始していた。この政策を通じて、連邦政府は企業に、軍需産業での企業合併を促すための巨額の資金を提供する。企業の「効率性」がその表向きの目標だ。そこには、合併がもたらす不可避の結果、つまり何千人ものアメリカ労働者の解雇についての気づかいはない。

さらに、軍需産業において企業の数が減り競争が弱まることが、納税者のお金の節約になるという証拠は一切ない。ロッキード・マーティンは、すでに軍需産業の三二パーセントを占めている。大企業によるさらなる集中によって、私たちの税金が少なくて済むようにはならないだろうし、ペンタゴンがより安く製品を買えるようにもならないだろう。

とにかく、これは経済における政府の関わり方としては、堕落したものだ。私は、政府が民間部門と力を合わせて、まともな給料の仕事を生み出すために役割を果たすような産業政策の考え方には賛同する。何万人もの労働者を解雇する誘因を政府が提供すべきだとは思わない。

この問題を調査する中で、私たちは、ロッキード・マーティン一社だけで一〇億ドル近くの「組織再編費用」を手にしつつあることを知った。すでに二億ドルを受け取った企業もあった。三二社が「組織再編」の助成金を受けるために申請中だった。言うまでもないことだが、巨額の資金が関わっているのに、この問題は議会からもメディアからも大して注目されていなかった。

私たちはこの問題に対して、とてもおもしろい左右連携をつくりだした。ニュージャージー州選出の下院議員クリス・スミスは、保守的な共和党員であり、私はほんの少ししか面識がなかった。彼は妊娠中絶の権利に反対する主な議員としてよく知られている。しかし、ロッキード・マーティンは彼の選挙区の工場を閉鎖し、そこには三千人の労働者が雇われていた。スミスは、この閉鎖はペンタゴンの資金援助によって進められたと確信していた。私がこの解雇促進プログラムを終わらせる修正案を提出すると、スミスは支持してくれた。こうして、この修正案はサンダース＝スミス修正案となった。それから、ミネソタ州選出の穏健な民主党議員デーヴィッド・ミング、オレゴン州選出の進歩派ピーター・デフェイジオ、その他の人々が、最初の共同提出者として署名した。この修正案は、まさに幅広い支持を得て下院に現れることとなったのだ。

ふたたび、歳出委員会国防小委員会の民主党筆頭委員ジョン・マーサと共和党の執行部は、大騒ぎすることなく修正案を受け取った。このような賢明な修正案に、しかも三党派からの支持者があるようでは、議場でないところでも、誰も反対したくないのだ。労働者を解雇するために納税者のお金を使うことが、どうしてアメリカの利益になるのかを、説明しなければならなくなるのはイヤなのだ。

一点だけ論争になったのは、この修正案を何と呼ぶかということだった。サンダース＝スミス修正案か、スミス＝サンダース修正案か？　スミスの案は私の案に似ていたが、私のほうがより強固なものだった。しかし、スミスは共和党多数の下院の共和党議員だ。私たちは、私の案を採用しつつ、それをスミス＝サンダース修正案と呼ぶことで合意した。この立法はたいへんな注目を集めた。『ロサンゼルス・タイムズ』の大きな記事は、それを軍需産業にとっての「大敗北」と呼んだ。もちろん、修正案を下院で可決させることは第一歩にすぎなかった。修正案は、両院協議会を生き延びて、さらに上院を通過する必要があった。翌日、とてもうれしいことに、私の事務所は上院議員から四本の電話を受け、修正案に関する情報を求められた。バーバラ・ボクサー、ジョン・マケイン、チャック・グラスリー、トム・ハーキンからだった。二人の共和党議員、二人の民主党議員。良い兆候だ。

この修正案を進めることで私は、今までうまく隠されてきて、明らかに下院の議場では議論されてこなかった、大きな問題にふれた。私の考えでは、私がやっていることは、無所属として、これをやるために選挙で選ばれたようなものだった。私が議会で果たしうるいちばん大事な役割のひとつは、他の議員がわけあって扱わないようにしている課題を取り上げることだ。そう私は理解するようになった。議論の枠組みを移すだけで、ものすごく大きな結果がもたらされるのだ。

率直な話、大企業の利益団体が私を脅迫することはない。医療産業複合体も、軍需産業複合体も、ウォール街も、アメリカ銀行協会も。企業合併と何万人もの解雇に国防総省が補助金を出すという、この恥知らずな実践を暴露することは、まさに私がそれをやるために選挙で選ばれたようなことだった。

それでも、国防授権法案の全体が議場に上がってきた時、それがスミス＝サンダース修正案を含んでいたにも関わらず、私は結局、反対票を投じた。議会に馴染み(なじ)のない人に、この種の行動を説明するのは難しい。手短に言えば、私はどの法案に対しても、良い修正案を起草し、願わくばそれを採択させることで、より良い法案にするよう努めている。最終案が来たところで、私はその良いところと悪いところを天秤にかける。そこに私の修正案による改善があったとしても、結果的に反対票を投じることもあるのだ。今回の場合、法案にはあまりに多額の軍事予算が含まれていた。大統領の望みより一〇〇億ドルも多かった。そもそも大統領の望む金額も多すぎだった。

スーザン・スウィーツァーについての連邦選挙委員会の新しい報告書が、ちょうど公開されたところだった。ロッキード・マーティンが、法律で許される上限の一万ドルを彼女の選挙運動に寄付していた。ショックだ。

やるべきことが多すぎる。時間が少なすぎる。金曜日、議会での一週間の闘いの後、私はワシントンからコネティカット州ハートフォードに飛んだ。そこでフィル・フィアモンテの車に乗って、ヴァーモント州南部のブラトルボロに向かった。選挙運動の二回目の公式表明行事のためだ。今回は、バーリントンでのイベントと似てはいるが、ウィンダム郡から発言者に出てもらった。六〇人か七〇人ぐらいの人々で、公会堂の席がすべて埋まった。良い兆候だ。メディアの報道も良い。

ブラトルボロのイベントの山場は、アケイシャ・ファントという高校生の、驚くほど優れたスピーチだった。私は彼女の話にすっかり心を奪われてしまい、彼女が私より注目を浴びたことも気にならなかった。

私がこの若い女性に初めて会ったのは、その前年、私の事務所が後援するヴァーモント若者会議に彼女が来た時だった。その会議は、一〇の高校から生徒が集まり、議会が取り組むべきだと思う課題について話し合うというものだった。そこでのプレゼンテーションは優れたものであり、多くは生徒自身が相当な調査をしないとできないものだった。生徒から話を聞くというアイディアは、ティム・キップが考えたものだ。彼は私の友人であり、ブラトルボロ・ユニオン高校で社会科を教えている。アケイシャは彼の教え子だった。彼女のメッセージは簡潔だが深みのあるものだった。「民主主義を守るためには、若者が政治のプロセスに積極的に参加することが欠かせない。それなしには、民主主義は生き残れない」。彼女の短いスピーチは説得力があり、深く胸を打つものだった。

ヴァーモントをあちこちまわる時、私はできるかぎり、学校で話す機会を持つように努めている。過去五年間に、私は州内の多くの小学校と、ほぼすべての高校で話をしてきた。若い人々が、彼らの議員と話し、心配事や意見を表明するチャンスを持つのは大事なことだ。生徒の多くは、政治や政府と自分の生活との関係について、ほとんど理解していない。子どもたちの多くは、議員と直接会った後、政治のプロセスに興味を持つようになるそうだ。教師たちは驚いて、私にそう教えてくれる。

民主党の州上院少数党院内総務、ピーター・シュムリンは、ブラトルボロの集会で私の立候補を支持してくれた。ピーターはこれまで公式に支持してくれたことはなかったが、ギングリッチの方針に打ち勝つために役割を果たすことが大事だと感じていた。その夜は、わがふるさとブラトルボロを遠く離れて、長年のふるさとで、ティム・キップとその妻キャシー・ケラーと一緒に過ごした。

土曜日の朝、フィルと私は、また別の立候補表明行事のために、ベニントンへ車を走らせた。ベニントンとブラトルボロは、ヴァーモント南部の二つの主要な町であり、ホグバック山を挟んで四〇マイルしか離れていないのだが、まるで夜と昼のように違っている。ブラトルボロは州で最も反体制文化の強い町であり、ベニントンはまさに労働者階級の町だ。

ベニントンでの集会の参加者数は、それが美しい春の日で、ヴァーモントの人は屋内にいたがらない日だったことを考えれば、相当なものだった。ヴァーモントの長い冬の後、美しい春の日の屋内集会は、たいてい大きな動員とはならない。この日の山場は、全米自動車労働組合の前支部長、マーク・サンテリの話だった。その支部は、ベニントンにあるジョンソン・コントロールズ社の電池工場の支部だ。

一九九三年八月の日曜日、私は「ベニントンの戦い」〔アメリカ独立戦争での戦いのひとつ〕のパレードで、全米自動車労働組合と一緒に行進した。その翌日、労働者たちは、ジョンソン・コントロールズが彼らの工場を閉鎖しようとしていることを知った。生産がメキシコに移されれば、まともな給料が支払われている二六九人の組合系雇用が失われる。ヴァーモントに工場を残そうとするマークの果敢な奮闘は、敗北に終わった。私の事務所は、解雇された労働者が、NAFTA〔北米自由貿易協定〕関連法にもとづく追加の給付を得られるように手伝った。マークは組合指導者として尊敬されているだけでなく、狩猟者団体でも活動しており、私と同じく、狩猟者が鹿を仕留めるのにAK-47は必要ないと考えている。彼の支援にはとても感謝している。

次の立ち寄り先はラトランド。政治運動はいつも驚きでいっぱいだ。今回の驚きは、ものすごいスピーチをした退役軍人のジェフリー・ハッチだった。あいにく私は、それまでに彼と会ったことはなかった。彼は、自分の考えをはっきり述べる率直な人だ。「私は共和党員です。私は退役軍人です。そして私はバーニー・サンダースを支持しています。彼は、退役軍人の問題について信頼できるからです」。ラトランドでは、スピーチはすばらしかったが、動員は少なかった。

今度はセント・ジョンズベリー。この日の三カ所め、最後の立ち寄り先だ。セント・ジョンズベリーは「北東王国」の「首都」であり、ヴァーモントの中でも最も田舎で、最も無骨で、最も貧しく、そしていくつかの点で、最も美しい場所だ。北東王国で私たちを支援してくれる活動家は、ほとんどが働く人々の階級だ。低所得層の支持者、家族経営の農家、退役軍人。ボブ・パーキンスとケイ・パーキンス、マーヴィン・ミンクラーとメアリー・ストロール、この二組のカップルがイベントを準備してくれた。多くの高齢者が参加してくれたが、集まりは小さかった。この州で私が大好きな人の一人、ライゲイトの農民のジェニー・ネルソンが、すばらしいスピーチをしてくれた。ジェニーとその夫ビルは、ネルソン家代々の美しい農場を所有している。ヴァーモントの多くの農家と同じく、彼らは信じられないほど長時間働き、土地を手放さないために懸命に努力している。ジェニーは、進歩的な農家の組織「農村ヴァーモント」のリーダーの一人だ。私たちが数年にわたって、家族経営の農場を守るためのたくさんのプロジェクトに一緒に取り組んできたことを話してくれた。

フィルと私は、走行距離計によると、その週末に五〇〇マイルも走った。どの一マイルにも価値がある。ブラトルボロ、ベニントン、ラトランド、セント・ジョンズベリーでの選挙運動のキックオフは、私たちの支持者を結集し、おおむね良い報道をされた。のみならず、なぜ私が議員をしているのか、こんなにすばらしい人々が私を陰で支えてくれるのはなんと幸運なことなのかを、深い感情のレベルで私に思い起こさせてくれた点でも重要だった。みんなが私たちの奮闘を支えてくれることが、大きな誇りの源泉だ。これこそが、ワシントン環状道路の内側の思考に戻る時、私を支えてくれる。

一九九一年一月三日、他の四三四人と共に、私は合衆国議会の一員として宣誓就任した。恒例のことだが、その日、新人議員たちは、友人や家族に幸運を祈ってもらうための宴会を、自分の事務所で主催した。私たちも事務所で宴会を催した。残念ながら私は出席できなかった。戦争をくい止めるための会合に参加していたのだ。

一九九〇年八月二日、アメリカ製の装備をふんだんに提供されたかつての協力者、サダム・フセインが、クウェートを侵攻した。八月九日、ブッシュ大統領が派遣したアメリカ軍は、イラクのさらなる侵攻を防ぐため、サウジアラビアに到着しはじめた。そして今、一月の初め、ブッシュはイラクとの全面戦争について、議会の承認を求めていた。私はその承認を与えることに反対していた。

ペルシア湾岸の危機の当初から、私は、アメリカは戦争に頼ることなくサダム・フセインをクウェートから追い出せると信じていた。外交、経済的ボイコット、孤立化、金融的手段など、侵攻を押し返すための多くの手段を私たちは持っていた。私は、起こりうる破壊や人命の喪失を理由に戦争に反対しただけではない。私は、この惑星の主要国が、そしてほとんど団結した世界共同体が、殺戮(さつりく)をすることなしに危機を現に解決することは可能だと信じていたから、戦争に反対したのだ。もしこの件を、大量の爆撃をすることなく、数千人の人々を殺すことなく解決できないとしたら、いったいどんな危機なら平和的に解決できるというのか。

そのうえ私が憤（いきどお）っていたのは、イラク情勢が、私たちが直面している国内の深刻な危機、私が取り組みたいと切に望んでいる問題から、注目をそらしていたことだった（国内の不公正から注目をそらすことは、戦争の主な役割のひとつだと主張する者もいるだろう）。子どもたちの二〇パーセントは貧困の中で暮らしている。数百万人のアメリカ人はきちんとした住まいを持っていない。労働者の生活水準は急激に落ちている。すべての人に安価な医療が確保されるよう、医療保険制度を全面的に見直す必要がある。それなのに今、私たちは、取るに足りない暴君との戦争に何カ月も費やそうとしているのだ。

この第一〇二議会の早い時期に、ロン・デラムズやトム・フォグリエッタなどの数名が、下院における戦争反対の議員団を組織した。戦争をくい止めるために、私たちはどんな戦略をとるべきか？　流血の惨事を伴うことなくサダム・フセインをクウェートから追い出すには、どんな手段がありうるのか？　私たちはどうやって世論に影響を与えるのか？　議会の中で、私たちの立場がもっと多くの票を得るには、どうすればいいのか？　これらは、新しい会期の最初の頃、会合に次ぐ会合で私たちが格闘した問題の一例だ。

ヴァーモントでは、私は州都での大規模な戦争反対デモでスピーチした。約一五〇〇人が参加していた。ワシントンでは、私は戦争に向かう流れを批判する一人として、全国メディアに登場していた。

一月初めに私は、議長のフォーリー、民主党執行部のゲッパート、〔デーヴィッド・〕ボニアらと、来る投票について話し合う会合に参加した。当時、民主党は、下院でも上院でも、強固な多数派を占めていた。簡単に言えば、民主党の執行部は、もし戦争を防ぎたいと願うなら、票決をそのようにできたのだ。私の友人であり、戦争に反対する新人仲間、メイン州選出のトム・アンドリュースが、率直な質問をした。執行部は、この投票に党議拘束をかけるのか？　そしてブッシュに宣戦布告の権限を与えることを拒否するのか？　フォーリーはまっすぐトムを見て、党議拘束はかけないだろうと言った。自分を含めて執行部は全員、軍隊を戦場に送る権限を大統領に与えることに、反対の投票をする。しかし、すべての民主党議員にその立場を支持するよう求めはしないだろう。

この時、私は戦争が不可避だと悟った。表面上は、民主党が下院を支配していた。しかし、国が直面しているこの最も重要な問題で、共和党が勝利を収めることになるだろう。共和党に同調する民主党議員がたくさんいて、必要な投票数をブッシュに与えるのに充分であることは明らかだった。

一月一五日、戦争が勃発する直前、私は下院の議場で演説していた。

「議長、まず言わせていただきたいのは、この議場の、国じゅうの、そしてほとんど世界じゅうの全員が、サダム・フセインは邪悪な人間であり、彼がクウェートでしてきたことは違法で、不道徳で、残忍だ、ということに同意しているだろうということです。しかしながら、今、私たちの課題は、単に数万の人々、若いアメリカ人、罪のないイラクの女性や子どもに死をもたらす戦争を始めることではないと思うのです。今、私たちの本当の課題は、どうしたら侵攻を止めることができるか、どうしたら新しい方法で、非暴力的な方法で、邪悪を止めることができるのかを、探すことだと思うのです」

「もし世界史の中で、全世界が、小さな一国に対抗して団結する時があるとしたら、まさに今がその時なのです。もし私たちがこの危機を解決できないとしたら、もし私たちがサダム・フセインを非暴力的な方法で打ち負かすことができないとしたら、それは恐ろしい失敗であり、将来への不吉な予兆になると思うのです。今、私たちが成功しなければ、この世界が子どもたちの未来に覚悟しなくてはならないのは、戦争、戦争、また戦争だと思うのです」

私の演説も、多くの人のすばらしい演説も、ほとんど影響がなかった。ブッシュは票を得た。一九九一年一月一七日、アメリカの飛行機がイラクを攻撃し、力を誇示(こじ)した。

一九九一年一月一八日、私はふたたび下院議場で演説した。「議長、ほんの数カ月前に世界は、冷戦がやっと終わったことを喜んだではありませんか。爆弾や戦車やミサイルに費やされてきた何千億ドルものお金を、人間の生命を破壊するためではなく、人間の生活を改善するために、やっと使えるようになったことを喜んだではありませんか」

「議長、数千人の生命と数百億ドルのお金をかけているペルシア湾の大きな戦争は、この国の人々にとって、とりわけ働く人々、貧しい人々、高齢者、子どもたちにとって、大惨事となるでしょう。遠からずこの議会は、誘導ミサイルのための資金をもっと要求されることになるでしょう。ところが、ホームレスのための住宅に使える資金は見当たらないでしょう。遠からずこの議会は、戦車のための資金をもっと要求されることになるでしょう。ところが、ほとんどの先進国が備えている、すべての人々に医療を保障する国民皆保険制度を進めるためには、資金も労力も見当たらないでしょう」

「遠からずこの議会は、爆弾のための資金をもっと要求されることになるでしょう。ところが、働く人々がまともな給料の仕事に就けるようにするための、この国の産業再建に利用できる資金は見当たらないでしょう。教育のための資金も、子どもたちのための資金も見当たらないでしょう。ところが、子どもたちの二五パーセントは貧困の中で生きているのです。環境のための資金も、農家を助けるための資金も見当たらないでしょう。ところが農家の多くは、私の地元のヴァーモント州でも、この国のいたるところでも、今日、土地から引きはがされようとしているのです」

「議長、この戦争への支出のために、高齢者のメディケアがさらに削減されることになるでしょう。年金計画支出を削減する努力さえ、おこなわれることになるでしょう」

個人的に、この時期はとても憂鬱（ゆううつ）だった。私は不戦主義者ではない。恐ろしい体制のもとで、他にとりうる手段があっても、戦争が正当な場合はあると信じている。しかしそうした事態は、ほとんどの政府の指導者が認めるよりずっと稀なことだと考えている。

ひとつの集団や国が、別の集団や国の人々を殺害することで問題を解決してきた数千年を経て、人類は、不和を非暴力的に解決することについて、学ぶ準備ができているはずだ。私はヴェトナム戦争への率直な反対者だったし、ニカラグアの人々に対する戦争への反対者だったし、合衆国によるグレナダ侵攻とパナマ侵攻への反対者だった。今、私は合衆国議員として、湾岸戦争に反対する投票をした。

爆弾が落とされはじめ、アメリカ軍が戦闘に突入し、私は議会政治について悲痛な教訓を学んだ。一月一八日、ある決議案が下院に持ち込まれた。共和党議員が起草し、民主党執行部が支持したものだ。その決議案は、戦場のアメリカ軍に対する議会の支援を求め、同時に、「大統領の努力とリーダーシップ」を褒め称えていた。三月五日の修正案は、「ペルシア湾の危機に関する果断なリーダーシップ、誤りのない判断、確かな決断」と大統領を称賛した。私は信じられなかった。誤りのない判断だって？　この言い回しは一九三〇年代のスターリン主義者のプロパガンダのように聞こえるだけでなく、まだ二カ月も経たない前に、戦争に反対する投票にあたって一八三人の議員が言っていたことと、もろに矛盾していた。

今や戦争は始まり、アメリカ軍が命がけで戦っている以上、彼らへの支援を表明することは、それはそれとしてありうることだ。私はその覚悟をしていたし、そうするつもりだった。しかしそのことは、ペルシア湾の状況に関してブッシュ大統領がすべて正しかったとか、それが唯一の解決策だったとかと表明することとは、全く違うと私には思えた。そもそも、議会の半分近くは大統領の軍事主義に反対していた。軍隊の派遣と爆撃は、兵士にとっての状況を変えたけれども、それは、平和的解決が軍事的解決よりも望ましいという私たちの基本的な主張を無効にしてはいない。私たちは誤っていなかったのに、決議文はまさしく私たちに、誤っていたと言わせようとしているのだ。

戦争を正当化し称賛するメディアの宣伝活動が、ますます数を増し、大規模になってくる。こうなると、ふたたび反対票を投じるのは大変なことだ。一週間前の投票では、一八三人が、経済制裁の継続を支持して戦争に反対する投票をしていた。今、投票結果を示すボードを見上げると、全員が賛成票を投じていた。私はカードを機械に入れた時の気持ちを覚えている——議場での投票は、磁気帯の付いたカードで投票機を起動させ、賛成か反対のボタンを押すのだ。私は、「これで議員人生が短くなるんだろうな」と思った。私は反対ボタンを押した。私以外に、わずか五人しか同じ行動をとらなかった。投票は三九九対六だった。

この投票は私に付きまとうだろう。これから選挙のたびに、私への政治的反対者は、「戦争の真っ最中に、バーニー・サンダースは、軍への支援に賛成票を投じなかった」と非難する。それは嘘であり、事実の歪曲だが、三〇秒のラジオ宣伝では効果を発揮する。

議会に来てまだひと月も経っていなかったが、私はすでに孤独を感じていた。しかし、私が個人的・政治的に何を感じているかなど、この国で起きつつあることに比べれば重要ではなかった。

ぞっとするようなことが進んでいた。多かれ少なかれ、全体主義的なシステムが機能しはじめたのだ。私のように長年メディアを批判してきた者でさえ、メディアの追従ぶりに驚愕した。なんとすばやく、大統領とペンタゴンの軍国主義的命令に従うことか。彼らの服従は成果をあげた。私がヴァーモントに戻った時、ありとあらゆる家や木に黄色のリボンが付けられていた。メディアは愛国的な戦争ムードをつくりあげることに成功していたのだ。

テレビは、戦争に反対する人々をほとんど報道しなかった。報道は厳しく統制され、完全に一方に偏っていた。数年後の調査によれば、戦争賛成のナショナル・フットボール・リーグ選手たちが湾岸戦争について意見を述べた時間のほうが、戦争反対運動についての報道を全部合わせた時間よりも長かった。戦争の初めの頃に、ジェシー・ジャクソンがワシントンで大きなデモを先導したが、ほとんど報道されなかった。簡単に言えば、異議、批判、討論に対する大量の検閲があったのだ。

明らかに、政府はヴェトナム戦争の教訓から学んでいた。今回、メディアは、反戦感情のたぐいを促す情報を提供しなかった。遺体袋に入って帰宅するアメリカ人は放送されなかった。アメリカ人の虐殺行為を写した写真が夕方のニュースに届くことはなかった。大統領が戦争についてしゃべりまくる美辞麗句の騒音の向こうから、批判の声が聞こえてくることはなかった。

全国テレビだけではなかった。ラジオも、新聞も、雑誌もそうだった。ワシントンで私は、リベラルとされていたナショナル・パブリック・ラジオからニュースを得ようとしたが、それも他と同じようにひどいものだった。実際、見せかけの客観性すらなかった。政府は、ニュースを検閲していると発表した。国民の知る権利に対するこの恥ずべき侵害に異議を唱えることなく、メディアは報道管制に従い、政府の手でごまかされた報告を受け入れた。大統領に軍隊を戦闘に送る権限を与える投票を議会がする前には、世論調査では、アメリカの関与をめぐる判断について、国がきれいに五分五分に分かれていた。戦争（とメディアの膨大な宣伝活動）に突入して三週間後、アメリカの圧倒的多数がそれを支持していた。

戦争に反対するだけの勇気を持っていた、きわめて数少ない新聞のうちの一紙が、私の州にあった。『ブラトルボロ・リフォーマー』の編集者、スティーヴン・ファイは、広告主からの批判に耐えながら、毎週毎週、戦争に反対する説得力ある社説を書いた。悲劇的なことに、あのような感情的な時期には、こうした勇気を持つジャーナリストはきわめて少ないのだ。

戦争から六年経った今、イラクの女性や子どもがこうむった多大な人命喪失について、ひとつの記事だけでも見たことのあるアメリカ人は、どれくらいいるのだろう。この戦争では、推定二〇万人の非戦闘員が死亡した。わが国の「スマート爆弾」で殺されたのだ。この数字には、戦争の後の、飢餓、水の汚染、医療の欠乏、イラクのインフラ破壊によって生じた、恐ろしいまでの人命喪失は含まれていない。簡単に言えば、戦争はイラクの庶民に、膨大な殺戮と苦痛を与えたのだ。わが国の「スマート爆弾」は、「付随的損害（ふずい）」〔軍事行為によって生じる市民の被害〕を防いでいなかった。死亡したのはイラクの兵士だけではなかった。

大統領とペンタゴンは、戦争は成功だったと主張した。ごく少数のアメリカ人の人命喪失だけで、目的が達成されたのだと。彼らが私たちに語らなかったのは、七万人のアメリカ兵士が、湾岸戦争症候群と呼ばれる、さまざまな不調を抱えて帰国したことだ。実際、戦争以来ずっとペンタゴンは嘘をつき、戦争がアメリカ兵士に及ぼしたひどい影響について、ほとんどすべての情報を隠そうとしてきた。カミシェハの街にあるイラクの軍需品倉庫を爆破した時に、アメリカ軍が化学兵器の薬剤にさらされたことを、軍部がしぶしぶ認めるまでに五年を要した。今日でさえ、これらの隠された戦争被害者への適切な治療と補償を求める私たち議員が、ペンタゴンから真実を引き出すことは難しい。

そして、以下のことを明確にしておきたい。政府とメディアがペルシア湾岸の失敗作を騙し売りするのに大成功したことを考えれば、次の戦争が起こった時、彼らが違うふるまいをするとは期待できない。彼らはクウェートの「自由」を守るために世論の大きな支持を勝ち取れたのだから、同じ方法を使って、いかなる戦争への支持もつくりあげることができるのだ。そもそもクウェートは、億万長者の首長によって支配されていた国だし、今もそうだ。クウェートは、女性に投票や自動車の運転を認めるほど自由ではない。この国は、わが国がクウェートを守るために送ったキリスト教徒やユダヤ教徒の兵士に、そこでクリスマスやハヌカーを祝うのを許すほど自由ではない。

その当時、ワシントンにいるのはつらかったが、ヴァーモントにいるのはもっとつらかった。湾岸に向けて出発するヴァーモントの州兵部隊を見送りに行った時のことを、重苦しい気持ちで思い出す。私はそこで、数人からブーイングを浴びた。私の政治経歴の中で、数回のうちのひとつだ。戦争とは、とても奇妙な現象だ。その心理的影響を、私は理解しているとは言えない。私は、ヴァーモントやアメリカの若者が殺されることのないよう、最善を尽くしただけだった。そして、私のその努力にブーイングが浴びせられたのだ。ある日、私はワシントンに向かう飛行機を待つために空港にいた。すると、ある女性が私に言った。「私の息子は向こうにいます。あなたが彼を支援していないことに、ぞっとします」。それは真実ではなかったが、私が何を言っても彼女は納得しなかっただろう。

明るい話も言っておくと、その時期に発表された世論調査では、私の「好感度」がそれなりに高かった。ヴァーモントの多くの人々は、たとえ戦争に対する立場が私と違っていても、私が自分の信念を守っていることに敬意を払ってくれていたようだ。

議会に入ってまもないあの頃は、とても大変だった。今でもその夜の話題になると、ヴァーモントで無理して笑いをとるようなこともやった。全国にテレビ放送されるワシントンのイベントで、それをテレビで見ていた妻は、思わず顔をしかめて頭を振る。私は、ナショナル・プレス・クラブが毎年主催する夕食会に、演説者として招かれた。もちろん当時は知らなかったが、それは連邦議会の行事予定の中で重要なイベントであり、ひとかどの人物がみんな出席していた。最高裁判所の判事、実業界のリーダー、主な政治家、有名人、そしてもちろん、ワシントンのメディア全部だ。私を含む四人の新人議員がスピーチを頼まれた。

しかし彼らは、スピーチ以上のことを望んでいた。何かおもしろいことを期待していたのだ。その晩は、みんな陽気に愉快に、楽しい時を過ごすものと思われていた。私には、このイベントに関して三つの問題があった。第一に私は、自分と共通点のない数百人の見知らぬ人を相手に、漫談をする才能を持っていない。第二に、必死で反対した戦争がまさに起こった時で、ジョークを言う気分ではなかった。第三に、このイベントは黒蝶ネクタイ着用だったが、私はタキシードも黒蝶ネクタイも持っていなかった（買うつもりもなかった）。

それらの理由と、あといくつかの理由から、私は幹事に電話して、よく考えたが私は出席すべきと思えないと伝えた。彼は強く反対した。演説者としてあなたの名前が載った招待状が、すでに郵送されている。みんなひどく失望するだろう。あなたはそこにいるべきだ。

結末はこうだ。私は説得されて、行くことにした。その晩は災難だった。私は下手なジョークを言って、不機嫌だった。私のパフォーマンスは、イベントに向かう数分前に、事務所の数人がでっち上げてくれたジョークだった。私のパフォーマンスは、Cスパンによって、ヴァーモントにも、全国にも放送された。唯一の慰め（なぐさ）めは、同じく演説者として招待されたポール・ウェルストーン上院議員も、私と同じくらいひどかったことだ。悲惨な時期の悲惨な夜だった。

＊＊＊

昨日、『バーリントン・フリー・プレス』は、バーバラ・スネリングが州知事への立候補を継続すべきかどうか、ヴァーモント住民の世論を分析した記事を公表していた。スネリングは昔からの知り合いで、今は共和党の副知事だが、ひと月前に重い発作に襲われたのだ。『フリー・プレス』が世論調査をしたということは、つまり、他の質問もしたわけだ。それで私は、今日の新聞の中に、議会選挙についての世論調査があるだろうと予測する。それは差が縮まっていることを示しているに違いないので、気になるのだ。前回の世論調査では二一ポイント差のリードだったが、この差のまま勝利に向かってはいないだろう。スウィーツァーは、あらゆる挑戦者がするように、早口でまくしたてるだろう。「私たちは差を縮めている。私たちは勢いを増している。サンダース陣営はパニックだ」。いつものことさ。

私は世論調査が嫌いだ。現職で知名度があれば、先頭に立つことになる。挑戦者が知名度を増すにつれて、決まって選挙は接戦になってきて、「困った事態」に陥る。知名度のある現職にとって、これは絶対に避けられないのだ。しかし、『フリー・プレス』の世論調査について、何がびっくりかと言ったら、私の頭の中がその世論調査でいっぱいになっていることだ。真夜中でも目が覚めて、いまいましい世論調査のことを考えてしまうのだ。しかも明日、声帯の手術を受けなければならないのに。生まれて初めて手術を受けるのだが、そんなことは上の空だ。悪夢もないし不安もない。そのかわり、選挙五カ月前のろくでもない世論調査が気になる。

手術は、声の問題を治すためのものだ。恐ろしい仕事だ。医師は自分のすることをよくわかっており、それを簡単な処置と見なしていると思う。でも、もし彼らがミスをしたら、それが一生、私の声になる。

手術のことは、何カ月もの間、静かに、持続的に、私を悩ませてきた。私の声に問題が生じはじめたのは、一年半前、一九九四年の選挙運動が終わりに向かっている時だった。私は数日間、風邪をひいて、声がしゃがれた。選挙運動の真っただ中だ、やるべきことをやるものだ。私は演説をやりつづけた。結局、風邪は治ったが、声はしゃがれたままだった。それ以後、私は演説に困った。私の声は、良くてせいぜい耳障り(みみざわ)りというもので、しゃがれがひどすぎて、文章を読み終えるのが難しいことが何度もあった。

声の問題に対して、私の対応が愚かだったというのが本当のところだ。私は生まれてこの方、ずっと健康だ。八年間、市長を務め、六年間、連邦議会にいるが、その全期間を通じて、欠勤したのは五日未満だ。インフルエンザにかかった時も仕事に行った。病気になるなんて、私の人生にはないことだ。それで、喉（のど）がしゃがれた時も、放っておけば治ると思った。治らなかった。

声が治らないまま何カ月も過ぎて、私はベセスダ・ネイヴァル病院の専門家の診察を受けた。彼は私に、声帯に良性のこぶがあると言い、それを取り除く手術を勧めた。私は他の治療法があることを望み、外科的でない治療法をすべて試した。のど飴、声帯の休養、ハーブティー。私の声は一年前よりちょっと良くなったが、依然として普通の声からはほど遠い。妻から親友に至るまで、助言してくれる人はみんな、州内での私についての主な話題は声のことだと教えてくれた。私が喉頭癌だという推測さえあるのだ。

症状は、私に身体的な痛みを与えるものではなかった。私はほとんどの時間、忘れていることができた。しかし他人はそうではなかったようだ。先週あった視聴者参加型のラジオ番組で、最後の質問はこうだった。「さて、バーニー。声の調子はどうだい？」これまでヴァーモントの各紙が、一面を含めて、この件についての記事を報道してきた。私の症状のせいで、喉頭についてくわしいヴァーモントの専門医が有名になりつつある。私の声帯についての記事の扱いは、これまで私が議会でしてきたどんな仕事についての記事よりも大きいのだ。

先月、私はベセスダに戻り、それからジョージタウン大学のメディカル・センターを訪ねた。管（くだ）

を私の喉に入れ、声帯をテレビモニターで見たジョージタウンの医師は、手術から逃れることはできないという意見に同意した。翌日、私はベセスダで手術の予約をした。手術後は、四日間は声を出してはいけないので、私たちは不都合が最も少なくなるように手術の予定を立てた。

リスクを前にして、自然に私は手術が怖くなってきた。私たちはお互い、声を通じてコミュニケーションをとる。妻とも、子どもとも、有権者ともそうしている。さらに、活動家であり政治家である私にとって、話すことは、やらなければならないことをやるのに必要不可欠な手段だ。

私は、彼らがミスを犯さないよう神様に願った。医者は、こんな手術は日常茶飯事で大したことないと思っているようだ。彼は私に、いつもやっていることだと言う。私は聞いてみた。「失敗する可能性はどのくらいですか？」彼は、圧倒的多数は成功だと言った。まあ見てなさい。

二週間後。手術は成功した。五四年間の人生で、初めて手術を受けたのだった。私はとても行儀よく過ごした。彼らは私に、手術後三日から五日は話してはいけないと言ったので、私は生涯の習慣を破って、そのとおりにした。しかし、ほぼ二週間が経って、いろいろ要望も来るようになり、私はたぶんやりすぎているのではないかと心配だ。数日前、地域の全米電気労働組合の集会でスピーチすべきではなかった。それで、また用心深くしている。私はよく自制してきた。最悪の場合、すべて台無しにしてしまうからだ。カリフォルニア州知事のピート・ウィルソンも、似たような手術を受けた時にやってしまった。私は、もう同じことを経験したくはない。自分でどうにもできない声、不安、再手術なんて。

ジェーンは、私が以前よりも気が楽になったと思っているようだ。たぶんそのとおり。自分の口からどんな音が飛び出すかわからないのは、神経のすり減ることだった。しゃがれた声を補うために、私は自然と大声で話すようになっていた。ある時、下院の議場で、声がすっかり出なくなってしまい、同僚が一杯の水を届けてくれたおかげでどうにか最後まで意見を述べられたこともあった。したがって、手術後に初めて発言台に立った時のことは、奇妙な経験だった。一年半の間、私はマイクに向かって大声で話さなければならなかった。今回、修正案について話すために進み出て、私は驚いた。自分の声があまりにも明瞭でなめらかだったので、話しはじめてから実際に声を小さくしたほどだった。そして私は初めて、下院議場の音響設備の良さがわかった。私の声はホールじゅうに響きわたり、大声で話す必要などなかった。今になってようやく、なんと疲れることをしていたのかと気づいた。

毎年、バーリントンのレストランが、「グリーン・マウンテン・汽車ポッポ」と呼ばれる珍しいフェスティバルを後援してくれる。レストランが提供するたくさんの試食料理を楽しみに、数千人のヴァーモントの人々が集まってくる。大勢の集まりというのは、いつも私の政治家本能を刺激する。私は握手し、あいさつする。人々は何度も何度も、声の調子がとても良いねと言い、昔に戻った私を見て喜んでくれる。私は、このことがそんなに注目を集めるのかと驚いた。私が取り組んできたどの政治課題よりも上ではないか。とはいえ、こんなに多くのヴァーモントの人々が、私の健康を心配してくれていることがわかってうれしい。

その間、選挙運動にいくつか大きな展開があった。民主党のジャック・ロングが選挙戦に参入するようだ。ロングは、州の前環境保護長官だ。スウィーツァーと私の二者による選挙戦のかわりに、三つ巴の選挙戦になりそうだ。スウィーツァーは大喜びだろう。彼女も多くの人々も、ロングの立候補は私から票を引きはがすことになると信じている。私にはよくわからない。もし彼がうまくやれば、私にとって打撃だろう。もし彼が大して票を取らなければ、たぶんスウィーツァーが失う票は私と同じくらいだろう。民主党の候補者は、一九九〇年に投票の三パーセント、一九九二年に六パーセントしか得なかった。一九九四年には民主党の候補者はいなかった。

ロングは、弁護士であり、州の行政官だった人で、これまでの民主党の候補者よりも信頼できる。州知事のディーンは彼を支持しつつも、ロングが投票の一〇パーセント以上を取るとは思わないとも公言している。明らかに私は、スウィーツァーが嫌いだから私に投票していた民主党員の票を、ロングに奪われるだろう。しかしスウィーツァーも、彼女を保守的すぎると考えるが、決して私を支持しない、穏健な共和党員の票を失うだろう。すべての票がどう散らばるか、いったい誰にわかるのか?

ロングは「穏健」な立場を主張している。彼はこう言っている。「私が出馬を決めたら、自分をサンダース氏やスウィーツァー氏と差別化するのは簡単です。彼らは両極端に、つまり極端に左と、極端に右にいます。穏健なヴァーモントの人々の意見を代表する、穏健な候補者がいないのです」

もうひとつ、やっかいな展開があった。『バーリントン・フリー・プレス』の新しい世論調査は、スウィーツァーが差を縮めていることを示していた。三月の世論調査では、私は四五パーセント対二六パーセントでリードしていた。五月末までに、私のリードは四一対二五に縮んでいる。良いニュースではない。この段階では、現職者はもっと差をつけていないといけないところだ。やらなければならないことがたくさんある。

奮闘は終わらない。寝ても覚めても闘いだ。金持ち代表の悪だくみと闘わない時は、議会政治の不条理と闘っている。たとえば今は、北東部酪農協定を持ちこたえさせるために、私は懸命に闘っている。その協定は、ヴァーモントと北東部全域の酪農場を守るための試みだ。

私はブルックリンで生まれ、二七年後にヴァーモントにたどり着いた時には、牛のことは何も知らなかった。今日、私は決して農業経済や酪農の専門家ではないけれど、酪農場を守ることが絶対に必要だということは理解している。それは州の経済の大事な部分であり、環境を守ってくれるし、私たちを伝統とつなげてくれる。ヴァーモントは、農場がなくてもいろんな何かになりうるが、それは私たちが知っている「ヴァーモント」ではないだろう。

長年にわたって私は、州の酪農家への愛着心を深め、彼らのために、圧倒的に不利な中でも懸命に闘ってきた。今日、州内に酪農家は二千を下回るほどしかいない。その数は年々減っている。この仕事は若い人たちにとって魅力的ではないのだ。労働時間が長く、週七日働くのが普通だからだ。農業人口が高齢化するのは不思議ではない。

赤い納屋（なや）、牧草を食べる牛を楽しそうに眺める人の多くは、のどかな風景の背後にある経済を理解してはいない。農家は、都市部の労働者と多くの共通点を持っている。どこにでもいる低賃金労働者のように、多くの農家が、フードスタンプや低所得家族向けプログラムのおかげで生き延びている。組合員労働者も非組合員労働者もそうであるように、農家も、大企業のなすがままにされている。農業関連企業は、飼料産業を支配し、牛乳の生産や乳製品加工を急速に支配しつつある。今では牛を企業の生産過程の中に取り込もうとさえしている。

数年前、私は、モンサント社の牛成長ホルモンに反対する取り組みを議会で主導した。牛成長ホルモンは、牛をあたかも牛乳製造化学工場のように扱うものだ。ヴァーモントの農家は、牛乳の価格をさらに引き下げる増産を望まない。干し草や設備にならともかく、遺伝子組み換え化学薬品に追加費用を払うことは望まない。消費者は、牛を病気にする人工的な刺激物を使ってつくられた牛乳を望まない。ところが、数十億ドル規模の大企業モンサントは、議会に対しても食品医薬品局に対しても、大きな政治的影響力を持っている。牛成長ホルモンの導入を阻止しようとする私の取り組みに対して、議会内の支持はほとんどない。

北東部酪農協定を創設するために、ニューイングランドの六州がそれぞれ法律を可決した。この協定は、簡単に言うと、域内で販売される牛乳について、生産農家にとって適正な価格をつける権限を、六州の代表者に与えるものだ。これは州間の協定なので、合衆国議会の承認が必要となる。ヴァーモントの二人の上院議員、パトリック・リーヒーとジェームズ・ジェフォーズは、下院の多くの仲間たちと同様、この課題に熱心に効果的に取り組んでくれた。見込みはとても小さかったのだが、法律はついに可決された。今は、農務省長官ダン・グリックマンの署名を待っているところだ。私は彼を下院議員時代から知っている。グリックマンは、この法律が「必要不可欠な公共的利益」の基準に合っているかを判断しなければならない。

北東部酪農協定に関する法律は、彼の机の上にある。私たちは彼が署名するのを、首を長くして待っている。心配なのは、中西部の下院議員たちが強く反対していることだ。彼らは、この協定は酪農家に損害を与えるものだと誤解している。それから、安い牛乳を求めて強力に反対する者もいる。チョコレート会社、食品加工産業、牛乳加工企業の利益は、牛乳が安いほど大きくなる。私はこの法律について、クリントン大統領と何度か話をした。彼は支持してくれそうだったが、彼の政権の何人かは、明らかに好意的でなかった。私は、彼の首席補佐官レオン・パネッタや、グリックマン自身にも話をした。

明らかに、北東部酪農協定は、農業の問題にとどまらないものだった。政治が絡んでいたのだ。大統領選挙が近づいていた。ヴァーモントの選挙人投票数は三票だ。ところが、ウィスコンシン、ミネソタ、その他の中西部の州は、もっと多くの票を持っている。クリントン政権の人たちが、最後には私たちを見捨てるのではないかと、私は気にしている。グリックマンは、協定は署名されるだろう、と私にふたたび言ってくれた。それでも私は心配だ。

今、この複雑に絡み合った立法過程の最終局面で、政治にはありがちな皮肉な事態が起こっている。友人であり、進歩派の仲間でもある、ウィスコンシン州選出のデーヴィッド・オベイが、この法律を台無しにする修正案を歳出委員会に提出している。オベイは、協定に反対するウィスコンシン州の代表なのだ。しかしもうひとつ、議会政治の奇妙さを示すねじれがある。ルイジアナ州選出の保守派でギングリッチ派のボブ・リヴィングストンが、歳出委員会の委員長だ。彼の仕事は、この協定を含む農業歳出法案を通過させることなのだ。共和党執行部は、この法案は多くの妥協を含んでいるため、簡単に台無しにされてしまいそうで、神経質になっている。彼らは法案全体を維持することを望んでおり、この最終段階では、中に何があろうとどうでもいいのだ。

理論的には、この協定は、北東部の牛乳価格について政府の強力な規制を認めているので、自由市場を支持する保守派のリヴィングストンの立場に対立するものだ。他方この協定は、デーヴ・オベイの一般的な考え方と一致している。デーヴは進歩派であり、働く人々を守るために連邦政府が強力な役割を果たすよう、長く主張してきた人だ。

私たちにとって幸運なことに、今回、リヴィングストンが勝って、オベイが負けた。北東部酪農協定は、農業歳出法案の一部として、政府規制に反対する保守派の手で勝利に導かれたのだ。どんな手であれ、取れるなら取るぞ。

5

悪玉を仕立て上げる議会

2015年7月22日。最低賃金を時給15ドルに引き上げることを求める集会にて〔右〕。
感動的なスピーチをしたソンティス・ベイリーの横に立っている。
ベイリーは給料が低いため、妊娠中も2つのかけもち仕事を休むことができず、流産してしまった。

会期の終わりの数週間は、特に憂鬱で醜悪だった。「哲学」や「契約」を語る聞こえのいい知的な言い回し、共和党シンクタンクの出版物、集会の記録、方針書を山ほど重ねておきながら、選挙が近づくにつれて、下院議会でのギングリッチの政治戦略は、同性愛者や移民への攻撃、性差別、貧困層への攻撃に行き着いた。

ここに新しいものは何もない。古いテーマが少し装いを変えただけだ。右派が繰り出すいつものゴミくずだ。社会問題の原因を合理的に分析せず、金持ちと有力者ばかり代弁して、庶民の要求に応えることができない者は、政治的な成功を確実に手にするために、人々の不安と無知につけ込んで対立を持ち込み、悪玉を仕立て上げるのだ。

南部の白人労働者は、一〇〇年にわたって、アメリカで最も搾取された白人労働者だった。その賃金は最低、労働条件は最悪、住居は劣悪。子どもたちの通う学校の水準は最低、大学進学率も最低。しかし、彼らは何を持っていたか？　彼らは、毛嫌いして見下せる「黒んぼ」を与えられていた。投票権もなく、同じ水飲み場やトイレを使うこともできず、バスの車内や映画館での座席を分けられていた「黒んぼ」を。

南部の政治、経済、社会、教育の仕組みそのものが、こうした隔離を強化し、敵意を煽りつづけるものだった。何より、白人労働者は、黒人の隣人を軽蔑し隔離するか、さもなければ自分のなけなしの持ち物を失うか、というように仕向けられていたのだ。南部の金持ち、銀行家や工場主や綿花農場主は、何の苦もなく大きな富を手にした。

その間、アメリカの歴史上最も勇気ある人たちは、人種差別を固定化するこの仕組みとの闘いに、自らの人生をかけた。南部では、非合法の会合（黒人と白人が同じ部屋で腰かけることは違法だった）で、政治活動家と組合オルグが、黒人と白人の労働者が一緒に公正のために闘うよう指導した。それは、彼らが公民権と機会平等を信じていたからだけではない。白人と黒人が、共通の圧制者に対して闘わずに、お互いに闘い合っているばかりでは、本当の経済的・政治的変革は決して達成されないことを、彼らが理解していたからだ。

変わらない物事がある。終わらない闘いがある。

今日、金持ち減税、メディケアとメディケイドと環境保護の予算削減、ＮＡＦＴＡ（北米自由貿易協定）とＧＡＴＴ（関税と貿易に関する一般協定）等の破滅的な貿易政策を支持することが、当たりくじとは限らないことを、共和党はわかっている。

もちろん、それは金持ちや企業経営者の方針であり、共和党が献金をもらって果たそうとしていることだ。しかし、金持ちの数は限られており、共和党はこの方針では中間層や働く人々――選挙結果を左右する人々――の支持を得られないことを知っている。メディケイドを削減したり、企業が飲み水を汚すのを許したりすることは、三〇秒の選挙宣伝で自慢できる功績のうちには入らない。

共和党の実際のイデオロギー――表向きにつくられた「州の権限」やら「個人責任」やらの偽りの哲学ではなく――が、ごく少数のきわめて特権的な人々の利益だけを代表しているとなれば、共和党は、南部の支配階級を悩ませたのと同じジレンマに直面する。どうやって、働く人々と中間層に、彼ら自身の最良の利益に反して投票するよう説得すればいいのか。あるいは、同じくらい重要なことだが、どうやって投票に行かせないようにするか。さらに、どうやって、大多数の人々に影響する問題、それをめぐって人々が団結できる問題から、意識をそらすか。

おかしな話に聞こえるかい。あなたにはそうかもしれないけれど、私は毎日見ていることだ。これが、悪玉を仕立て上げる「分断」政治のすべてだ。白人と黒人とヒスパニックの対立。異性愛者と同性愛者。労働者階級と貧者と福祉受給者。男性と女性。本国生まれと移民。刑務所の外にいる人と中にいる受刑者。まだまだある。

一九九六年の共和党は、大規模な世論調査をやっていて、多くのアメリカ人が感じているまともな不安や心配を、とてもよく理解している。そして大金を投じてやろうとしているのは、そうした不安をうまく利用して、働く人々を分断し、共倒れするように仕向けることなのだ。公正をつかむかわりに、金持ちの食べ残しをつかまされていることに、働く人々が気づかないようにすることなのだ。

いちばん大事な点だが、共和党の戦略のねらいは、働く人々が自分の問題の本当の原因に目を向けないようにすることなのだ。つまり、誰がこの体制を所有し支配しているのか、誰が現在の政治から利益を得ているのかを探ること、今の政治経済の構造はどのように変革されうるかを真剣に考えること、そうしたことから目を背けさせているのだ。共和党は、ちっぽけな力しかない人々を、それすらない人々と競わせる。裏で操っているのは誰なのか、見る人はほとんどいない。

この二〇年間、平均的なアメリカ人の労働時間は長くなっているのに、賃金は下がっている。実質賃金が一六パーセント減って、しかも何百万もの労働者が神経をすり減らしている。二〇年前に比べて年間一六〇時間も多く働いているからだ。

多くのアメリカ人は言っている。「これはいつまで続くんだ？　生活のためにどれだけ働かなきゃならないんだ？　土曜も、日曜も、残業も？　かけもちの仕事は二つか三つか？　確か、いくらか休暇を取る権利があるはずだ。いくらか楽しみをする権利があるはずだ。映画を観たり、猟に出かけたり、釣りをしたり、読書したり、子どもと遊んだりする権利があるはずだ」

国じゅうで、家で子どもと過ごすことを望む女性たちが、働くことを余儀なくされている。今や、生活のためには共働きが必要だからだ。自分の生活のため、また家族を自力で支えるために、死に物ぐるいで奮闘している人がいかに多いことか。

国じゅうで、アメリカ人は疑問を抱いている。「私は良い親だろうか？　仕事を離れられない時、家族の予定をどうやって立てればいいんだろう。雇い主は、夜中に一〇回も起きて赤ん坊を世話したことがあるのか？　子どもが病気したことはないのか？　手ごろでまともな保育は、どうしたら手に入るのだろう。どうしてお父さんは、自分ひとりで家族を支えるお金を稼げたんだろう」

新しく生み出されている雇用の多くは、低賃金の仕事で、時給五ドルか六ドルぐらいだ。その多くはパートタイムか臨時の仕事だ。子どもが自活していくためには、大卒資格が必要なことを、親たちはわかっている。しかし、こんなに低い時給では、大学の授業料をまかなう見込みが薄いこともわかっている。

そして、多くのアメリカ人は言っている。「しかし、年間授業料が一万五千ドルとか二万ドルもかかるのに、年に二万五千ドルしか稼げなくて、どうやって子どもを大学にやれるんだ？　住宅ローンやクレジットカードの金利を払うのがやっとなのに、どうやって教育のために貯金できるんだ？　無理だ。借金を五万ドル増やすことはできない。どうしろと言うんだ？」

医療保険がない、あるいは不充分なアメリカ人が増えている。**医療のための借金は、この国の個人破産の最大の理由だ。**メディケアがあっても、高齢者の多くは、必要な処方薬を手にすることができない。

多くのアメリカ人は問うている。「充分な医療保険のために、誰が年間五千ドルも払えるんだ。自己負担がこんなに高いのに、誰が医者にかかれるか。年間二万ドルの稼ぎしかないのに、病院に一日三千ドルだって。一日一〇〇万ドル稼ぎがあるならともかく。今年は家族の誰も病気にならないよう祈ろう」

自営業の中小企業者にとって、給与税はしばしば所得税より高い。それから、学校や地方政府の財源のために、財産税と州税がある。税、税、税。

多くのアメリカ人は言っている。「わからないのか？　これ以上、税金は払えない。稼いだお金でようやく生活しているのだ。なぜ政府はそんな巨額の支出をやめないいんだ？　なぜ政治家は私からまだまだ税金を取りたいんだ？」

テレビでは毎晩、恐ろしい犯罪の報道が流れる。殺人、レイプ、暴行、強盗。全く無分別な犯罪がある。走行中の車からの銃撃。一足のスニーカーをめぐる子どもどうしの殺人。親が自分の子どもにおこなう、言語に絶する行為。

多くのアメリカ人は説明を求めている。「私は法に従っている。ルールに従って行動している。なぜ、通りを歩くのを怖がらなければならないんだ？　なぜ、子どもが安全に通学できないんだ？警官を増やして彼らを刑務所に送るのに、なぜ私にたくさん課税するんだ？　なぜ彼らは仕事に就けず、善良な市民になれないいんだ？　なぜ政府は私の銃を取り上げようとするんだ？　家族を守るために、それがいちばん必要な時だというのに」

要するに、多くのアメリカ人はこう思っているのだ。「この世界は急速に変わっている。私は混乱し、不満を溜め込み、怒っている――そして将来のことが心配だ」

まあ、落ち着きたまえ。ニュート・ギングリッチと、そのお抱え世論調査屋と同僚たちが、あなたの言うことを聞いてくれる。行動の準備もできている――議場で、大胆に、強く、すばやく。といっても、あなたの問題や心配事の原因については、議会でまともに議論しないだろう。なぜ中間層が崩壊してきたのか。なぜ金持ちと貧者の格差が広がり、今やどの先進国よりも大きいのか。なぜ家計資産の増加分の三分の二が、最も裕福な一パーセントの人々のものになるのか。なぜその一パーセントの人々が、今や下から九〇パーセントの人々よりも多くの資産を持っているのか。こういうことは、真面目に議論しないだろう。

なぜ合衆国は、賃金と付加給付が、世界第一位から第一三位まで落ちたのか。なぜ大企業の最高経営責任者が、その労働者の二〇〇倍ほども稼いでいるのか。なぜ労働者の有給休暇と育児休暇の時間数が、あらゆる主要先進国に比べて遅れているのか。こういうことは、真面目に議論しないだろう。

なぜわが国は貿易赤字の記録を更新しているのか。なぜわが国の工業基盤は大きく衰退したのか。なぜ収益を上げている企業がこの国の工場を閉鎖し、それを時給二〇セントか三〇セントの国に移すにつれて、合衆国からまともな給料の仕事が何百万も失われたのか。こういうことは、真面目に議論しないだろう。

金持ちと大企業には大幅に減税し、中間層には増税する税制については、真面目に議論しないだろう。なぜ、企業という企業が次々に、減税しなければ勤め口をなくすぞと州や地域社会を脅し、その結果、個人や家主の地方税が引き上げられることになるのか、真面目に議論しないだろう。

なぜ合衆国は、世界で最も無駄が多くて費用のかかる医療保険制度を持ちつづけるのか。なぜ合衆国は、主要国で唯一、市民の権利として医療を保障しないのか。こういうことは、真面目に議論しないだろう。

なぜ合衆国の子どもの貧困率は、今や先進国で断トツの高さなのか。この貧困はどのようにして、主要国で最も高い人口あたり投獄率につながっているのか。なぜ刑務所の受刑者の三分の二が、機能的読み書き能力を持っていないのか。なぜこの国では、銃撃で死亡する人数が、二日間だけで日本の一年間の数を上回るのか。こういうことは、真面目に議論しないだろう。

とんでもない。この種の問題を、ギングリッチとその同僚が議論することはない。もししていたら、彼らは、大多数のアメリカ人の利益になる解決策を見つけるために、人々を結集していただろう。想像してみたまえ。黒人と白人、ヒスパニックとアジア系、異性愛者と同性愛者、中間層と低所得者、本国生まれと移民が一緒に、金持ちだけのためでなく、多数のためにうまくいく経済をつくることを。保険会社や製薬企業の莫大な利益のためではなく、すべての人のために医療を保障する医療保険制度を。B—2爆撃機のためではなく、教育のための連邦予算を。金持ちと多国籍企業ではなく労働者を優遇する税制を。共通の利益のために、人々が共に歩むことを。ニュート・ギングリッチにとっては悪夢だ。

とんでもないのだ。ギングリッチとその同僚と後援企業は、普通のアメリカ人が直面している本当の問題を議論して解決することはできない。しかし、注意を別のところに向けさせることはできる。彼らは、一部の者を心地よくするが、それ以外を不快にさせる立法を通すことができる。中間層を貧困層から分断し、私たちみんなを人種、性、出生国、性的指向によって分断することができる。弱い者、力のない者を叩きのめすことができる。悪質で醜悪な政治だ。しかし、それが選挙に勝つ政治なのだ。

私はヴァーモントでその影響を目にする。アディソン郡の町民集会で、ある女性が言う。「バーニー、私はがんばって働いているのに、医療保険に入れないのよ。うちの子は医療が受けられないのに、どうして福祉受給者の子は受けられるの？ 良くないことだわ。あなたはこの件、どうするの？」

私は、国民皆保険制度によって、この国のすべての人が良質な医療を受けられるように、闘うつもりだと答えた。彼女は言う。「違うのよ。うちの家族に医療保険をくださいと言ってるんじゃないの。福祉受給者からそれを取り上げてちょうだいと言ってるだけ」

オーリンズ郡のフェスティバルで、ある女性がやはりこう言う。「私は食料品店で働いているんだけどね。むかつくわよ。フードスタンプを持ってきて、ステーキ肉とか、私よりいい食べ物を買っていくんだから。何とかしてよ」

この種の意見を、州のあちこちで耳にする。

会期が終わりに近づき、一九九六年一一月の選挙への備えが始まると、共和党の執行部は分断立法を提出した。アメリカの人々を互いに反目させ、そうすることで共和党が票を得られるようにする法案だ。

一九九六年七月一二日、いわゆる結婚擁護法が、下院議場に持ち込まれた。これは共和党にとって「良い」争点だ。同性愛者は人口のうち少数で、そのほとんどは共和党に票を入れない。アメリカ人の同性愛嫌悪と性秩序の不安を利用するのは、効果的な、テスト済みの投票獲得戦略なのだ。

クリントン政権の初めの頃に、軍における同性愛者について、激しく意見の対立する議論があった（クリントンは同性愛者の入隊禁止規定を撤廃しようとしていた）。たくさんの同性愛者が誇りと尊厳を持ってこの国に奉仕し、この国を守るために命を落としてきたのだが、クリントン大統領がこの課題を公の場に持ち出す――そして、これまでの実態を知らせる――試みをしたことは、ひとつの騒動を巻き起こした。共和党や、サム・ナン上院議員のような保守的な民主党員は、この争点を利用して「成功」した。クリントンは深刻な政治的挫折を味わった。過去に同性愛者攻撃がうまくいったとすれば、これからそれが復活しない理由があるか？

同性愛嫌悪は、この国のとても深刻な問題だ――議会のお歴々の中でさえも。ボブ・ドーナン下院議員（共和党カリフォルニア州選出）は、議場での時間の多くを、同性愛者の罵倒に費やしている。彼の極端な考えは度が過ぎているにもかかわらず、共和党執行部が彼を戒める（いまし）ことはほとんどない。昨年、下院共和党院内総務のディック・アーミーは、同性愛者だと公言しているバーニー・フランク議員のことを、記者会見の中で「オカマのバーニー」と呼んだ。彼は後に謝罪めいたことをした。「口が滑った」だけだと。議場の討論で、性的指向のことと何の関係もない議題の最中に、カリフォルニア州選出のデューク・カニンガム下院議員が軍の「ホモ」について場違いなコメントをした時はびっくりした。私は彼に、その発言を撤回するよう求めた。その後は怒鳴り声だ。「黙れ、この社会主義者」。次の日、同性愛者の権利を求める団体が彼の発言を非難する記者会見を開いた後、彼は謝罪し、下院議場で「ホモ」という言葉は二度と使わないと約束した。

同性愛嫌悪のこうした目に余る言動には、政治的な意図がある。ドーナンやその仲間たちは、ある特定の有権者に向けてふるまっているのだ。同性愛者攻撃は、共和党「革命」の強力な部隊であるキリスト者連合の方針の基礎をなしてきた。一九九四年の選挙の時、キリスト者連合は、その「家族の価値」基準によって候補者を格付けする文書を大量に配布した。同性愛は、その基準によれば「反家族」だ。同性愛者の権利を支持することも同様だ。

またしても私は地元州で、その憂慮すべき影響を見る。私の次にバーリントン市長になったピーター・クラヴェルは、一九九二年、勇気ある決定をした。市職員の同居パートナーへの医療給付を、同性愛カップルも含めて認めたのだ。このことは、クラヴェルがその年の再選に失敗した原因のひとつになった。リベラルなバーリントン市での出来事だ。

結婚擁護法は、ハワイ州最高裁判所が同性婚の法的権利を認めると予想されていたため、これに先手を打って対応したものだ。提案された法案は、同性愛の配偶者を連邦給付の対象外とし、また合法的になされた同性婚に対して州が承認を拒否できるようにする。この法案は、結婚制度について個人的に経験豊富なボブ・バー下院議員（共和党ジョージア州選出）が提出した。彼は三度結婚している。代理討論者を務めたイーニッド・ウォルドホルツ下院議員（共和党ユタ州選出）も、結婚の複雑な事情に精通している。彼女は目下、服役中の前夫ジョー・ウォルドホルツを告発中だ。そしてギングリッチ氏自身、結婚のことになると不熱心ではない。ギングリッチは、妻が癌の手術をした後に離婚したのだが、彼が子どもの養育費の支払いを拒否したので、前妻は地域の教会に助けを求めることとなった。以上が、議会の主な結婚擁護派の例だ。

結婚擁護法は、ウィスコンシン州選出で同性愛者だと公表しているスティーヴ・ガンダーソンを除いて、すべての共和党議員が支持している。実際、ガンダーソンは、バーニー・フランクと並んで、この馬鹿げた法案に反対する最も力強く熱のこもった主張を議場でしている。保守的な共和党員でアリゾナ州選出のジム・コルベは、法案に賛成票を投じた。数週間後、同性愛者コミュニティの人たちがこれに怒ったため、コルベは「暴露」されそうになった。この寡黙(かもく)な、一二年間にわたり下院議員を務めた五四歳のヴェトナム退役軍人は、突然、自分が同性愛者であることを地元アリゾナの有権者に告げた。

信心深げな心情吐露(とろ)が重ねられたあげく、結婚擁護法は賛成三四二、反対六七で可決された。一一八人の民主党議員が賛成した。六五人の民主党議員と一人の無所属議員が反対した。下院の多くの人たちは、もし同性婚に支持を与えたら、今度の選挙で共和党が流すテレビ宣伝で叩かれると考えたのだ。クリントン大統領もそう考えた。彼は法案を支持した。

一九九六年八月一日、共和党は下院に「英語公用語化」法を持ち出した。この法案は、彼らが進める反移民戦略のほんの一部だ。それは移民についての人種的偏見や一般的な無知に乗じたものだ。言うまでもなく、反移民の偏見の多くは、アメリカ市民になることを望むイギリス人、フランス人、カナダ人には向けられることがない。

残念ながら多くのアメリカ人は、合法移民と非合法移民の違いがわからないし、経済問題を抱える他の国と同様、外国人嫌悪が激しくなっている。ある人々にとって、この問題は、私が最近見かけたTシャツの文句のように要約される。「英語を話せないやつは、合衆国から消え失せろ」。カリフォルニアでは、ウッドランド・ヒルズのある看護師が、「一〇年間、何事もなく近くを歩いていた学校で、反ヒスパニックの侮辱の言葉とともに石を投げつけられた」と『タイム』誌が報じている。

「英語公用語化」法案は、連邦政府による公式の情報伝達はすべて英語でおこなうよう命ずるものだ。これは、たとえばヒスパニックやポーランド系の多い選挙区選出の議員にとって、地元のスペイン系やポーランド系の有権者との情報交流を禁止されることを意味する。選挙や税金などについて、市民の大多数が必要とする情報は、英語でしか手に入らないことになる。クリントン大統領はこの法案に拒否権を行使すると言い、この法案は上院にさえ進まないだろうと述べた。しかしこの法案は、下院を賛成二五九、反対一六九で通過した。八人の共和党議員、一六〇人の民主党議員、それに私が反対した。

しかし、悪玉を仕立て上げる共和党執行部が最も力をそそぐのは、同性愛者攻撃でも移民攻撃でもない。アファーマティブ・アクションへの攻撃でも、女性の妊娠中絶を制限する法案でもない。共和党の方針の核心部分は、彼らのいわゆる福祉改革提案だ。貧困層、女性と子ども、マイノリティ、移民への攻撃をひとまとめにしたこの法案は、悪玉を仕立て上げる立法の集大成であり、さまざまな偏見にとらわれたアメリカ人の不満や無知に訴えるものだ。

税金をたくさん負担して、働かない怠け者のためにお金を使われるのはイヤじゃないですか？ あなたが必死に働いている間、一〇代の黒人が家で赤ん坊といられるよう、あなたがお金を負担するのはイヤじゃないですか？ メキシコ人たちに、真夜中に国境を越える誘因を与えるのはイヤじゃないですか？ 福祉改革はあなたのためなのです！

この立法は共和党にとって大当たりであり、民主党の哲学的基盤を劇的に、根本的に変えてしまう原因にもなった。

上下両院で可決されたこの法案は、歴史に残るものだ。なぜならこの法案は、六〇年間なされてきた、社会で最も弱く傷つきやすい人々への連邦政府の保護を、撤去するものだからだ。アメリカ合衆国はもはや、飢えた子どもにも、障害児にも、貧困層にも、最低限の支援すら保障しない。かわりに、予算を大幅に削減して、責任を州に転嫁(てんか)する。

「改革」が実際に成し遂げるのは、次のようなことだ。

●福祉受給期間は、一生のうち五年間までに制限される。受給者はみんな、二年以内に仕事を見つけないと、給付を失うことになる。この条件は、地域社会の経済状況や仕事の見つかりやすさとは関係なく効力を持つ。

●要扶養児童家庭扶助の受給者の七割は子どもだ。そこには常に、両親ともに黒人の子どもの、三分の一ほどが含まれている。合衆国の子どもの二割が貧困の中で生きているこの時に、「改革」はさらに一〇〇万人の子どもを貧困層の中に入れるだろう。
●三〇万人の障害児が、補足的保障所得を受けられなくなる。この法案は、貧困児童の障害の定義を、結核、自閉症、深刻な精神疾患、脳の損傷、関節炎、知的障害に、かなり狭く限定している。
●合法移民への給付は、六年間で二三〇億ドル削減される。ルールを守って行動し、合法的にアメリカにやってきて、働いて納税している人も、外国生まれという理由で、メディケイドや補足的保障所得や要扶養児童家庭扶助などの支援を受けられなくなる。

ワシントンでは、クリントンがこの共和党の法案を支持するかは、かなり不確実と見られていた。ある人々は、クリントンが以前に、同様の法案二つについて、子どもに厳しすぎるという理由で拒否権を行使していたことを指摘した。しかし私は、法案が子どもたちに与える影響の調査を政権が拒んだことに、クリントンの最終的な決断の前兆を見ていた。明らかに、たくさんの子どもが貧困に突き落とされることを裏づける調査になるから、彼らは調査しないことを選んだのだった。だから私はずっと、クリントンは不本意でも承認するだろうと見ていた。投票の数時間前、クリントンは記者会見を開き、法案に対して一定の留保をしながらも、法案に署名すると表明した。この立法は一歩前進だと、彼ははっきり述べた。

この過ぎ去った数週間の、特にいわゆる福祉改革について注目しなければならないのは、大統領と議会民主党の歴史的な崩壊だ。五年前なら民主党の誰もまともに扱わず、まして賛成票を投じるなどありえなかった過酷な予算削減を、彼らは支持したのだ。

この崩壊が示すのは、ニュート・ギングリッチ、ラッシュ・リンボー、アメリカ企業界、そして極右が、アメリカの政治的・社会的風景をつくりかえるという点で、巨大な成功を手にしたことだ。それはまた、今や貧困層と弱者を代表する主要政党がないということも明らかにしている。

これは疑問の余地がない。貧困層を叩くことは、今や「上手な政治」だ。ラッシュ・リンボーはこう言った。「この国の貧困層は、母豚の乳を吸う大きな子豚だ。……彼らはこの国のもたらす便益をみんな持っていってしまう。いつも人を食い物にしているんだ」。議会と大統領はリンボーのメッセージを聞き、世論調査をよく検討し、彼に相乗りした。

これほどの歴史的一大事なのに、ほとんど騒ぎもないのは驚くべきことだ。働く人々と貧困層の利益を六〇年間守ってきたことを誇る政党、民主党は、これをもって完全に右旋回し、リチャード・ニクソンも即座に拒否しただろう政策を受け入れた。もし五年前に誰かが、民主党の大統領と議会民主党の大多数は、フードスタンプを二〇〇億ドル以上も削り、合法移民を卑劣に攻撃し、子どもから最低限の経済的支援の権利を奪うような立法を支持するだろうと主張したら、彼は嘲笑されただろう。しかし、これがまさに起きたことなのだ。それに、民主党内のどこで激論が交わされただろうか？　大統領への非難や、デモや、政権からのあいつぐ辞任など、どこにあっただろうか？

崩壊の速度には息をのむばかりだ。わずか二年前の一九九四年、民主党は、ジョージア州選出のネイサン・ディール下院議員が起草した福祉改革法案を提出した。それは、民主党執行部がそれまで支持した福祉法案の中で、最も保守的なものだった（ところで、ディール氏はその後に民主党を去って、共和党員になった）。

しかし、テネシー州選出のジョン・タナー下院議員が提出し、一九九六年に民主党が支持した福祉法案に比べたら、ディール法案は人間らしい思いやりのお手本だったと言えるだろう。欠陥が多いとはいえ、ディール法案では、もし連邦政府が人々に福祉から抜け出してほしいなら、人々が福祉から移行しつつ子どもを守るために必要とする教育、職業訓練、育児支援を、政府が提供しなければならないということが前提とされていた。実際それは、フードスタンプや育児支援などの予算を**増やす**案だった。私はディール法案にかなり懸念を抱いてはいたが、最終的には、ほとんどの民主党議員と同じく賛成票を投じた。この法案は、貧困児童とその親の権利とニーズに対する連邦政府の支援を維持するものだったし、成立の見込みのある福祉法案の中では明らかに最良のものだったからだ。

あれから二年。ギングリッチが下院議長になり、貧困層に対するラッシュ・リンボーの野蛮な姿勢は両党に浸透した。今や民主党はタナー法案に傾いた。それはディール法案よりはるかに懲罰的な「改革」であり、フードスタンプ予算の二〇〇億ドル削減を要求するもので、多くの点で共和党案のミニチュアにすぎなかった。それは、貧困の原因は貧者にあるという立派な命題を受け入れ、その解決策として、この国の最も傷つきやすい人々への政府支援を打ち切ることを提案する。この法案は、共和党にとってはさほど反動的でもないもので、民主党議員一九五人のうち一五九人の支持を得た。結局、九八人の民主党議員が共和党の法案を支持し、それは賛成三二八、反対一〇一で可決された。重要なことに、比較的少数の白人民主党議員が、タナー法案に反対票を投じた――たった一〇人だが。反対票のほとんどはマイノリティの議員だった。

この法案成立に際して、共和党は人々の不安につけ込むだけでなく、無知を利用することにも成功した。アメリカの人々がどれほど政治に疎く無知であるか、褒められたものではない。一九九六年一月の『ワシントン・ポスト』の世論調査によると、副大統領の名前を言えたアメリカ人は四〇パーセントだ。六六パーセントは地元選出の連邦議員の名前を知らず、七五パーセントは地元選出の二人の上院議員の名前を知らない。また、回答者の四〇パーセントが、連邦政府歳出の最大の項目は福祉か対外援助だと思っている。この時、要扶養児童家庭扶助の予算は一四〇億ドル、つまり連邦予算の一パーセントだった。対外援助はもっと少なかった。

だから多くのアメリカ人は、国が財政均衡に向かうためには、福祉の削減が必要なのだと信じている。その一方で、共和党執行部が六年間で六〇〇億ドルほど軍事費を増やしていること、それは福祉の削減によって節約される額よりも多いということを知らないのだ。

共和党はアメリカ国民に、連邦政府の赤字は貧困層のせいであり、この二〇年間の、金持ちに大幅減税をし、軍事契約企業に大盤ぶるまいする一連の政策のせいではないのだと、信じ込ませることに成功した。それだけではない。彼らは、同情とか人間的共感とかは政府のやることではない、という見方を広めることにも成功した。支援を必要としている人々に手をさしのべることは、連邦政府の仕事としては不道徳で有害なことなのだと。

では、何をすべきなのか？　福祉を削減しろ。フードスタンプや栄養プログラムを削減しろ。住宅取得支援を削減しろ。医療を削減しろ。教育を削減しろ。燃料費補助を削減しろ。そんなことをするのは、有害な行為ではないか？　わがままで、残酷で、道徳に反するのではないか？　いや、そうではない。飢餓やホームレスや人間的悲惨を増やすことは、貧困層を手助けするやり方なのだ。

共和党はこうした途方もない議論をやってのけ、民主党はその目の前で崩れ落ち、人々はそれを鵜呑み（うの）みにする。組織的な反対がほとんどないからだ。児童保護基金や全米カトリック司教協議会など少数の組織が、子どもや貧困層のために声をあげた。しかし全体としては、沈黙が支配していた。

共和党が貧困層を攻撃できるのは、彼らがある明白な社会的事実を理解しているからでもある。貧しい人々の大多数は、選挙運動に献金せず、投票もせず、政治に参加しないという事実だ。実際、貧困層は今日の政治に対して、ほとんど全く関与していない。悪玉に仕立てられることを除いては。

貧しい人々は、共和党にとって格好の標的だ。生きるための奮闘がどんどん大変になって疲れ果て、組織化されておらず、反撃できない。福祉受給者の七割は子どもで、投票権がなく、市民的権利がほとんどない。まさに標的。樽（たる）の中の魚をねらうようなものだ。外しようがない。

ここにアメリカ政治の深刻なジレンマがある。低所得者が投票せず政治参加しないかぎり、彼らは悪玉に仕立て上げられる。しかし、二大政党が低所得者の問題を無視しつづけるかぎり、貧困層は政治などどうでもいいと思って、投票も政治参加もしない。当選する政治家は、彼らのニーズを無視しつづける。

低所得者の住む公営住宅を訪ねてまわる時に、人々がきっぱりとこう言うのを何度耳にしたことか。「投票には行きません。何の意味があるんですか? 私の利益なんか代表する人はいません」

話はそれるが、私が見たことをお話ししよう。

私がバーリントン市長だった時、投票率が二倍近くになった。なぜか? 私たちは、低中所得の人々のために立ち上がって闘うことを明確にし、そのとおり実行したからだ。多くの低所得者がそれを理解し、その結果、私たちを支持した。投票に意味があると思えば、貧困層は投票する。

この国の支配階級は、投票率を低くしておくことが、自分たちにとっていかに大事か、とてもよくわかっている。合衆国の選挙参加率は、他のどの先進国よりも際立って低い。一九九四年、ギングリッチとその仲間たちが権力を取った選挙では、アメリカ国民の三八パーセントしか投票しなかった。貧困層の圧倒的多数は投票に行かなかった。共和党にとって、あれはすばらしい選挙だった。ほとんど誰も投票しないうえ、金持ちがふんだんに献金してくれた。これが支配階級の好むたぐいの「民主主義」だ。

第三世界の国々では、政府に正統性がないと考えている政治組織が抵抗を試みる時、投票ボイコットを組織する。私たちの国では、投票ボイコットを組織することはできないだろう。なぜなら、組織されていないボイコットがすでにされているからだ。一九九四年の選挙では、六二パーセントの人々がボイコットした。

一九九三年に、クリントン大統領は、選挙人登録簡易化法案に署名した。それは低所得者が選挙人登録をしやすくなるものだった。登録申し込みが、運転免許証の申請時や、福祉事務所、職業紹介所、公共図書館などさまざまな政府機関の建物でできる。良い法案だが、投票しやすくするためにすべきことの全体から見たら、小さな一歩にすぎない。それでも、共和党はこの法案の成立の時には怒り狂い、共和党の州知事の多くは法律の実施をきっぱり拒否した。大変だ! 想像してみたまえ、貧乏人が選挙人登録している光景を。なんてこった。

しかし、次の戦争が起こったら、遺体袋に入って帰ってくるのは誰か? 手や足をなくして帰ってくるのは誰か? 戦争経験が原因で失業し、路上で寝起きすることになるのは誰か? それは、投票しない人々、共和党が絶対に投票させたくない人々の、息子や娘だろう。

この国の投票率が、カナダやヨーロッパの水準、つまり七〇~八〇パーセントに達すれば、アメリカ社会はかなり変わるだろう。いちばん大事なことだが、もし貧しい人々が投票で影響力を発揮するならば、彼らは、ある偉大な原則をしっかりと理解するだろう。すなわち、民主主義社会においては、彼らは他の人と同じく、この国の未来を決め、社会契約を結ぶ権利を持っているのだということを。力を実感するこの感覚そのものが、何百万もの人々の生活を変え、最終的には国全体をも変えるだろう。
貧困層が投票すれば、政府は、経済的不公正、医療、教育など、今日ほとんど無視されている問題に、もっと注意を向けるだろう。少なくとも、最近成立した福祉「改革」法案のような法律は決して成立せず、極右のはかない夢に終わっていただろう。共和党もこの点については私と同感だ。低所得者がもっと選挙や政治に参加するようになると、どういう結果になるか、彼らは充分わかっている。だから彼らは、いろいろ手を尽くして、そうならないようにしているのだ。

福祉、同性愛者や移民への攻撃、軍事費の増加、メディケイドや教育の削減。私が対処しなければならないことは、これで全部ではない。ヴァーモントに戻れば、この痛ましい現実と、選挙運動の対策とを、どうにか両立させなければならない。こちらの戦線で物事がどう進んでいるか、私はよくわかってはいない。

それは五月二一日のことで、私はワシントンにいた。ジェーンが悪い知らせを持ってきた。スーザン・スウィーツァーがテレビ宣伝を始めたというのだ。思ってもみなかった展開に驚愕した。ヴァーモントでは、五月にテレビ宣伝をするのはほとんど前例がない。過去三回の選挙では、私たちはテレビ宣伝を一〇月に始めていた。彼女の宣伝は、完成度の高い三〇秒広告だ。業界ではこれを「導入もの」と呼んでいて、見る人が彼女の生涯と考え方に親しめるようにつくられている。この宣伝は、ドレスナー・アンド・ウィッカー社という、一流の共和党メディア企業が制作している。

選挙運動のこの大きな進展にどう対応すべきか、私たちは何とか答えを見つけ出そうとするが、しかし、明らかなことがひとつある。スウィーツァーがすでに巨額のカネをテレビに投じたということは、彼女はかなりのカネを集める自信があるに違いないということだ。彼女は一〇〇万ドルを集められたのか？　アメリカ企業界は、そんなにも私を排除したがっているのか？　全米ライフル協会などの「独立支出」の形で、これから彼女がほぼ確実に得る追加の支援はどうなのか？　スウィーツァーのテレビ宣伝に関して、真っ先に思ったのは、私たちは資金集めの取り組みを加速したほうがいいということだ。厳しい、カネのかかる闘いになりそうだ。動きだしたほうがいい。

早くテレビ宣伝を打つべきか、それとも待つべきか。それが大問題だ。一九九四年の選挙戦で、共和党の対立候補ジョン・キャロルは、八月末にテレビ宣伝を打ちはじめた。私たちはそれを「早い」と見て、対応しないという誤りを犯した。こちらから何の反論もないまま、まる一カ月もメッセージを発信する期間を、彼に与えてしまったのだ。この誤りをくり返すつもりはないけれど、しかし選挙の五カ月も前にテレビ宣伝を検討するのはおかしな話だ。こんなに早くテレビ宣伝を打つつもりはなかったし、そうする資金もなかった。

スウィーツァーのテレビ宣伝にどう対応すべきか、この問題に対する答えは、私たちが依頼した「基調」世論調査によってほぼ与えられることとなった。この年、たいへん不本意ではあったが、私は人生で初めて、ワシントンの世論調査専門会社、ベネット・ペッツ・アンド・ブルーメンソールにお金を払って、ヴァーモントの有権者の中での私の強みと弱みを徹底的に調査するよう依頼した。これはたいていの政治家にとっては普通のことだが、私たちは、進歩派の運動内の世論調査はたくさんやってきたものの、こういうことは全くやったことがなかった。世論調査費は一万五千ドルで、私にとってめまいのするような金額だ。

私たちは世論調査員と協力して、回答者との三〇分の面接で質問する内容をつくるのを手伝った。対立候補が私に反対する時に用いいそうな議論を投げかけて、人々がどう反応するかを見るのだ。こういうやり方で、どこが私の弱みで、どこが強みかを知る。また、世論調査に「当落予想」を入れて、私たちがスウィーツァーに対してどれぐらいうまくやっているかを見る。

手短に言うと、基調世論調査の結果は、たいへん励みになるものだった。実際、デーヴ・ペッツと共に調査結果を分析したコンサルタントは、こんな結果は見たことがないと言った。彼らは長年、世論調査を見てきたのに。どういうことかというと、要するにヴァーモントの人々は、私のことをよくわかっているのだ。私の見解に賛成の人もいれば、そうでない人もいるけれど、みんな私の立場を知っている。世論調査員が驚いたのは、実にたくさんの回答者が私のことを、有権者に対して正直で率直であり、自ら正しいと信じることのために闘っている人だと考えていたことだった。私のことを典型的な政治家と見なしている人はほとんどいなかった。

いちばん興味深かったのは、この世論調査が示すところでは、スウィーツァーが私に反対して用いそうな議論や攻撃の中で、有権者の考え方を変える効果を持つものはほとんどなさそうだということだった。直接対決の「当落予想」で、私たちは二七ポイントもリードしていた。彼女の良い印象をふりまくテレビ宣伝が二カ月も放送されていたのに、スウィーツァーに対する反対は予想以上に高かった。

正直、あまりに良い結果なので、この世論調査は信じられないような気がした。いくら調査員たちがプロで、高く評価されているとはいってもだ。しかし、これで私は確信した。まだテレビ宣伝にお金を費やす必要はない。本当にお金が必要となる選挙戦終盤のために、大事にとっておこう。

この頃に、ベッカー世論調査が発表された。企業界とヴァーモントの大手テレビ局が依頼しておこなった、州規模の大きな世論調査だ。この調査は、私たちが二〇ポイント上であること、またスウィーツァーに対する反対が高いことを示していた。なぜスウィーツァーがうまくいっていないのか、誰にもよくわからなかった。彼女はテレビ宣伝に八万ドルを投じているのに、私が大きくリードしたままで、彼女への反対が増えつづけている。とても不思議だが、私たちにとって不満ではない。

私たちの当面の戦略は、適度に大人しくして、つまらない間違いをしないよう心がけ、それから選挙戦の終わりに向けてスパートをかけることだ。スウィーツァーは富裕層の支持者からたくさん献金をもらい、放送権を買うだろうが、それに対して私たちにできることはあまりない。私は、二、三カ月前に予期していたよりも自信を持てるようになった。

選挙戦の手始めに、以前の取り組みよりも改善しなければならないことを三つに定めた。第一の目標は、私の夢から生まれたものだ。政治に理解のある一千人の人が、私たちの運動の一環として、ヴァーモントじゅうで支持を訴えてまわるのを見てみたい。一千人がそれぞれ二〇〇戸をまわれば、州内すべての世帯を訪問できる。正直、これはありそうもないことだ。わかっている。でも、見るに値する夢だ。

多くの人は、テレビのニュースにあまり注意を払わないし、新聞を読んだりラジオを聞いたりもしない。政治のプロセスに積極的に関わっていない。トレーラーハウスのキャンプ場や、低所得の地域では、特にそうだ。戸別訪問の取り組みがめざすのは、何千人ものヴァーモント住民と直接対話することを通じて、政治的な考えをまっすぐ玄関へ、できれば居間の中へと届けることだ。私が思うに、政治的課題について議論でき、有権者の心配事に耳を傾けられる、頭も性格もいい戸別訪問者というのは、どんなテレビ宣伝よりも効果的だ。民主主義社会の選挙運動は、多大な教育的側面を持つべきだ。この考えを、私は決して捨てはしない。

何カ月か前に、ピーター・ベイカーとアシュリー・ムーアという二人の若者が、私たちの選挙事務所にやってきて、仕事を求めた。二人とも、オレゴンの環境団体で働いていた時に、戸別訪問をたくさん経験していた。彼らは聡明で精力的だった。まさに私が求めている人たちだ。当初は二人とも、指定された町で、自分たちだけで戸別訪問するつもりだった。しかし、しばらく後に、フィル・フィアモンテとトム・スミスが、いろいろな町で現地ボランティアを組織して、ピーターとアシュリーと一緒に出かけられるようにしてくれた。

戸別訪問者は、地域の一戸一戸に、選挙運動の宣伝物を持っていく。不在の時は、リーフレットを置いていく。支持者に出会ったら、「バーニー96」の自動車用ステッカーをあげる。これは州じゅうのたくさんの車に見かけるようになった。彼らは、看板を立ててくれる住所を集める。一千人以上の人々が、看板を立てたいと言ってくれた。投票日は何カ月も先なのに、これは驚くべき成果だ。彼らは支持者をボランティアに登録する。人々を選挙人登録させる。さらに、有権者からの質問を持ち帰ってくる。私たちはそれに答えようと試みる。

戸別訪問者は、支持者たちに新聞への投書をお願いする。その結果、社説面〔の読者投稿欄〕には、私を支持する投書が、かつてないほど多く寄せられた。時に彼らは、「バーニーを議会へ」と書かれたTシャツまで売ってしまう。おまけに、選挙運動に献金してくれる支持者が出てくる。こちらで五ドル、あちらで二〇ドル。それが積み上がっていく。さらに、とても大事なことだが、毎晩の戸別訪問によって、人々が選挙戦と争点についてどう感じているのか、直接に知ることができる。

セント・オルバンズで昨夜、地域をよく知っている四人の現地ボランティアが、ピーター、アシュリー、あと一人のスタッフと一緒に出かけた。小さな町での夜の戸別訪問に、七人がいたということだ。これは存在感がある。セント・オルバンズの人々は、サンダースの選挙運動がこの町でおこなわれていることを知る。すばらしいことだ。今夜は、五、六人がウィリストンの郊外の地域に出かける。毎日いろんな市や町で取り組みが続いていく。もっと小さな町では、三、四人いれば、一晩ですべての家を訪問できる。

戸別訪問をすることで、人々は、サンダースの選挙運動と交流する機会を、新たな形で得ることになる。仮に私が、毎週三日か四日はワシントンから戻ってきて、ヴァーモントのすべての地域を訪ねようと断固努力したとしても、何万もの人々が私に会うことなく終わるだろう。だから、私たちがチラシを渡し、人々を選挙人に登録し、車のステッカーを配り、立候補のための署名を募り、お金を集めている時、実は私たちは、何よりも大事なことをしているのだ。それはつまり、人々と直接対話することだ。運動を起こそうと真面目に考えるなら、外に出て、政治の会話をしなければならない。私たちはこれまで充分にやってこなかったが、今は前よりうまくやっている。戸別訪問の取り組みは、私にとって、なんだかとても刺激的だ。

たぶん、ここまでの選挙運動での私にとっての山場は、フィル・フィアモンテが数週間前に、州都モントピリアで開いてくれた会合だ。その目的は、ボランティアを呼び集めて、彼らが選挙運動で果たしうる役割を議論することだった。七五人が参加して、どうしたら選挙運動員として力を発揮できるかを学んだ。すごい人数だ。

真面目に選挙運動に取り組む時、必ず直面する課題のひとつは、どうやってボランティアを有効に扱うかということだ。やりがいのない無意味な「暇つぶし」の仕事を与えたら、彼らはもう戻ってきてくれないだろう。自分の時間を無駄にしたい人などいない。電話かけが嫌いな人に電話を頼んだら、去って行ってしまうだろう。選挙運動がうまくいくのは、ボランティアたちを、彼らが楽しく興味を持ってできる仕事に結びつけた時なのだ。私たちはみんなに、戸別訪問をしてもらう必要がある。お祭りや街角に設けたブースを管理してもらう必要がある。チラシを配り、電話をかけ、バーリントンの事務所で働き、郵便物を出し、コンピュータを動かしてもらう必要もある。秋には、支持者に地域事務所を手伝ってもらう必要もある。やるべき仕事がたくさんあり、この会合はボランティアにそれをさせるためのものなのだ。

低所得の人たちの参加が多くて、驚いたし、うれしかった。この人たちにとって、ギングリッチの政治は、知的議論の問題ではない。食卓の食べ物、医療、教育、メディケア保険料といった、生死に関わる問題なのだ。フィルが会合のアイディアを提案してきた時、たいへんな手間がかかりそうだし、どうかなあと私は思っていた。それは間違いだった。私たちは、すばらしい人たちを選挙運動に引き入れつつある。

労働者階級と低所得者のボランティアを今までよりたくさん得ている一方で、長らく私たちの運動の主力だった進歩派の間では、かつてほどの熱狂と支持を生み出せていなかった。私は不満ではない。新しいボランティアはよく働くし、自分たちの地域のことをよく知っている。

私が設定した第二の目標は、ヴァーモントでのダイレクトメールをもっとうまくやることだった。これは無所属である私にとって、民主党や共和党よりもたいへん不利な分野だ。しかし、これまでの実績よりも大きく改善すべきであることは間違いない。

ダイレクトメールは、二五万人の有権者とそれで対話しようと思ったら、とても費用のかかる仕事だ。前回の選挙運動で私たちは、約三万五千通を、狩猟者にねらいを絞って送付した。銃の問題をそこで扱うことで、全米ライフル協会からの激しい反対に対抗するためだ。これまで、共和党は州の全世帯にダイレクトメールを送ってきたし、民主党もそれに負けていなかった。いずれの党も公認候補者全員を応援するので、州か全国の党組織が費用を負担してくれる。私たちはすべて自前の選挙運動基金から捻出しなければならない。

この年、私たちは手際よく、早めに開始した。すでにある資源を利用した。ヴァーモントでは、専門家や職業集団の多くは、州に登録しなければならない。その一覧は無料で公開されており、コンピュータ上で見ることができる。これを使って、八月中旬までに九万五千人のヴァーモント住民にダイレクトメールを送ることができた。

私たちの行動計画は複雑なものではない。いろいろな業界内の有名人に、私を支持する手紙を書いてもらい、それに私たちの一般的な文章と、献金振り込み用の返信封筒を同封して、大量に送付する。一通あたり一八セントだ。そして、刺激的な発見をする。この郵送業務は、ほぼ元が取れるのだ。送ったうちのいくつかが、実際に収入をもたらした。言い換えれば、私たちは、費用をかけることなく、ヴァーモントの人々に大量の郵便物を送ることができたのだ。これまでに、州内の医者、弁護士、教師、看護師、理学療法士、指圧師、農家、大学教授に手紙を送った。今、私たちの手元には、高齢者や環境保護活動家のリストがある。

大量の郵便物が成功したことで、私たちはもっと大胆なやり方を思いついた。前回の選挙でうまくいった地区を選んで、そこの全世帯に郵便物を送ったらどうなるだろう、とブレーンストーミングでひらめいたのだ。さて、最初のいくつかの試みの結果は、上出来なことに、かかった費用をまかなうのに必要な一パーセントの返信を得つつある。この郵送方法の長所は、「郵便顧客」の住所を使えること（つまり、指定した住所にではなく、すべての住所に届くこと）だ。いちばん割安な郵送方法だ。欠点は、郵送した相手の多くが投票をしないことだ。しかし率直に言って、私たちにとって、これはさほど問題ではない。これらの人たちと連絡を取ること自体が、私たちの望みでもあるのだから。

こうして、私たちの郵送の取り組みは、全体として、これまでにないほどうまくいっている。より多くの人と連絡を取り、より多くのお金を集め、より多くの支持者を選挙運動に引き入れている。選挙活動のこういうところに、私はとてもわくわくする。

選挙戦を闘うには、あらゆることに精通していなければならない。郵便でのお願い、ダイレクトメール、郵便料金、通勤時間帯のラジオ宣伝枠の購入、選挙パンフレットの執筆とレイアウト、印刷費用の概算、バッジと自動車用ステッカーの購入、ラジオ宣伝の台本づくり、テレビ宣伝枠の調整。真面目な話、選挙運動というのは、演説したり討論会に姿を見せたりするだけのものではないのだ。

私たちの第三の目標は、電話をもっとうまく使うことだ。ええ、いつもすいません。私たちは、人の反感を買うあの活動にも勤（いそ）しんでいる。投票依頼の電話かけだ。ほとんどの議員候補者や政党は、サウス・ダコタなどの遠方にある電話セールス専門会社にお金を払って委託することが多い。私が思うに、こうした会社の立地の理由は、電話スタッフに「なまりがない」こと――ヴァーモントの人は、アラバマなまりのある電話かけに良い印象を持たないだろう――、それから賃金が安いことにあるのだろう。こうした会社が雇っているたくさんの労働者は、ひたすら機械的に電話番号を押し、同じ宣伝文句をくり返し、結果をコンピュータに打ち込むだけだ。「ええ、私は何があってもジョーンズ議員に投票しますよ」。これは強い支持者。「さあ、私は誰が立候補しているのかも知りません。今年は選挙があるんですか?」未決定、と。

何年も私たちは、電話かけを州内でやるのと州外でやるのと、それぞれの長所と短所を議論してきた。電話セールス専門会社による電話かけの明らかな長所は、彼らは必ずやりぬくということだ。お金さえ払えば、五万件でも一〇万件でも、金額次第でいくらでも電話してくれる。そして、有権者IDごとの反応を専門家がまとめて、明快に返してくれる。費用はかかるが単純だ。

このやり方の欠点は、電話をかける人が、自分のしていることに無頓着(むとんちゃく)なことだ。彼らはヴァーモントを知らないし、バーニー・サンダースを知らないが、それらは間違いなく話題に上る。また、うまくいけば、電話かけはボランティアにとってすばらしい活動になる。ヴァーモント州ハインズバーグに住む支援者にとって、隣人に電話をかけて選挙の話をしてみることの持つ効果は大きい。これは間違いない。しかし、大量の電話かけを頼めるぐらい、たくさんボランティアを集めるのは難しい。多くの人は、もっともなことだが、知らない人に電話をかけるのが好きではない。また、電話かけが専門でない人が、コンピュータを使わずにやるので、結果のまとめが乱雑になる時もある。

多くの議論を経て、私たちはあらためて、電話かけは州内でやることに決めた。登録有権者の電話番号のリストを手に入れて、ボランティアに渡さなければならない。選挙事務所用に電話機をたくさん注文しなければならない。そして最善を尽くさなければならない。この段取りにあたってトム・スミスは見事な仕事をしており、私たちは前回の選挙よりも良くやっている。しかし、今なお私たちは苦戦している。電話かけをするのはいつも三、四人しかいない。やりますと言ってはくれるが、来てくれない。電話かけ運動が全体としてどれほど成功するかは疑わしい。前回の選挙よりは良くなるだろうが、すごく良くはならないだろう。

ひとりぼっちの働きでは、達成できることに限界がある。このことがわかるためには、何も政治の天才である必要はない。民主党員には党がある。共和党員にも党がある。私は無所属として二大政党制の外にいたから、政治的経歴の全部を通じて、社会的公正のために闘う進歩的運動に人々を集めることに、懸命に力を尽くしてきた。

初めてバーリントン市長に選出された時、私は、進歩的な方針を実行するためには、成果をあげられる強力な政治運動が絶対に必要だとわかっていた。バーリントンの進歩派たちと協力して、バーリントン進歩派連合を結成した。これは市内では、ここ一五年間、事実上の政党として存在した。この間、進歩派連合は、二人の市長と、何十人もの市議会議員と教育委員会委員、そして四人の州議会議員を輩出(はいしゅつ)した。

州規模では、私たちは正式な第三政党をつくってはこなかった。しかし私は、ヴァーモント州の進歩的運動をつくりだすために、たくさんの人と一緒に活動してきた。この運動の特筆すべきところは、数年の間に、州議会議員の候補者を何人も出したことだ。

一九九一年に連邦議会に進出した時には、明らかに、そこに働いている力学が、ヴァーモントとは大きく異なっていた。私は議会でただ一人の無所属だった。二大政党制の外にいるのは自分だけだった。次の二年にそれが変わるとも全く見込めなかった。議会にいるのは、共和党、民主党、私。これで全部だ。この現実をふまえて、私は自分が果たしうる政治的役割を一生懸命考えた。

議会に進出してまもなく私は、経済的公正のためにもっと効果的に闘えるよう、議会で最も進歩的な議員たちを結集することを決意した。議会にはすでにいくつかの議員団があり、なかには優れた仕事をしているものもあった。しかし、アメリカの働く人々のニーズに取り組む進歩的方針のために、はっきりと闘っているグループはなかった。

何年か経ってわかったのは、議会でいちばん進歩的な立場を表明してきたのは、黒人議員団だということだった。何十年もの間、彼らは、黒人社会のニーズのためだけでなく、あらゆる人種の低中所得者のニーズのために闘い、優れた仕事をしていた。

私は市長時代に、黒人議員団が毎年提案する「もうひとつの予算案」を知ることになった。この文書で彼らが示したのは、議会の予算配分の優先順位を変えれば、手ごろな住宅、地域と都市の開発、医療、教育、低中所得アメリカ人の一般的ニーズのための予算がどんなに増やせるかということとだった。「もうひとつの予算案」は、議会の優先順位が道徳的に破綻していることを、とても単純かつ有効なやり方で暴いていた。これはすごい構想であり、国じゅうの政治活動家によって広く利用されていた。何年もの間、黒人議員団は、事実上、議会で唯一の進歩的議員団だった。

しかし、議会の進歩派は黒人だけではなかったので、私は、白人も黒人もヒスパニックもアジア系も、男性も女性も、あらゆる進歩派が集まる議員団をつくって、道理のある優先順位を求める闘いに一緒に立ち上がれるようにすることが、前進のための重要な一歩になると考えた。

明らかに、黒人の議員団は黒人社会の、ヒスパニックの議員団はヒスパニックの、女性の議員団は女性の特有のニーズに、いつも注意を向けるだろう。しかし進歩派議員団は、イデオロギーと階級を基礎として、まともな生活水準を得るために闘うあらゆるアメリカ人を代表するよう努めるだろう。私は何人かの友人に、進歩派議員団のアイディアについて意見を聞いてみた。

最初に対話した議員の一人は、カリフォルニア州選出のロン・デラムズだった。ロンは合衆国議会の偉大な英雄の一人だ。二〇年にわたって、世界平和と社会的公正を求めて闘う指導的な発言者だった。彼はバークレー地区から選出され、ヴェトナム戦争への反対や、人種主義との闘いによって、すでによく知られていた。彼は毎年毎年、公正のために闘いつづけてきた。

オレゴン州選出のピーター・デフェイジオとも話した。彼は、私が一九九〇年に出馬した時、私を支持してくれた二人の議員のうちの一人だ（もう一人はバーニー・フランク）。私は当時、ピーターをよく知っていたわけではなかったが、それ以来、とても親しい友人になった。彼はオレゴンの田園地区を代表しているが、そこは多くの点でヴァーモントと似ている。私たちは多くの課題について、同じような立場から接近することとなった。ピーターはとりわけ、企業優遇との闘いや、貿易と環境の問題に、力強く取り組んできた。

対話をした中には、ヴェトナム退役軍人でイリノイ州選出のレーン・エヴァンスもいた。彼は、最も徹底的な反レーガン投票の記録を持つ議員の一人だった。レーンは、ペンタゴンが枯れ葉剤の大失敗を隠していたことを暴く取り組みの指導者として全国的に知られ、また在職期間を通じて退役軍人の声を代弁してきた（彼は良い家主でもある。私は彼の家の地下に住んでいるのだ）。

最後に、私はカリフォルニア州選出のマクシーン・ウォーターズに働きかけた。彼女は私と同じ期に議会に進出し、銀行委員会で私の隣の席だった。マクシーンは、カリフォルニア州議会下院の有力な進歩派議員だった時に、低所得者を代弁する熱い議員として有名だった。彼女は低所得者の住宅団地の生まれであり、自分の出自を忘れはしなかった。

私たち五人は協力して、進歩派議員団をつくった。数年をかけて、このグループはゆっくり着実に成長し、私たちの最大の闘い――ニュート・ギングリッチとその反動的な「アメリカとの契約」に対する闘い――が起きた時までに、五二人にまで強化された。私は一九九一年にその議長に選出され、それ以来この地位を保っている。

創立メンバーに加えて、進歩派議員団で活動している議員には、メジャー・オーウェンズ、モーリス・ハインチー、シンシア・マッキニー、ニディア・バラックエス、リン・ウールジー、ボブ・

フィルナー、ジェリー・ナドラー、エレナー・ホルムズ・ノートン、バーニー・フランク、マーシー・カプチャー、ジェシー・ジャクソン・ジュニアなどがいる。

一九九二年一〇月、癌登録法がブッシュ大統領の署名によって成立した時が、私が議会に来て初めて重要な立法を手に入れた時だった。議会は時々、期待されているとおりの働きをすることがある。一般市民が、ある問題に取り組むために新しい法律が必要だと考え、自分たちの選んだ代表に働きかけ、その提案が法律へと形を変える。癌登録法はこうして生まれた。

一九九一年、ヴァーモントの多くの女性が、ある心配を抱きはじめた。ヴァーモントでは乳癌による死亡率がきわめて高く、他の州と比べても際立っている。なぜなのか？　どうすればいいのか？　三人の乳癌経験者——癌との勇気ある闘いの後に亡くなったジョアン・ラスゲブと、パトリシア・バー、ヴァージニア・ソッファー——がさきがけとなって、ヴァーモントの女性たちは、州内での力強い啓蒙（けいもう）活動と、何千人もの署名を集めた請願運動をおこなった。彼女らが要求したのは、全国的な癌登録の確立だった。

私がこの女性たちから学んだのは、合衆国は、癌を患（わずら）った人、その居住地、職業、治療内容、治療効果に関する全国共通の統計を取ることにおいて、他のほとんどの主要国よりはるかに遅れているということだった。研究者が、癌の原因と最も効果的な対処法について、もっとよく理解しようと思ったら、より多くの情報が必要なことは明らかだ。

ある特定の癌が、カリフォルニアよりもヴァーモントに多く見られることは、何を意味するのか？　癌と環境悪化との関連は？　ある特定の仕事で働く人々は、その他の仕事で働く人々に比べて、ある特定の癌を患う可能性が高くなるだろうか？　ごみ埋め立て場や焼却場の近くに住む人々は、癌にかかる可能性が高くなるだろうか？

全国共通の統計があれば、食事と癌との関係や、生活習慣と癌との関係について、もっと多くのことがわかるのではないか？　ある特定の癌が多い地域を、もっと発見できるのではないか？　ある治療法の治癒率を、別の治療法と比較するうえで、信頼できる全国統計はあるのか？

三人に一人のアメリカ人が、何らかの癌を一生のどこかで患うと見込まれる以上、これらの問題はものすごく重要なものだ。私はこの問題を、ヴァーモントの女性たちから学んだだけでなく、石油・化学・原子力労働組合の組合活動家たちからも学んだ。この組合に属する人々は、健康に害のある大量の物質に身をさらして働いている。しかし、組合に属する労働者が癌にかかっている割合や、その癌の種類について、雇い主から情報を得るのがとても難しいのだ。国じゅうの労働者が、これと同じような壁に阻(はば)まれている。

この問題は私にとって特に重要だ。なぜなら、私は長らく予防医療に関心を持ってきたからだ。この国は医療に毎年一兆ドルを費やしているが、そのほとんどが、治療に向けられている。癌であれ、心臓病であれ、普通の風邪であれ、予防のために費やしているお金は、比較的わずかなのだ。長い目で見れば、私たちは病気の原因をよりよく理解することによって、人の苦しみだけでなく、費用もかなり減らすことができる。

調査に取りかかったところ、効果的な癌登録をしているのは一〇州しかないことがわかった。また、国立癌研究所がいくつかの全国統計を表にまとめていたが、そこでは人口の九〇パーセントが無視されていた。一九九二年の初めに私は、癌登録改善法案を提出した。この法案は後に、私のヴァーモントの同僚であるパトリック・リーヒー議員が上院に提出した。私のスタッフの一人、ケイティ・クラークの見事な働きのおかげで、私たちは国じゅうの医者や医療機関から強い支持を得た。それから、私たちに幸運がめぐってきた。

一九九二年六月発行の『リーダーズ・ダイジェスト』は、スローンケタリング癌研究所のジョン・H・ヒーリー医師による記事、「アメリカが最も必要としている癌対策の武器」を巻頭に載せた。それで、この武器とは何か？　一九九二年癌登録改善法案を成立させることだ。『リーダーズ・ダイジェスト』はさらに、『ニューヨーク・タイムズ』などの新聞に、この記事について論じる全面広告を出した。こんなにいい宣伝はない。まもなく、立法を支持する手紙が議会に殺到した。

この法案は次第に支持を得ながら、委員会審議を進んでいった。不運にも、会期の最終盤に入りつつあり、下院で票決に入る前に時間切れになりそうだった。そうなったら、私はまた最初からやり直さなければならない。それも再選されたらの話だ。

会期の最終日の夜、議会は閉会に向けて突き進んでいた。立法プロセスのこの時点では、法案が通過するには「全会一致」しかない。討論や票決をしている時間はない。法案が通過するには、両党の院内総務の支持を得たうえ、議員が誰も反対せず、審議さえ望まないことが必要だ。「全会一致」に異議があれば、この法案はおしまいだ。

朝の四時、私は、どうしたら法案を議題にして全会一致を得られるのか、必死に考えていた。民主党は議題にすることを受け入れるかもしれないが、共和党の院内総務はカリフォルニア州選出のウィリアム・ダンネメイヤーで、議会でも最右派の一人だ。彼が一言「反対」と言えば、それで会期は終了だ。率直に言って、私ひとりでダンネメイヤーと交渉したら、この法案はかえってダメになってしまうと思った。彼と私は、ほとんどのことで意見が一致しないのだ。

私のヒロイン、窮地(きゅうち)を救ってくれたのは、オハイオ州選出のメアリー・ローズ・オーカー下院議員だった。私と同じ銀行委員会の一員だったメアリー・ローズは、文字どおり私の手を取り、議場の外にある共和党のオフィスに私を導いた。そこで私たちは共和党のスタッフと、この問題について話し合った。彼女は個人的に、ダンネメイヤーら共和党議員に働きかけ、確かダンネメイヤー夫人に電話までしようとしていたと思う(本当にやったかは覚えていない)。いずれにせよ、会期最終日の夜明けに、法案は発声投票で、反対なく承認された。私は眠かったが、幸せな議員だった。確か、癌登録改善法案は、第一〇二議会の下院を通過した、最後から二番目の法案だったと思う。今日、この法律と五千万ドルほどの予算によって、アメリカのほぼすべての州が効果的に癌登録をしており、研究者はそのデータから有益な情報を得ている。

一九九二年は、二人の共和党員が、本選挙で私と闘う権利を得るために競争していた。右派のキリスト者連合系のティム・フィルビンと、州で二番目に大きい市であるラトランドの保守派市長、ジェフ・ウェンバーグだ。有力な民主党候補者は参戦しなかった。ブラトルボロのあまり有名でない候補者、リュー・ヤングが、民主党の予備選挙に出た。

フィルビンとウェンバーグは、それぞれ強みを持っていた。フィルビンは精力的に演説をやる人で、保守層の草の根からの支持が強かった。他方、ウェンバーグは経験豊富な政治家であり、既存体制からの候補者として、金持ち団体から豊富な資金を受けることになっていた。

共和党の予備選挙はフィルビンが勝った。彼はそのイデオロギーに従って、女性が妊娠中絶をする権利に対しては、近親相姦やレイプによる妊娠の場合でも反対していた。ヴァーモントでは、州内のすべての役職者が、女性の選択権〔妊娠中絶をする権利〕を支持していた。これが州の一般的な意見であることは明らかだった。しかも、さまざまな課題について、フィルビンの見解は、ヴァーモントの支配層の共和党とは大きく違っていたため、彼らからの支持がほとんどなかった。

一一月三日に、私はヴァーモント州選出の連邦議員に再選された。結果は、サンダースが五八パーセント、フィルビンが三一パーセント、ヤングが八パーセントだった。

6

ヴァーモントじゅうを歩きまわって

サンダース一家。妻ジェーンと、いちばん幼い孫ディランに挟まれて、私はうれしそうだ。

先月、『ラトランド・ヘラルド』は、妊娠中絶に関する私とスウィーツァーの意見をくわしく比較したダイアン・ダービーの記事を掲載した。私の立場は、妊娠中絶をするかどうかの女性の決定は私的なものであり、この原則は、所得を問わずすべての女性に当てはまらなければならないというものだ。スーザン・スウィーツァーは「穏健な」共和党員であり、自分は妊娠中絶について女性の選択権を支持する側だと言っている。一見すると、私の考えと同じように思える。しかし、大きな違いがそこにはある。スウィーツァーは、妊娠中絶にメディケイドを利用することに反対しているのだ。彼女は女性が妊娠中絶する権利を支持しているが、それは女性がその費用をまかなえる場合に限っての話なのだ。だから、私たちの考えは似ているように見えても、二人の間にはとても本質的な違いがある。ヘラルド紙の記事は、そのことを明らかにした。

残念なことに、候補者の立場の違いをくわしく論じる真剣な記事は、とても珍しい。選挙戦のゴシップばかりでなく、こういう記事がもっと必要なのだが。

女性の問題に関して、今までの選挙で満足していることのひとつは、私たちが女性や女性団体から強い支持を勝ち取っていることだ。それも、性暴力被害者の権利を求めて活躍してきた女性候補者が相手なのに、そうなのだ。毎回の世論調査で、「性差による違い」がとても大きいことが示されてきた。私たちは、女性の間では二対一でリードしている時に、男性の間ではかろうじて勝っているという具合なのだ。私たちは、全米女性機構、妊娠中絶権擁護全国連盟、実業家・専門家女性連合の支持も受けている。スウィーツァーは全米女性政治会派の支持を得ているが、これは女性候補者だけを支持する組織だ。

長年にわたって私たちは、女性の権利を求める闘いに、とても大きな役割を果たしてきた。私は女性問題については一〇〇パーセント投票してきた記録を持っているだけでなく、女性の健康やドメスティック・バイオレンスの問題に懸命に取り組み、実績をあげてきた。ヴァーモントの女性たちはそのことをわかっている。しかも、多くの女性は、次のこともちゃんとわかっている。妊娠中絶を禁止する憲法修正を求めたり、母子家庭などの女性が多い低所得労働者やメディケア受給者を攻撃したりする政党を支持する候補者は、なかなか「女性の味方」になれるものではないということだ。

おおっと。私が『ウォール・ストリート・ジャーナル』の論説のネタにされてるぞ。最悪だ。内容もアホだし、写真もひどい。アメリカ企業界を代弁する『ウォール・ストリート・ジャーナル』が、なぜヴァーモントのおじさんの議会選挙を気にするんだ？　もっと大きなことを気にしたらどうなんだ？　そう、実は彼らは、私に関心があるのではなくて、もっと大きなことに気づいているのだ。

「わが国で公式に選出された最も地位の高い社会主義者」と私を呼ぶその記事で、『ウォール・ストリート・ジャーナル』は、民主党の全国組織とクリントン大統領が、ジャック・ロングを支持していないことを嘆いている――ジャック・ロングは民主党からの候補者なのだが。ほら見ろ、私がずっと言ってきたことじゃないか、この鋭敏なる論説委員たちが示しているのは。クリントンや民主党員たちは、自分は「穏健派」だと言っているが、いざ穏健な民主党員と社会主義者のどちらかを選ぶとなったら、どちらを選ぶか?

そう。世論調査で六パーセントの支持しかない、誰も聞いたことのない候補者よりも、現職で、当選の見込みがあり、ギングリッチへの対抗を主導する議員を支持するのだ。驚きだ。クリントンやその仲間たちは、あまり進歩的でないかもしれないが、間抜けでもないわけだ。おもしろいことに、これは極右で統一教会系の『ワシントン・タイムズ』の論説が数週間前に取り上げた話題と全く同じだった。私は考えてみた。これは共和党による全国的な赤狩りキャンペーンの前ぶれか? クリントンがいかに社会主義者を支援しているかという三〇秒のテレビ宣伝を、アメリカじゅうで目にすることになるのか?

もちろん、私は長年にわたって、ヴァーモントの進歩的な民主党員の支持を獲得してきた。議会では、シェリル・リヴァーズ、リズ・レディ、ディック・マコーミックのような民主党員と力を合わせて、多くの重要な問題に取り組んできた。違いはあるけれど、できるところで協力することで、お互いの強みを生かすことができ、それがヴァーモントのためになるのだということがわかった。

一般的に言って、『ウォール・ストリート・ジャーナル』で報じられることを、私は気にとめない。ヴァーモントの人の九八パーセント以上は『ウォール・ストリート・ジャーナル』を読んでいないだろうし、読んでいる人の大半はどのみち私に投票しないだろう。だから、この論説そのものにあまり意味はない。しかし、こういった形で全国紙に取り上げられると、ヴァーモントで政治の時事ネタとして注目されてしまうことがある。『ウォール・ストリート・ジャーナル』がヴァーモントを取り上げたという事実そのものが、州ではニュースになるのだろう。

記事が出てからすぐに、『ウォール・ストリート・ジャーナル』の分析はヴァーモントのメディアに取り上げられ、私の事務所には、いま話題の「ジャック・ロング問題」について、数えきれないほどの電話がかかってきた。「サンダースはヴァーモントの有力な民主党員の支持をたくさん得ているのに、民主党員のジャック・ロングがそれを得ていないのはなぜなのか?」（私の知るかぎり、彼への支持を表明した有力な民主党員はディーン知事だけだ）。私が一九八八年、一九九〇年、一九九二年、一九九四年にも民主党員の幅広い支持を得てきた事実は忘れられて、また同じ話をくり返すことになる。

議論のあり方もおかしなものだ。その候補者というのは、立候補を表明してからまだ自分の政策的立場を説明する記者会見も開いておらず、選挙資金も集めておらず、世論調査で四～八パーセントの支持しかない候補者だ。それでいて、いったいなぜ民主党はこの候補者を支持しないのか、これこそ解明されるべき興味深い問題だというのだ。浅はかな専門家たちの発言が、くり返しくり返し流される。『バーリントン・フリー・プレス』などに次々に記事が載り、この問題は、州最大のテレビ局の関心を引くこととなった。

WCAXテレビは、『ウォール・ストリート・ジャーナル』についてのコメントを求めてきた。私は時事ネタを議論することに、特に興味はない。今までほとんど話したことのないものを、どう話せというのだろう? だが、ひとつ取引してみよう。もし何か本質的なこと、本当に関心を持ってもらえるはずのことについて、一言述べてもいいのなら、この要請を引き受けようではないか。「私が最近出した報道用発表について述べさせていただけるなら、あの論説についてお話ししましょう」と私は言った。私の報道用発表とは、ペンタゴンの政策を批判したものだ。国防総省が何十億ドルもの契約業務を外国に下請けに出しているが、これらの仕事は国内で、アメリカの労働者によっておこなわれるべきだという趣旨だった。同じ時期に、軍需産業は何万人ものアメリカ労働者を解雇しており、とりわけ軍需工場がいくつもある州にとっては大きな懸念だった。記者から返事が入り、話がまとまった。テレビ局は『ウォール・ストリート・ジャーナル』の馬鹿げた論説についてのコメントを手に入れ、私は大事な問題についてそれなりに記事にしてもらえた。

私たちは先週『ウォール・ストリート・ジャーナル』に登場しただけでなく、『ニューヨーク・タイムズ』にも登場した。「印刷に値するニュースすべて」を扱う『ニューヨーク・タイムズ』が、特ダネをつかんだ。その鋭敏さにふさわしい注意深さをもって、『ニューヨーク・タイムズ』は、事実確認の電話を私によこしてきた。それは細部に至るまで正確だった。「はい、それは私です。

確かにやりました。一週間前、ヴァーモント州グローヴァーで開かれた『パンと人形のサーカス』で、虎の着ぐるみの下半身をやりました」。出演依頼に応じて、大きな野外公演で、巨大な虎の着ぐるみのお尻役を務めるのは、初めてのことではなかった（豚のケツよりはマシだよ）。私は記者にすべてを話し、それが日誌欄に数行掲載された。私の発言も正確に引用されていた。「この催しについて、サンダース氏はこう述べた。『私は合衆国議会で最も幸運な男です。私はシカゴにいませんし、サンディエゴにも行きませんでした』」（民主党の党大会がシカゴで、共和党の党大会がサンディエゴで開催された。）

この記事には、私のこと以外も書かれていた。年に二日間だけ八月に開催される「パンと人形のサーカス」は、ヴァーモントを拠点に世界中の街角でパフォーマンスをしている革新的な劇団の公演だ。州北部の美しい街グローヴァーに、二万人から三万人が集まる。ピーター・シューマンが創設した「パンと人形劇団」は、本当に革新的な演劇作品を完成させた政治集団だ。特に、大きな仮面をかぶって竹馬に乗るパフォーマンスが有名だ。パンと人形はすばらしい仕事をしており、ヴァーモントの人々はそれをとても誇りにしている。

パンと人形のサーカスには、州外からも多くの観客が訪れるが、ヴァーモント住民の参加の多さにはいつも驚かされる。虎のお尻をやってからの一週間、何十回も呼びとめられて、劇に出てたでしょと言われた。虎の着ぐるみから出た時にやった、ニュート・ギングリッチの危険性についての一四秒のスピーチを聞いた人は、果たして何人いるのだろう（パンと人形サーカスは、電気もマイクもなしで公演する）。それでも、参加できたことはすばらしい。
公演では息子のリーヴァイと一緒だった。リーヴァイは「チッテンデン郡緊急食品棚」（食料支援をおこなう非営利組織）でフルタイムの仕事をしているが、週末に時間が取れる時には、私たちはヴァーモントじゅうを旅してまわっている。息子との旅はとても楽しく、車の運転を任せられるし、私が聴衆と握手している間、バッジや自動車用ステッカーを配ったりしてくれる。四人の選挙運動員と一緒に、グローヴァーに集まるたくさんの人々の応対をしてくれた。選挙運動をするにはもってこいの場所だ。

議員の仕事で楽しいことのひとつは、いろいろな人との出会いだ。グローヴァーを後にしてから、リーヴァイと私は、美しい景色を楽しみながら州を横断してドライブし、ヴァーモント北西部、カナダ国境のすぐ南のスウォントンに向かった。私はヴァーモントに住んでいるだけでなく、そこで選挙運動ができて、なんと幸運な人だろう。夕日を見ながら、八月の美しい田舎道を運転することは、全く苦にならない。もし立候補していなくても、同じことをしていただろう。私の車のトランクには、いつも水着が入っている。選挙遊説の道中に車を停め、昼間から湖や川に飛び込むのも、珍しいことではない。

スウォントンでの土曜の夜の仕事は、ミシスコイ・ヴァレー緊急救助隊のメンバーと懇談（こんだん）することだった。午後はサーカスの大観衆、夜は四〇人ばかりの救助隊員との夕食会。革命的演劇から地域活動へ、とても対照的に感じた（おもしろいことに、この違いは本質的なものではなく、表面的なものだ。

救助隊員も劇団員も、献身のために全力をそそぎ、献身的に地域づくりに取り組んでいる）。救助隊員は全員ボランティアだ。その仕事は困難なだけでなく、精神的な痛手も伴う。ハイウェイ八九号線がスウォントトンを突っ切っており、ハイウェイでの悲惨な事故は珍しくない。最初に事故現場に駆けつけるのが、この救助隊員であることが多いのだ。彼らは人の生死に関わる仕事をしている。夕食会では、隊員たちは口々に、人の死に直面したことのトラウマを語り、人の命を救うことの喜びを語った。

彼らは実にすばらしい、働く人々の一団だ。若者も高齢者も、男性も女性も、地域に誇りと愛着を持っている。彼らと語り合っていると、あらためて、ヴァーモントがどんなにすばらしいところなのかを思う。お金をもらわずに、愛する地域のために献身している人々の組織がここにある。そういう組織がこの州にはたくさんある。

私がヴァーモントじゅうの郡のお祭りや、パレード、「サーカス」、宴会、ピクニック、ショッピングセンターに出かけていた頃、国という舞台では、もっと見栄えよく、筋書きもちゃんとある何かがおこなわれていた。この二週間に、共和党と民主党の党大会が開かれたのだ。

共和党大会で顕著（けんちょ）だったのは——私はこれについて記者会見を開いたが——、いかに共和党が、その本当の姿を隠し通すことに終始していたかということだ。共和党は、ゴールデンタイムのテレビを使って、最近の言動を拭（ぬぐ）い去り、現実とイメージをすり替えることに、ほぼ一週間を費やした。共和党はこの二年間で、議会に記録を打ち立てた。ニュート・ギングリッチとディック・アーミーは、合衆国の現代史上、最も反動的だと私が考える議会を主導したのだ。ところが党大会になると、これらの人々の姿も、彼らが主張してきた問題も、完全に消し去られていた。CBS、NBC、ABC、PBSのどの局でも、それを目にすることはなかった。ふっと一息で飛ばされた。

二年前の共和党は、何百人もの候補者の大きな顔写真に、「アメリカとの契約」と書いて貼り出していたものだ。今、その言葉は決してふれられない。ニュート・ギングリッチは片隅に置かれた。ディック・アーミーも目立たなかった。この二人が、下院の共和党議員ほぼ全員の支持のもとに闘ったことのすべてが、物陰に押し込められた。まるで共和党の二年間の立法活動など存在しなかったかのように。代議員の多数が承認したばかりの共和党綱領さえ無視された。いやはや、ボブ・ドールはそれを読むこともなかったようだ。

かわりに舞台の中央にいたのは、コリン・パウエルのような人たちだった。彼は黒人で、妊娠中絶の権利支持、銃規制支持、アファーマティブ・アクション支持の、穏健な共和党員だ。同じ意見を持つ共和党議員は五パーセントもいなかったが、主要な演説者は彼であり、「革命的な」下院議長ニュート・ギングリッチではなかった。基本方針演説者は、妊娠中絶の権利を支持する女性、ニューヨーク州選出のスーザン・モリナーリだった。

演説者の選び方や、大会の全体的な調子が明らかにしているように、共和党は、議会の委員会や一千ドル食事会の狭い世界ではなく、数千万のアメリカの庶民に向けて話さなければならない時には、自分たちが何者であるかを隠すのだ。五日間、ゴールデンタイムのテレビでは、共和党は極右政党から中道政党へと姿を変えた。

共和党大会では、私の対立候補も前面に出された。スウィーツァーは全国テレビで九〇秒を与えられ、こう言った。「これは歴史的な選挙になるでしょう。なぜか？　議会で最もリベラルで、最も現実離れした議員をすげかえるチャンスだからです。バーニー・サンダースのことです」。ＡＰ通信によると、「彼の名前が出された後、聴衆からブーイングが巻き起こった」。私は正しいおこないをしているに違いないな。スウィーツァーは、サンディエゴで登場してから、ヴァーモントでのメディア露出が多くなった。

党大会の期間中、世論調査で共和党議員の支持が一五ポイント上がるのを見て、かなり落ち込んだ。アメリカの人々が毎晩テレビで彼らを目にするからに他ならない。ある考えがよぎった。もし進歩派が、ゴールデンタイムのテレビに四、五日間登場でき、新聞の一面になれるとしたら、この国に何が起こるだろう、何を起こせるだろう？　ほとんどのアメリカ人に馴染みのない考え方を、私たちが説明できたら、何が起こるだろう？　ある日突然、私たちが、アメリカの支配的な政治勢力になるのだろうか？　いや、そんなことはない。しかし、アメリカの何百万もの人々が、もっと民主的社会主義に共感を示すようになるのではないか？　それはある。

予想どおり、世論調査でのドールとケンプの支持率上昇は短命だった。二週間後、民主党が四、五日間、注目を浴びると、ドール＝ケンプ旋風は消滅した。クリントンはまた党大会前の位置に戻った。一五ポイントのリードだ。

どちらの大会でも、共和党、民主党の指導層の間に、同じような一般的認識があった。それは、アメリカの人々が直面する最も重要な課題について真剣に議論させることは、彼らのためにならない、という認識だ。どちらの党も、よくできたテレビ番組に登場した。どこに焦点を当てるかは両党で違いがあったが、どちらの党も、アメリカが直面している問題について討議しないようにするという点では、完全に馬が合っていた。

民主党大会は、多分に台本どおりであり、すっかり世論に媚(こ)びていた。世論の多くが支持する問題で、感情に訴えるアピールをした。七五パーセントの人が対人殺傷用銃器の禁止を支持している。だからジム・ブレイディの悲劇を取り上げて、銃規制を支持する。

クリストファー・リーヴはとても人気のある俳優で、二枚目で歯切れもいい。だから彼の事故と身体麻痺(まひ)は、民主党大会の目玉になった。若者の喫煙問題も同じだ。これは深刻な健康問題であり、クリントンと〔アル・〕ゴア〔副大統領〕はこれに取り組んだ功績がある――もっとも、どこまで本当にタバコ産業と喧嘩するのかは、まだわからないが。しかし喫煙問題は、アメリカにおける医療危機の、ごく小さな一部分にすぎない。この問題が政治的には比較的簡単だということ――数千のタバコ農家の票を失うかわりに、数百万の親たちの票を得られる――、このために、タバコは民主党が取り組む医療問題の**中心**になったのだ。

たぶんもっと注目すべきなのは、**語られなかった**問題のことだ。富と所得の分配が先進国でいちばん不平等であり、労働者の実質賃金は下がりつづけているのに、階級についての議論は事実上存在しない。巨額の貿易赤字についての議論もない。まともな給料の仕事を何百万も喪失させている、中国、メキシコ、第三世界への企業投資のことも議論されない。有権者の半分が投票に行かず、政治プロセスへの参加をあきらめているという、民主主義の危うさにも言及しなかった。

それで、医療はどうなのか？　三年前、クリントンと民主党は、すべてのアメリカ人をカバーする国民皆保険制度の旗印を高らかに掲げた。その頃、私はこの提案の細かい部分に反対していたけれど、少なくとも民主党には、数千万のアメリカ人にとって決定的に重要なこの問題に取り組んだ功績があったのだ。今、医療危機は三年前よりも深刻化している。無保険者や、不充分な保険しか持たない人が増えている。薬に対する企業支配が強まっているため、患者の選択肢が狭まってしまった。党大会の期間中、民主党が認めたのはせいぜい、いつか何らかの方法で、子どもをカバーすることを試みるべきだということだけだった。それが民主党の約束のすべてだった。

銃規制、喫煙、人気俳優の個人的悲劇に焦点を当てた党大会では、アメリカの人々が直面している重大な問題のほとんどは無視された。アメリカ人の大多数は、共和党の極右主義を拒絶している。民主党は、この国の中間層や労働者家族が抱えている最も大事な問題を避ける党大会を開催した。これでは、ほとんどの人が選挙に行かないのも、政治に関心を失うのも、何ら不思議ではないではないか？　合衆国が民主主義の存続の危機に直面しているのも、何ら不思議ではないではないか？

党大会の報道を見ていて、会場での演説と、メディアに出てくる専門家の「分析」と、どちらのほうがひどいか、甲乙つけがたかった。たとえばデーヴィッド・ブリンクリーは、クリントン大統領の指名受託演説が一時間以上も延々と続いたことに苦言を呈した。考えてみたまえ。平均的なアメリカ人が週に四〇時間、年に五二週もテレビを見ている時に、合衆国の大統領、かつ再選候補者が、この国の将来について一時間以上演説したことが、ブリンクリーの主な懸念なのだ。なんと深遠な分析だろうか。メディアはこんなことを言わせるために、彼にお金を払うのだ。

アメリカの貿易政策に対する批判や、NAFTA反対への姿勢には同意するが、私はロス・ペローの大ファンではない。億万長者でなかったら、政治指導者にはならなかった人だ。しかし、メディアが彼の三〇分の演説をコマーシャルみたいと言って馬鹿にしたり、彼が図表を使うのを茶化したりするのは、不当な扱いだと思う。ペローは、三〇秒のテレビ宣伝で誰かを攻撃するのではなく、この国が抱える最も大事な問題のいくつかについて真面目に議論しようとしていた。彼の分析や結論に同意するかはともかく、少なくとも彼は、敬意を持ってアメリカの人々を扱っていた。それがなぜいけないのだ?

夏と秋の間、ヴァーモントではパレードがたくさんおこなわれる。州の端から端まで、いろんなところで。幸いなことに、私はパレードが好きだ。子どもの時からずっとそうだった。できるだけ参加するようにしている。たくさんの人に会って話すことになるから、政治家にとって魅力的なのも確かだが、とんでもなく楽しいのも事実だ。たくさんの親子が通りを行進する。高校の音楽隊に軍楽隊。鼓笛隊。スコットランドのバグパイプ隊、カントリーミュージック・ダンサー。ガールスカウトと少年野球チーム。消防車。クラシックカー。南北戦争の軍人の衣装をまとった人々。小さなゴーカートで走りまわる、赤いトルコ帽をかぶった友愛主義者たちも。

ブラトルボロの町から、ミドルベリー、ヴァージェンズ、エセックス・ジャンクション、リンドンヴィル、セント・ジョンズベリー、ウィンザー、バーリントン、ラトランド、スウォントン、ウェイツフィールド、バリ、モントピリア、ベローズ・フォールズ、ブラッドフォード、アイラズバーグ、スプリングフィールド、ウッドストック、ニューポート、ブランドン、イーノスバーグ・フォールズ、ホワイト・リバー・ジャンクション、セント・オルバンズまで。これらすべてのパレードで私は行進したし、他にも数十のパレードに参加した。毎回、楽しい時間を過ごした。

昨日はレイバー・デイだった。私は、ほぼ毎年そうしているとおり、ヴァーモントのノースフィールドでのレイバー・デイ・パレードに行った。州のパレードでも大きなほうであり、労働者とその仕事を称える日のパレードとしては、間違いなく州で最大のものだ。およそ一万人がパレードや見物に訪れていた。

過去数年間、進歩派と組合活動家は、労働者と労働組合をレイバー・デイ・パレードに参加させるために力を合わせてきた。ほんの数年前までは、労働組合の関わりはほとんどなかった。しかし、昨日はヴァーモントの労働組合から数百人の労働者が参加していた。あまり多くないと思うかもしれないが、ヴァーモントは労働組合の強い州ではないから、私たちから見たらすごい存在感だった。

彼らの子どもや配偶者が揃って参加しているのも、すばらしいことだ。これこそ、運動をつくりあげ、政治的な影響力を築いていく方法だ。政治の風景を変えるのに充分な人数が集まるまで、一歩ずつ、一人ずつ増やしていくのだ。

彼らとの行進は、政治に関わる感情の中でも最も大切な、連帯の気持ちというものを強く感じさせてくれた。パレードの後には、ヴァーモント郵便配達人組合の主催で、屋外でのローストビーフ・ディナーが供(きょう)された。私たちは食べ、子どもたちとフットボールをやり、すばらしく楽しい時間を過ごした。

パレードの沿道に並んだ数千の人々の中には、私の立候補に対するとても強い支持があった。私たちの選挙運動協力者は、沿道の人々にバッジと自動車用ステッカーを手渡すのに大忙しだった。パレードは、政治的に何が起こっているかを、かなり正確に示してくれる。ノースフィールドでは強い手ごたえを感じ、否定的な反応はほとんどなかった。

レイバー・デイの週末は、パレードの時期であるだけでなく、ヴァーモント最大のお祭りが開かれる時期でもある。八月を通して、私は州のあちこちの郡のお祭りに参加し、何千人ものヴァーモント住民と対話してきた。私が顔を出すだけでなく、ほとんどすべてのお祭りでボランティアが「サンダースを議会へ」のブースを設営しており、大量のチラシや選挙グッズを配っている。お祭りは、ヴァーモント住民と対話するうえで、おそらくいちばんいいところだ。

郡のお祭りは、ヴァーモントで一〇〇年以上続いている。もともとは農産物や畜産物の品評会であり、農民たちが新しい産物や技術に出会う場だった。今ではすっかり様変わりして、商業的、娯楽的になったのだが、多くのお祭りでは、まだ農業の要素が色濃く残っている。バートンやラトランド、その他の多くのところで、品評会に入選した牛を少年少女たちが発表する習慣がまだある。4Hクラブ〔青少年の農業クラブ〕も大活躍している。新型トラクターや農機具も展示されている。シャンプレーン・ヴァレーでは、ハック・ガットマンはトマトで何度も最優秀賞を受賞している。お祭りによっては、牛の荷車引き競争、気球体験、自動車衝突ゲーム、競馬、豚レース、種飛ばし競争、プロレス、パレード、展示会、ビンゴや抽選会などもある。

州で最も「悪名高い」お祭りは、シーズン最後の大きなお祭りでもあるが、「タンブリッジ世界祭り」だ。うーん、タンブリッジ世界祭りをどう言えばいいだろう。いろいろおもしろい催し物はあるけど、何と言ってもビアホールだ。私は、州では数少ない、ビアホールの中で選挙運動をする政治家の一人だ。少なくとも、生きて出られた者の一人だ。

今年のタンブリッジ世界祭りは、今ではすっかり有名人になった地元出身の映画スター、フレッド・タトルを祝福した。七八歳になったフレッドは、隣人の映画監督ジョン・オブライエンに見出されるまで、人生の大半を、タンブリッジで牛の乳搾りをして暮らしてきた〔ジョンの父親のボブ・オブライエンは、私の友人であり、一九七〇年代にオレンジ郡選出の州上院議員だった〕。ジョンは、『計画的な男』と題した、フレッドの連邦議会選挙への出馬を描いた抱腹絶倒の〔フィクション〕映画をつくった。この映画は、ヴァーモントじゅうの映画館で数カ月上映され、さらに全国でも上映されている。今やフレッドは『ニューヨーク・タイムズ』の一面を飾り、「レイト・ナイト・ウィズ・コナン・オブライエン」〔NBCテレビの深夜トーク番組〕にも出演し、ワシントンの議会議員から歓待される人であり、地元の人々は彼にどう接したらいいのかわからなかった。実を言うとフレッドは、スウィーツァー、ロング、そして私による、この選挙戦の最初の討論会に出た。注目をさらったのは誰だと思う？

州で最大のお祭りは、エセックス・ジャンクションで開かれるシャンプレーン・ヴァレー祭りだ。六〇万人もいないこの州で、一週間ちょっとの間に三〇万人を引き寄せる（明らかにリピーターもかなり含まれるが）。これは毎年、ヴァーモント住民にとって断トツの呼び物だ。開催中の夜には、大観衆を前に、有名なカントリー・ミュージシャンが演奏する。子どもたち向けに、ありとあらゆる乗り物やゲームもある。

バーリントンからわずか五マイル、私が住む郡で開かれたこのお祭りで、私は会場を歩きまわり、握手をし、人々と対話した。みんな、ありとあらゆる問題について自由に意見を出してきた。興味深いことに、私が耳にする話題のほとんどが、連邦議会に関わることではなく、州の問題である財産税の高さへの不満だった。

私たちのブースは、すべてボランティアが運営した。高齢者、長髪の若者、退役軍人、平和活動家、労働組合活動家、女性の権利活動家。私たちの連合体の多様性がよく表れている。選挙運動の中心はこのブースであり、みんなすばらしい働きをしてくれた。

たぶん、このお祭りでいちばん活発だったボランティアは、ヴェトナム傷痍軍人のエド・ウォルトンだろう。私とエドは、昨年、私の議員事務所が主催した退役軍人のための集会で出会った。エドはエセックス・ジャンクションから一時間ほどのブリストルに住んでおり、お祭りの間はエセックスの親戚の家に泊まっていた。毎日、朝一番にブースの設営を手伝い、ちゃんとテントが張られているかを一日中確認していた。当番がいない時は、エドが引き受けた。エドのような人たちが私の選挙を支援してくれることを、私はとても誇りに思っている。

お祭り会場をまわっていると、私への支持の大きさを感じることができた。場所は違うが、ノースフィールドのレイバー・デイ・パレードでの感覚がよみがえってきた。とても良い感触を得たし、先行きは明るいと思えてきた。

良い政治家には、この霊感が身につく。人々の目を見て、握手して、あいさつして、その数時間後には、政治的に何が起こりそうかの実感が湧いてくる。お祭りであれ、他の公共の場であれ、人は思いがけず出会った相手には、その感情をあらわにするものだ。手に取るように明らかだ。目の前の人に対して、感情を取りつくろう暇がない。相手の人柄や行動に好意を持っていれば、人々は微笑み、出会いを喜ぶ。あまり良くない印象があれば、目を合わそうとせず、そらすものだ。たまには、無礼な人や、喧嘩腰の人もいる。でも、ヴァーモントにはそういう人はめったにいない。仮に相手の意見に賛成していなくても、礼儀正しくふるまう。

つまり、こういうことだ。今回の感触は、二年前とは大きく違っていた。一九九四年、共和党のうねりの真っただ中で、かろうじて三ポイント差で勝った時とは違うということだ。なぜなのか？ それはわからない。経済は改善していた。クリントン叩きも下火になっていた。全米ライフル協会も大人しくなっていた。私が思うに、最も重要なのは、人々がギングリッチの方針や極右勢力の台頭に不安を抱いていたことだろう。私が共和党の過酷な予算削減に反対して、みんなのために闘おうとしていることを、人々が評価してくれたのだと思う。

うまくいってるぞという私の直感は、より「客観的な」指標によって裏づけられた。先日、州最大の新聞『バーリントン・フリー・プレス』に、新しい世論調査が載った。私の支持率は四七パーセント、スウィーツァーが二四パーセント、ロングが八パーセントだった（残りは、まだ決めていないか、その他の候補者を支持。選挙戦には七人が立候補していた）。この調査結果は朗報だ。私は大きくリードしているだけでなく、支持を伸ばしており、スウィーツァーは足踏み状態にある。私のように名を知られた現職議員にとって、四七パーセントは必ずしも大きな数値ではないけれど、選挙戦のこの時点で、主流派共和党候補が二四パーセントというのは、あまりに貧弱な数字だ。テレビ宣伝に巨額の資金を投じているのだから、なおさらだ。

理由が何であれ、スウィーツァーの選挙対策はうまくいっていなかった。私をいつも批判するピーター・フレインは、ヴァーモントの政治情勢を長年にわたって鋭く観察してきた男だが、『セヴン・デイズ』紙の九月一一日号にこんな論考を寄せた。

共和党の最高の知性は、スージー・クリームチーズのような女性が、老いぼれバーナードの悪夢になるのだと確信している。バーニー議員に討ち取られた三人の共和党候補者（ピーター・スミス、ティム・フィルビン、ジョン・キャロル）は、いずれも女性ではなかった。そうか！　女性を闘わせればいいんだ！　彼らは気づいた。「バーニーは強い女性に弱いぞ」。彼らは豪語した。スーザン・スウィーツァーはその資質をすべて備えていた。

スウィーツァーは、一流の政治コンサルティング会社、ドレスナー・アンド・ウィッカーと契約した。ディック・ドレスナーは、ジム・ジェフォーズのために長年働き、……世紀の番狂わせとなったロシアのボリス・エリツィン再選を手伝って、コンサルタント料を跳ね上がらせたばかりだった。キャピトル・ヒルでただ一人の変人をぶちのめすことなど、そんな歴戦の闘士には朝飯前さ。

計画は簡単だった。早めのテレビ放送で州じゅうに名前を広め、支持率を引き上げろ。確実に支持率を上げて追いつめろ。サンダースを守勢に立たせろ。彼の献金者を攻撃しろ。サンダースを、非現実的な、州外の極左とつるんだ過激派として描いてしまえ。

だけど、人生はいつも計画どおりとは限らない。スージーの六月のテレビ爆撃は、州じゅうに彼女の名前を知らしめた。残念なことに、彼女を知りはじめたヴァーモントの人々は、不快感も味わいはじめていた。彼女の宣伝はオシャレすぎて、あまりにもニューヨークだった。男女間で差が出た。女性は彼女を好まなかった。チャラチャラして、気取ってて、うるさい。支持率は上がらなかった。そのかわり、不人気度が倍増した。まずい、沈没するぞ！

選挙戦はうまくいっている。しかし、自信過剰は禁物だ。投票日までまだ二カ月ある。選挙戦では、その前に寿命を迎えることだってある。何事も起こりうるし、起こるものだ。

一九九三年八月上旬、ビル・クリントンが大統領に就任して七カ月後、私はクリントンの予算案に賛成した。二一八対二一六、わずか二票差での可決だった。私の一票は、民主党でない議員で唯一の賛成票だから、この重要な予算の成立にとって決定的な一票だったと言える（もっとも、賛成票を投じたあらゆる人の一票がそうだったとも言えるが）。共和党議員は一人も支持せず、また四一人の民主党議員が反対した。上院では、わずか一票差で可決された。

予算案の投票が近づくと、大統領と閣僚は支持をかき集めるのに奔走した。票をめぐって多くの攻防があった。民主党内の保守派は、社会保障支出のさらなる削減と、増税幅の縮小を要求した。進歩派議員団は、この法案ができるだけ低中所得層に配慮したものになるよう、強く働きかけた。私たちは、行政管理予算局長のレオン・パネッタに、懸念を伝えた。

私たちはトム・フォーリー下院議長と会談した。もし民主党執行部が保守派に屈服して、子ども関連のプログラム、医療、その他のニーズの予算を削減しようものなら、私たちの支持はないぞということを伝えた。そして私たちは最終的に、大統領と面会することになった。

この予算案には逆進的な部分もあったが、長年にわたり、議会で投票にかけられた予算案の中で、これより累進的なものはなかった。子ども関連プログラムの予算を増やしていた。勤労所得の税額控除を広げて、働く貧困層に減税していた。富裕層と大企業に増税していた。

記憶するかぎり、私はずっと国民医療保険制度を提案しつづけてきた。これはすぐれて公平で正しいものだと思う。一部の人だけが世界一の医療を受けられる一方で、お金がないために病院に行くこともできない人がいる国を、文明社会と呼べるだろうか？　金持ちの親や子は、長生きするために必要な医療を配慮してもらえる一方で、労働者階級の家族は、医療保険を持っておらず、死んでしまったり、必要以上に苦しまなければならなかったりする。さもなければ、必要な治療を受けるために、借金を抱えて絶望しなければならない。どうしてこれを容認できるだろう？　許しがたい不公正であり、弁護の余地はない。

ヴァーモントのどこに行っても、みんな医療のことを話しかけてくる。高齢者は、処方薬が高すぎて大変だと言う。若者は、勤め先で医療保険を提供されていないと言う。労働組合員は、経営者が雇用契約交渉のたびに医療保険を削ろうとすると言う。そして、あらゆる所得階層の人々が、自分の望むいろいろな治療方法が医療保険の対象外になっていると言う。

医療が一人ひとりに合わなくなり、受けられる医療の質も下がっていることについて、ほとんどすべての所得階層の人が心配を深めている。かかりつけ医を持たない人も多い。多くの人は、自分の受ける医療は、病状によってではなく、健康維持機構やマネージド・ケア保険会社の財政の都合によって決められていると感じている。

国民医療保険制度を求める今日の闘いは、一〇〇年以上前にこの国で巻き起こった、公教育を求める闘いと、基本的に同じだ。当時、金持ちの子どもは教育を受けられ、人生において圧倒的に優位だった。労働者や貧困層の子どもの大半はそうでなかった。たいへんな闘いを経て、ついに私たちの社会は、すべての子どもが、所得に関わりなく、少なくとも高校までの教育を受けられる権利を獲得するに至った。同じようにいつの日か、すべての人々が、所得に関わりなく、医療を受ける権利を獲得するだろう。

合衆国が、先進国で唯一、国民医療保険制度のない国だという事実は、国家的な恥であるべきだ。カナダ、イギリス、フランス、ドイツ、北欧諸国のすべてが、それを備えている。地球上の大きな国で、私たちだけが、すべての人に医療を保障していないのだ。

四千万人のアメリカ人が無保険であり、さらに多くの人が不充分な保険しか持っていない。にもかかわらず、一人あたりの医療費は、他のどの国よりもはるかに大きい。この国の医療産業は、病気の回復や予防ではなく、保険会社と製薬会社と高給の専門家に巨額の利益をもたらすことを任務とするようになっている。

議会一年目の一九九一年に、デーヴィッド・ヒメルスタイン医師とステッフィ・ウールハンドラー医師と協力して、州政府が運営する単一基金の医療保険制度を創設する立法に取り組んだ。デーヴィッドとステッフィは夫婦であり、国民医療保険制度について、この国で最も精通した有力な提案者だ。二人はこの問題について、専門的なものから一般向けのものまで多数の文章を書いており、マスメディアにもたびたび登場したことがある。

ステッフィは私の事務所でインターンとして働き、国民医療保険制度を創設する下院法案二五三〇号の草稿を書いた。手短に説明すると、この法案が創設するのは、州が運営する、単一基金の包括的な皆保険制度だ。これは多くの点で当時の制度よりも優れていたし、クリントン政権の医療制度改革構想が頓挫(とんざ)した後に出てきた奇妙な混合物——企業が運営するマネージド・ケア——よりも優れていた。

この法案は、**すべての**アメリカ国民をカバーする医療供給制度を創設するものだった。それは「単一基金」の制度だった。すなわち、州政府が運営する一つの保険機関だけが支払いをおこなうものであり、はるかに効率的に医療供給ができるものだった。アメリカの医療費のおよそ四分の一は、組織運営、請求事務、管理運営などに費やされている。カナダでは、その半分ほどしか管理運営に費やしていない。イギリスはさらにその半分だ!

この単一基金制度の案では、**すべての**アメリカ国民が、クレジットカードのような医療保険カードを提示すれば、必要とするすべての医療を、自分の選んだ医師から受けられるようになる。保険に加入している状態は、職業や勤め先とは関係なく、転職しても継続される。そして、州政府が運営する制度なので、市民は彼らの医療保険制度について、より強い権限を持てるだろう。遠くワシントンの官僚組織は、もはや医療に権限を持たない。この会期に提出された単一基金制度の法案としては、イリノイ州選出のマーティ・ルッソ下院議員のものが主となった。しかし、ワシントンではなく州政府が運営することを好む議員は、私の法案を支持した。この点では、私の法案はルッソのものよりも、カナダの医療保険制度に近いものだった。

その二年後、ビルとヒラリーのクリントン夫妻は、医療保険についての論争を、この国がかつて経験したことがないほど活発にした。その功績は称賛に値する。すべてのアメリカ国民には医療への権利がある、と宣言したこともすばらしい。だが残念ながら、彼らが提出した複雑で妥協的な法案は、私が支持できるものではなかった。

議会での論戦を通じて——結局その論戦は、保険会社が「ハリーとルイーズ」広告とロビー活動につぎ込んだ数百万ドルによって決着することになるが——、私たちの多くは、ワシントン州選出のジム・マクダーモットを先頭に、単一基金制度を求めて議会で奮闘した。

同じ時に私は、州レベルで医療保険問題に取り組むことを支持する者として、ヴァーモントで医療保険改革を実現するためにも闘った。ヴァーモントのような小さな州が、国全体の医療保険制度のお手本になりうると私は思っていたし、今も思っている。カナダの国民皆保険も、一つの州での実施から始まったということを、私は心している。ヴァーモントには、二つの大きな第三次医療機関、一一の地域病院、一つの医学部があり、有能な医師と医療従事者がいる。この国に、単一基金制度を速やかに実現できる州があるとしたら、それはヴァーモントだ。

一九九三年になると、医療保険制度改革を主張する多くの人々が、ヴァーモントで単一基金制度を実現することへの政治的支持を集めるために、連携して動きはじめた。私の事務所は、この連合体の運動に積極的に関わった。なかでも重要なのは、ヴァーモントの単一基金制度のモデルをつくる特別委員会を、私が設立したことだ。単一基金制度の一般的な利点を言うのは簡単だが、それがヴァーモントでどう機能するのか、具体的に語るのは簡単ではない。

すべての人々に包括的な医療を提供するために、費用はいくらかかるのか？　医療を供給する仕組みはどうなるのか？　財源をどうするのか？　国際サービス従業員労働組合の前医療問題分析者ボブ・ブランドと、市長時代と連邦議会一年目の私を支えてくれた長年の仲間ジョン・フランコが、特別委員会をリードして徹底的な仕事をし、多くの議論も巻き起こした。結論として、単一基金制度のもとで、ヴァーモントのすべての男性、女性、子どもに医療を提供することは可能であること、それも現在の支出を上回ることなくできることが明らかになった。

皆保険制度の啓発活動の一環として、私たちは州のあちこちで集会を開催し、多くの参加者を得た。集会には、単一基金制度の立法化に奮闘してきたシェリル・リヴァーズやディーン・コーレンのような州議会議員も出席することがあった。また、ヴァーモントの医師で単一基金制度の支持者であるジェイソン・ケリーやリー・ロプレスティも参加した。

言うまでもなく、私たちの取り組みは、ヴァーモントでも合衆国議会でも成功を見ることはなかった。保険会社や既成の医療組織は、何千万ドルもの資金を投入して、真の医療保険改革に反対するためのロビー活動や宣伝活動を、大規模に効果的に展開した。そして彼らは勝利した。

はっきりさせておこう。この国の医療をめぐる論争は、治療方法や、最良の予防方法についての論争ではない。経済と階級政治についての論争なのだ。特定の個人や組織を豊かにすることを主な役割とする、営利主導の医療制度を維持するのか。それとも、すべての人々に市民の権利として質の高い医療を提供する、非営利かつ費用対効果の高い制度をつくりだすのか。

アメリカの医療改革は、根本的な政治的変革と、強力な進歩的運動の成長なしには、実現しないだろう。

私はクリントンの医療保険の提案に強く反対したが、この問題を取り上げた彼の意欲と、すべてのアメリカ人が権利として何らかの医療保険を持てるようにするための彼の闘いには、敬意を持っていた。ところが、医療保険が議会の議題に上ったまさにその時に、クリントンは別の問題を前面に押し出した。そしてこちらの提案では、クリントンは明らかに過ちを犯した——しかも大きな過ちを。NAFTA（北米自由貿易協定）を支持することによって、彼はアメリカ企業界に魂を売ったのだ。まさに、これはこの国の働く人々に大惨事をもたらした。

次のことを考えよう。合衆国には連邦財政赤字の問題があり、共和党、クリントン大統領、多くの民主党議員、そして企業メディアが、その問題に焦点を当ててきた。何度も何度も私たちは、連邦財政赤字のこと、それがこの国の将来にもたらす影響のことを聞かされてきた。彼らがこの問題に対処するやり方は、低中所得層に重い負担を課し、何千万人ものアメリカ人が現に恩恵を受けているプログラムを削減することだった。

さて今、合衆国には巨額の貿易赤字の問題がある。事実、赤字は記録的な水準に達している。大半の共和党議員、クリントン大統領、多くの民主党議員、そして企業メディアにとって、貿易赤字は、警告を発する理由にはならない。私たちは、この赤字を削減する提案を、ほとんど耳にしない。誰一人、アメリカ企業界に責任を取らせようとか、中国、メキシコ、その他の貧しい第三世界に何百億ドルも投資するよりも、国内に製造拠点を再構築するよう要求しようとか、提案する者はいない。

合衆国には現在、一一四〇億ドルの貿易赤字がある。経済学者の試算によると、一〇億ドルの投資は、約一万八千人の雇用（その多くは給料がいい）に等しい。これらを結びつけるとどうなるか。この国の貿易赤字は二〇〇万人以上の雇用喪失をもたらしている。過去二〇年で、合衆国は一兆ドルを上回る貿易赤字を計上し、何百万人ものアメリカ人労働者が路上に放り出された。この時期にアメリカの産業基盤は衰退し、アメリカ人労働者の実質賃金は急激に下がった。アメリカ企業界が国内の工場を閉鎖し、賃金の低い外国に投資する一方で、アメリカの若者は福利厚生も昇進もあきらめて、マクドナルドでハンバーガーをひっくり返して最低賃金を稼ぐしかなくなった。

ＮＡＦＴＡのような貿易協定の役割は、アメリカ企業が外国に移るのを容易にし、私たちの労働者に、第三世界の窮迫（きゅうはく）した人々との競争を強いることにある。しかし私たちの労働者は、メキシコの労働者のような、信じがたいほど低い賃金で働かされている人々と競えるわけがないし、それを求められるべきでもない。

合衆国のような先進工業国経済と、メキシコのような第三世界の経済とを統合するなんて、馬鹿げている。民主主義国家の経済と、カルロス・サリナスが大統領を務める国とを統合するなんて、馬鹿げている――彼はNAFTA成立時の大統領だが、不正行為を重ねた選挙で選ばれた人物だ。合衆国の経済と、労働者が自由に労働組合に加入できない国とを統合するなんて、馬鹿げている。このような統合は、両国の富裕層をさらに豊かにし、大混乱をもたらし、メキシコ人労働者とアメリカ人労働者の両方を痛めつけるだけだ。それが今まさに起こっていることだ。

一九九三年に私は、友人でミシガン州選出の下院議員、ジョン・コニャーズが率いる議員団の一員として、メキシコを旅した。それは目を見張るような体験だった。あるマキラドーラ〔輸出加工地区〕で、私はデルコ・バッテリー社が所有する近代的な工場を見学した。ほとんどの労働者が女性で、時給はわずか一ドルだった。それから私たち数人は、一キロほど歩いて、工場労働者の自宅を訪ねた。木造の掘っ立て小屋で、電気も水道もなかった。合衆国の労働者がこうした製品をつくって、生活できる賃金を得ていたのは、それほど遠い昔ではない。

メキシコ人労働者との対話で、私たちは彼らの置かれている非人道的な労働条件について、直接聞くことになった。ある女性労働者は、工場に充満する化学薬品の蒸気について説明してくれた。労働者の多くが流産を経験したという。

私たちは農業地帯も訪問した。そこで小規模農家の農民たちが言っていたのは、もしアメリカのアグリビジネスとの競争を余儀なくされたら、自分たちは農地を失い、町に出ざるをえなくなるだろうということだった。彼らは、NAFTAの成立によって生じる大混乱を予期していた。

NAFTAをめぐる論争の中で、さまざまな議員が、アメリカの労働者はグローバル経済でもっと競争力を持たなければならない、と講釈してきた。私はそのご高説にたいへん感銘を受けたので、アメリカの大統領と議会議員にメキシコとの競争力をつける法案を提出した。私たちの調べにより、メキシコの国会議員の年収はおよそ三万五四一〇ドルだとわかった。もしアメリカの労働者が、時給一ドルの生活を強いられているメキシコ人と競争しなければならないとすれば、議員たちはその模範となって、今の一三万三六四四ドルの年収をメキシコ水準まで引き下げるべきだと私は考えた。この法案には多くの共同提案者は得られなかった。

一〇月の後半、私の事務所は、NAFTAに反対する大規模な集会をモントピリアで開いた。約三〇〇人のヴァーモント住民が参加して、NAFTAへの反対を訴えた。その多くは労働者、農民、環境保護活動家だった。ミシガン州選出、下院民主党副院内総務のデーヴ・ボニア議員が基調講演をおこなった。彼は、オハイオ州選出のマーシー・カプチャー議員と並んで、議会でNAFTA反対の取り組みを主導してきた人物だ。

NAFTAをめぐる議論では、ヴァーモントのすべての新聞の社説が私の立場に反対した。何度も、何度も、何度も。全州的な公職者の中でただ一人のNAFTA反対者だった私は、「保護主義者」「時代遅れ」「労働組合の手先」と呼ばれた。政治的に対立している相手が、私を人種差別主義者とか反メキシコ主義者とか呼ぶことさえあった。

しかし、メディアによるNAFTAへの応援は、ヴァーモントだけの問題ではなかった。実際、世論調査では賛否が半々なのに、主な新聞は全部、NAFTAを支持した。全部だ。アメリカ企業界が自らの利益を守るために、どれほど団結して権力を用いるものか、その驚くべき実例だった。『ワシントン・ポスト』は次から次へとNAFTA支持の論説やコラムを載せ、反対意見はほとんど印刷しなかった。論戦の最終局面では、この新聞は大きな記事を仕立てて、NAFTA反対の議員がどれだけの選挙資金を労働組合からもらっているかを示した。どういうわけか、NAFTA賛成の議員がアメリカ企業界からもらったお金のことは、記事にするのを忘れたようだが。

NAFTAの賛否では、階級の区分が鮮明だった。アメリカの主な大企業はほぼすべて賛成した。反対したのは国じゅうの労働組合、環境保護団体、農家組織、働く人々だった。政治の区分では、奇妙な連携が生まれた。NAFTA賛成側は、民主党・共和党両方の協調主義者たちであり、リベラル、穏健派、保守派が含まれていた。ビル・クリントン、ジョージ・ブッシュ、ジミー・カーター、ロナルド・レーガン、ジェリー・フォードが、穏健派のトム・フォーリー下院議長、右翼の筆頭ニュート・ギングリッチと共に結束した。

NAFTA反対側には、ジェシー・ジャクソンやラルフ・ネーダーのような進歩派、ロス・ペローのような中道派、パット・ブキャナンのような右翼がいた。下院で最も大きく反対の声をあげたのは、左翼と右翼の連合だった。一九九三年一一月一七日、NAFTAは下院において、二三四対二〇〇で可決された。反対票は、民主党一五六、共和党四三、そして私だった。NAFTAの論争は、政治における大きな皮肉だった。もし一九九二年にジョージ・ブッシュが大統領に再選されていたら、この協定は成立しなかっただろう。NAFTAに賛成票を投じた民主党議員の多くは、民主党大統領を支えたいがためにそうしたのだった。

ＮＡＦＴＡが成立して三年が過ぎ、その帰結は明らかだ。メキシコへの貿易赤字は急増し、二六万人以上の雇用が失われた。世論調査では今、大多数のアメリカ人がＮＡＦＴＡに反対しており、議員にも反対者が増えている。

一九九三年には、私はカーペット産業との闘いにかなりの時間を割いていた。何？ カーペット産業？ 説明しよう。一九九二年に、モントピリアのリンダ・サンズさんという女性が、私の事務所に電話をかけてきた。彼女は、常識では考えられない出来事を話してくれた。七年前に彼女は、新しいカーペットを自宅に敷いた。その直後から、自宅が強烈な化学物質臭で満たされるようになった。まもなくして、彼女と子どもたちは、体の震え、慢性的な頭痛、めまい、呼吸困難に見舞われるようになった。地獄のような苦しみを味わった。

正直、私はその話を疑った。議員には変な電話がしょっちゅうかかってくる。しかし、サンズさんと電話で話したスタッフのアンソニー・ポリーナが、この問題を真剣に扱うよう強く勧めるので、私はポリーナをサンズさんの自宅に派遣した。これが、室内空気汚染の深刻な問題と、「化学物質過敏症」と呼ばれる疾患のことを、私が知るきっかけとなった。そしてわかったことは、ある特定のカーペットで具合が悪くなっていたのは、サンズさんだけではなかったということだ。ある期間に六千人を超える人々が、この問題についての情報を得るために、消費者製品安全委員会に電話していた。また、二六の州の州司法長官が、カーペット産業に自社製品への警告表示を義務づけるよう、安全委員会に要請していた。業界も安全委員会も、州司法長官に協力的でなかった。

調査を進める中で、私はマサチューセッツの研究者、ロザライン・アンダーソンに出会った。彼女は、カーペットの毒性をネズミで測る実験をしていた。たくさんのネズミが死んでいた。

私はまた、ジョージア州北部のカーペット工場で働いたことのある三人の労働者にも会った。彼らは、従業員が経験した深刻な健康被害について話してくれた。

ある特定のカーペットで具合の悪くなった人を治療している、国じゅうの医師からも情報を受けた。たとえばドリス・ラップ医師は、学校の子どもたちを診察した経験をくわしく話してくれた。「何年間も、私は国じゅうのたくさんの子どもを治療してきました。この子たちの多くは、学校に新しいカーペットが敷かれてから、学校に通えなくなってしまったのです」。ウィリアム・J・リー医師は手紙をくれた。「私は同僚と一緒に、これまで二〇年以上にわたって、化学物質過敏症の患者を二万人以上も診察してきました。患者の多くは、新しいカーペットが発する刺激臭によって体を壊しています」。オーブリー・ウォーレル・ジュニア医師からの手紙にはこう書かれていた。「自宅や職場で有毒なカーペットに身をさらしたために、化学物質過敏症を患い、障害者になってしまった患者をたくさん診てきました。多くの事例から、カーペットが発する化学物質が深刻な疾患を引き起こしていると、私は考えます」

環境保護庁での出来事は、皮肉中の皮肉だった。ワシントンにある庁舎の職員数百人が、有毒なカーペットによって健康を害したため、二万フィートに及ぶ新しいカーペットが撤去されていた。

私の要求により、政府運営委員会の環境・エネルギー・天然資源小委員会委員長、マイク・シナー議員が、カーペットに関わる健康被害についての公聴会を開いた。多くの人が出席した。メディアもこの問題を取り上げ、新聞や雑誌、全国テレビで大きく扱われた。

そして、私の事務所では、国じゅうのカーペット被害者からの電話が鳴り響いた。

この出来事の間じゅう、私たちは消費者製品安全委員会と環境保護庁の人たちに、この問題に対処するよう訴えつづけた。問題が生じている。対処してくれ。面会を重ねた。手紙を何枚も出した。何も起こらなかった。ひどいものだ。

結局、カーペット・敷物協会と何度も交渉を重ねた結果、州司法長官たち、マイク・シナー議員、そして私は、カーペット産業との合意に達した。製造業者は、すべてのカーペットに警告表示をつけ、店舗にも警告表示を掲げ、また製品の安全性を高めるための研究に相応の支出をすると約束した。

一九九四年は、一九八一年の初勝利以来、最も厳しい選挙戦の年だった。やっとのことで再選された。

共和党からの対立候補、保守的な州上院議員のジョン・キャロルは、選挙運動の開始にあたり、貧富の格差が拡大していることへの懸念を表明した。これはおもしろい選挙戦になるぞと思った。どうして私はいつも、金持ちへの課税を求めたり所得不平等を心配したりする、珍しい共和党員と闘うことになるのだろう?

キャロルはとても賢い選挙をやった。一晩で保守派から穏健派に転向し、ほとんどの時間を民主党員に向けた支持訴えに費やした。彼は、国じゅうに吹き荒れる反現職・反ワシントン感情からも恩恵を受けた。その感情は、四〇年ぶりに共和党を下院の多数派に押し上げたものだ。

私は馬鹿な選挙運動をやって、キャロルに手を貸してしまった。私の政治家人生で最悪の選挙運動だった。キャロルからのレッテル貼りを放置し、こちらから攻勢をかけなかった。キャロルが指導的な立場にあった会期の州上院議会は、破滅的で、非生産的で、評判も悪かったが、私は彼の実績をほとんど論じなかった。彼は巧みなテレビ宣伝で私の人格や実績を攻撃したが、私はまる一カ月も反論しなかった。さらに、最後の数週間は声が出なくなり、疲れきった病人のような印象を与えてしまった。選挙戦の全体を通して、私はあまりに控えめで弱々しかった。

投票日の夜一一時、政治評論家たちはキャロルが当選すると考えた。しかし私たちは、ふだん共和党が強い田舎の小さな町々で、予想を裏切る健闘をした。午前一時、AP通信は私の当選を確定し、翌朝の午前一〇時にキャロルは負けを認める電話をかけてきた。

スーザン・スウィーツァーは、私の秘密を暴くために探偵を雇った。キャシー・リッグスは、カリフォルニア州選出の右翼議員フランク・リッグスの妻で、元警察官、弁護士、そして名の通った共和党工作員だ。連邦選挙委員会によるスウィーツァーの財務報告書に、コンサルタントとして二期連続で名前が載っていた。

私たちがリッグスを初めて知ったのは、下院事務局から正式に連絡を受けた時だった。私の事務所が送付した大口郵便を、彼女が全部チェックしていると知らされた。これは不当なことでも、驚くべきことでもない。議員が地元選挙民に何百通も何千通も郵便物を送るような時、対立候補にはこれらの郵便物を調査する権利がある。これは公文書であり、候補者の見解の表れであり、政治的監視に値するものだ。

だが、リッグスはそれよりも踏み込んできた。彼女は、私の前妻のデボラ・メシングと接触した。二五年以上前に離婚した前妻だ。デボラは、近所に住む彼女の友人、かつ私のスタッフだったアンソニー・ポリーナに、それを話した。アンソニーが私に電話をくれた。そして私はデボラから話を聞いた。

明らかにリッグスは、不満を抱えた前妻が前夫の秘密をばらしてくれるのを期待したのだった。しかし、二〇年以上前に再婚していたデボラは、リッグスにとって期待外れだった。デボラと私はそれほど頻繁には会わないが、仲の良い友人なので、デボラはリッグスにビシッと言った。デボラの気持ちはヴァーモントじゅうに伝わった。ヴァーモントAP通信で支局長を長年務めたクリストファー・グラフは、「ヴァーモントの人々は政治においてフェアプレーの精神を持っている」との見出しで、九月一九日に記事を掲載した。ヴァーモントの意識が捉えられている。

ヴァーモントの人々は、時に必死なほどに、自分たちの州は他の州とは違うと確信し、またそうありたいと望んでいる。人や、場所や、提案について評価を下す時、独特の基準を持っている。「なんかヴァーモントじゃないね」はよく聞かれる言葉だ。「非ヴァーモント的ですね」という言い方もある。

他の州ではうまくいくことが、ヴァーモントではそうはいかない。それはウォルマートのように実体があるようでもあり、雰囲気のように曖昧でもある。判断はとても主観的だが、みんなの判断はいつも深く浸透している。

政治においては特にそうだ。他の州では公正で適切と考えられていることが、ヴァーモントでは人々の怒りを買ってしまう。対立候補をちょっと批判しただけの選挙宣伝が、ヴァーモントでは中傷として厳しく非難される。他のほとんどの州では肯定的に受けとめられるようなものでもだ。

こういう背景のもとでヴァーモントの人々は、スーザン・スウィーツァーがサンダースの過去を調べるために探偵を雇った件を見ていた。このようなことは、他のほとんどの州では、取り上げられることさえないだろう。受け入れられている行為だ。キャシー・リッグスは共和党の「対立候補調査屋」として人気急上昇中だ。

彼女は、元警察官、法科大学院卒、そして議員の妻としての経験が、自分の政治調査に強みを与えていると述べている。先週の新聞のインタビューでは、私はすべて調べるぞと言っている。「私は徹底的ですよ。全部、完璧に調べます」。「前妻に連絡を取ることは、私のチェックリストの中のひとつにすぎません」

けれど明らかに、これはヴァーモントの人々のチェックリストには入っていない。リッグスがサンダースの前妻に電話したことは、ヴァーモントでは度が過ぎた行為と考えられた。フェアプレーでないし、ヴァーモント的でない。

特に非ヴァーモント的なのは、スウィーツァーの選挙対策本部の対応だった。本当にリッグスがサンダースの前妻に電話したのかを確認するのに、自分たちの雇った探偵に聞くのではなく、二五年間プライバシーを守ってきた前妻に、その証明の負担を負わせたのだった。リッグスについてのこの話は、水曜日に明るみに出た。スウィーツァーの選挙対策本部は、水曜の夜と木曜の一日中を費やして、この記事は捏造であり噂話にすぎないと非難しつづけた。

選挙対策本部は、リッグスがサンダースの前妻に電話をかけたという話の出どころはサンダースだから、この記事は怪しいものだと主張した。広報担当者は木曜の一日中かけて、「すべて中傷であり噂話です。バーニーの前妻に出てきてほしい」と言いつづけた。

二五年以上も前にサンダースと離婚し、ミドルセックスに住んでいるデボラ・メシングは、水曜の時点ではメディアの前で話すことを嫌がっていたが、スウィーツァーの選挙対策本部が記事の信憑性を疑う発言をした後、木曜にあらためて連絡したところ、インタビューと名前の公表に応じてくれた。

スウィーツァーがリッグスに尋ねて、電話をかけたのが事実であると知ったのは、その数時間後だった。スウィーツァーは、そのような行為は容認できないと発表した。しかしこの時にはもう、デボラ・メシングは注目の的になっていた。

私の選挙対策本部は、対立候補の公開記録をいつも調べている。しかし、言うまでもないが、秘密を暴きたてるために探偵を雇ったことはない。サンダースは対立候補の個人生活を調べないとの記事に対する、キャシー・リッグスのコメントは、この国の政治のあり方についての残念な発言だ。「サンダースの主張を一笑に付した。『調査はみんなやっていることです』と彼女は言った。『彼だって調査まみれですよ』」

九月の第二火曜日は、ヴァーモントの予備選挙の日だ。投票者は、民主党、共和党を代表してほしい人を選ぶ。この年は、州副知事の共和党の指名以外、全く刺激的でなかった。スウィーツァーは対立候補なしで共和党の指名を獲得した。ロングは対立候補なしで民主党の指名を獲得した。

民主党員の中には、〔候補者名簿にない〕私の名前を書いて投票するよう呼びかける者もいた。彼らは確固たる反ギングリッチの立場であり、ロングが出馬することで、私の票がロングに奪われて、スウィーツァーが当選してしまうのではないかと心配していた。過去に同じ状況になった時にもそうしたように、私は、万が一、民主党の指名を私が獲得した場合には、謹(つつし)んで辞退すると発表した。私は無所属であり、それが誇りなのだ。九月一〇日、ロングは民主党の指名を獲得した。投票用紙に名前が載っている彼が、九二九一票を得た。私は四〇三七票の記名投票を得た。

その二年前、民主党は連邦議員の予備選挙に出る立候補者がおらず、きわめて深刻な事態が生じた。私は、民主党の指名は受けないし、そのための選挙活動もしないと発表した。最後の最後に、共和党候補者のジョン・キャロルが、民主党候補者にもなるための記名投票運動を密かにおこなった。私たちは何もしなかったが、幸いにも、彼より多くの票を得た。そうでなければ、彼が共和党と民主党の両方の候補者として選挙に出るところだった。私が勝った結果、一九九四年の投票用紙には民主党員の名前はなかった。本当に良かった。三ポイント差で何とか勝てた選挙だから、もし両党の指名があったらキャロルが勝っていたかもしれない。

ヴァーモントの新聞への投書や、時には左翼の全国紙の記事の中で、私は本当の意味で無所属ではないと批判されることがある。私がほとんど毎回、民主党と同じ投票をしているからだ。私を「準民主党員」と評する記者もいる。これを信じる人は、大事な点がわかっていない。私は、自分の立場が民主党と共和党の間のどこかにあるから無所属でいるのではない。今回は民主党と同じ立場、次回は共和党と同じ立場、と半々の投票をすることが、私のめざすところではないのだ。私が無所属でいるのは、これら二大政党がいずれも、この国の中間層と働く人々の利益を代表していないからだ。

議会の投票では、三つの選択肢がある。賛成、反対、棄権だ。私がほとんどいつも民主党と同じ投票をしているのは、取りうる選択の中では、たいてい民主党の立場が共和党の立場よりマシだからだ。これが、議会で私が付き合わなければならない現実だ。

同僚議員たちが、選挙期間中に二、三回、時にはもっと少ない回数の討論会に、どんなふうに参加しているのか、報道で読むのは楽しいことだ。例のローズガーデン戦略はヴァーモントでは通用しないし、他の州でも通用すべきではない。再選されたければ、対立候補と討論する覚悟を持つべきだ。私は選挙ではいつも、州のあちこちで一〇～一五の討論会に参加している。

明らかに、討論会の中でいちばん重要なのは、テレビと全州ラジオで放送されるものだ。これまで、州の五つの主要なテレビ局、WCAX、WPTZ、WVNY、WNNE、VT・ETVはすべて討論会を開催してきた。驚いたことに今回は、主要なテレビ局主催の討論会は、ヴァーモント公共テレビ（VT・ETV）の二回だけだ（パブリック・アクセスのテレビ局も一回開催するが）。第一回は九月二九日に、モントピリアの州議事堂で。第二回は選挙戦の最終盤に開催される。

州議事堂での討論会は物議を醸した――候補者の発言が原因ではないのだが。VT・ETVは三人の候補者だけに参加を呼びかけた。共和党、民主党、そして私だ。リバタリアン党、草の根党、自由連合党、自然法党の候補者は呼ばれなかった。討論会の構成について説明を受けた際、私はVT・ETVに、すべての候補者を招くよう要請した。自由連合党の公認で選挙に四度も出馬した私は、除外されるということがどんなものかを知っていたからだ――もちろん好きではなかった。VT・ETVからの返答は、二回目の討論会には全員を招くが、今回の討論会は全国公共テレビの企画の一環なので、「主要な」候補者しか出演させられない、というものだった。

私は八方ふさがりの状況に置かれた。すべての候補者に呼びかけるべきとの理由で、討論会への参加を拒否すれば、あいつはいちばん人目にさらされる討論会から逃げたぞと非難されるだろう。もし参加すれば、不公平で非民主主義的な討論会に参加したと非難されるだろう。最終的に、私は参加することにした。自由連合党のダイアモンドストーン氏は、非暴力的に会場入りを試みて逮捕された。彼の逮捕は、メディアで討論会よりも大きく扱われた。

いずれにしろ、その夜の私の出来ばえは、それほど印象に残るものではなかった。悪くはなかったが、最高の出来ではなかった。スウィーツァーは明快に意見を示したと思う。彼女は頭の切れる人であり、自分の立場を聴衆に理解させた。たぶんこの夜の大きな驚きは、ジャック・ロングだ。鋭いユーモアのセンスを見せ、右と左の「極端」を相手に中庸(ちゅうよう)の役をうまく演じた。

スウィーツァーの選挙運動のカギのひとつは、自分が共和党の全国組織から全面的に支持された有力候補者であることを示すことだった。それはつまり、もし彼女が当選したら、彼女は時の権力者たちと共に影響力を発揮するだろうということだ。共和党が議会を支配しつづけるとしたら、なおさらそうなる。他方、バーニー・サンダースは無所属だから、いつものとおり蚊帳(かや)の外に置かれて、ヴァーモントに何も貢献しないというわけだ。

コネがいかに強いかを示すため、スウィーツァーは共和党の大物たちをヴァーモントに連れてきた。長くて立派な応援演説者リストだ。下院多数党院内総務のディック・アーミー議員。共和党下院選挙委員会委員長のビル・パクソン議員。元共和党大統領候補者のスティーヴ・フォーブス。共和党全国委員会委員長のヘイリー・バーバー。下院予算委員会委員長のジョン・ケーシック議員。共和党全国大会で基本方針演説をしたスーザン・モリナーリ議員。そしてデボラ・プライス議員。共和党によるヴァーモント侵略だ。

彼らの目的は、共和党内でのスウィーツァーの影響力を誇示することだけではなかった。巨額の資金集めイベントを開くこと、メディアの注目を集めることも目的だった。アーミーは三万ドル、パクソンは四万ドル、ケーシックは二万五千ドルを集めた。他の大物たちもみんな、これほどではないが資金を集めた。ビル・パクソン議員はヴァーモント訪問中、共和党の全国組織は法定上限の一二万三六〇〇ドルを寄付するだろうと、熱心な支持者たちに告げた。彼は「あのひどいバーニー・サンダース」を打ち負かすために、「やれることは何でもやる」と述べて、この国民的政党の思いを表現した。

これら共和党の大物による支援は、選挙に影響しただろうか？　私にはそうは思えない。彼らはスウィーツァーの宣伝広報をたくさん生み出しはしたが、ヴァーモントでは、推薦とか支持とかが大きな意味を持つとは思えない。ヴァーモントの人々は、他の州の人々に比べて、候補者自身のことをよく知っているからだ（これは私の経験からの話だ。私はかつて、自分が支持した候補者が悲惨な結果に終わったことがある）。それに、ヴァーモントの人々は、ワシントンから来たこれらの有力者たちに怒っていたのではないかと思う。おもしろいことに、ジョン・ケーシックはスウィーツァーを支持した時、私を批判しなかった。ジョンと私は、企業優遇に関わるいくつかの問題に、一緒に取り組んだことがあるのだ。

　しかし、ある共和党議員のスウィーツァー支持は、私を悩ませた。何も不思議なことではないが、ヴァーモント州選出の後任上院議員、共和党のジム・ジェフォーズが、スウィーツァー支持を表明した。彼は当初から彼女の資金集めの手紙に署名していたし、州の有力な共和党員だったから、彼女を支持しないほうがおかしかった。けれど、何が私を悩ませたかというと、彼のコメントの論調だった。ヴァーモントの農民にとって死活的に重要な北東部酪農協定を成立させるために、私は正直、一生懸命に頭を絞ってがんばった。ジェフォーズもそのことを知っていた。スタッフはこの問題について、頻繁に意見交換していた。その取り組みのほとんどは上院でおこなわれ、リーヒーとジェフォーズがすばらしい仕事をしたけれど、下院の私だって、この協定の成立のために、やれることはみんなやったし、下院での取り組みを主導した。私のことを、大してやっていないのに手柄を言い張っているとジェフォーズが断定しているのは、ありがたくない。ずるい批判だ。

7

最後のひと押し

2015年8月10日。大統領選挙の予備選挙で、妻ジェーンと共に、
ロサンゼルス・メモリアル・スポーツ・アリーナにて。

選挙まであと一カ月。州規模のいくつかの世論調査と独自調査によると、私たちは一五～二〇ポイントの差でリードしている。さらに、スウィーツァーの不人気度はかなり高い。業界用語で言えば、私の逃げ切り選挙だ。

この段階の選挙運動でいちばん大切なのは、基本に立ち戻ることだ。そして馬鹿な失敗をしないことだ。自分たちの作戦を持ち、それを最後までうまくやり抜かなければならない。私たちの争点にしっかり的を絞る。有料メディアであれ無料メディアであれ、私の立場について不適切な発言をしたら、強く反論する。できるだけ州をまわる。ボランティアのやる気を鼓舞する。討論会の時は入念に準備をする。選挙資金を集める。テレビ、ラジオ、新聞、大衆紙に、効果的な選挙宣伝を打つ。言うは易く、行うは難し。

私たちは、選挙運動スタッフに大きな穴が開いたまま動いていた。八月に妻のジェーンが、ヴァーモント州プレインフィールドのゴダード大学の学長に就任し、選挙運動を離れたのだ。学内問題のゴタゴタの渦中で学長が辞任したためだった。ジェーンはそれまでの五年間、ゴダード大学の評議会議長を務めており、後任の学長になることを要請された。

学長就任を決意するまでに、私たち夫婦は長いこと話し合った。彼女は私の議会事務所で無給の首席補佐官を務めた後、選挙運動の中心的役割を担っていた。とても実践的な政治感覚を持ち、あらゆることに優れているし、メディアとのやりとりは私よりもずっとうまくこなしてくれる。しかし、学長就任は彼女の人生にとって大きなチャンスだ。ジェーンは一九八〇年、三人の子どもを抱えた貧しいシングルマザーの時にゴダード大学を卒業し、この大学はずっと彼女の人生の大事な部分でありつづけている。彼女は若者を愛しており、教育に熱心だ。この要請を断るべきではない。しかしこの仕事は、普通のフルタイム仕事以上に忙しいものになるだろう。ジェーンも多少は選挙運動に関わりつづけることができるが、フィル・フィアモンテとトム・スミスが、彼女にかわって多くの責任を引き受けることになるだろう。私はいろいろなことの管理運営に、もっと時間を割かなければならなくなるだろう。

私は「大物」をヴァーモントに連れてくることでスウィーツァーと競うつもりはない。でも、何人かには声をかけた。八月に、マサチューセッツ州選出のバーニー・フランク議員が、バーリントンとブラトルボロで私たちに合流してくれた。ワシントンでは、フランクと私は銀行委員会で一緒だ。お互い政治的に違うところはあるが、彼は良き友人であり、議会で最も頭の切れる議員の一人だ。しかもおもしろい。下院議場の討論で、気の利いた辛辣なことを言われて逃げまわった共和党議員は数多い。

バーニーが来たのは、私の選挙応援のためだけではなく、ヴァーモントの州会計検査官、エド・

フラナガンの〔再選〕選挙応援のためでもあった。エドは最近、同性愛者であることを公表した。この国の州規模の公職選出者で唯一、同性愛者であると公言した人だ。バーニーも同性愛者であり、議会では同性愛者の権利を求めるリーダーの一人だ。彼は一部の議員たちに、この方面で少しは良識を持ったふるまいをさせるため、とても勇敢に働きかけてきた。フランクが出たイベントの参加者は、バーリントンではすごく多かったが、ブラトルボロではいまひとつだった。どちらの地域でも、メディアの扱いはすばらしかった。ピート・デフェイジオ議員にも応援をお願いした。スケジュールが合えば来てくれるはずだったが、さすがにオレゴンからヴァーモントまでは遠すぎた。

ここで悪いお知らせ。恐れていたことが、予想どおり始まった。スウィーツァーがテレビでネガティブ宣伝を開始したのだ――本格的に。政治の世界では、メディア・コンサルタントは、うまくいくことが実証済みの公式を持っている。卑劣だが、時に効果を発揮するやり方だ。すなわち、不人気度が高くて後れを取っている候補者が、行きづまって焦っている時、いちばん良い手だては、対立候補の信用を破壊することだ。これによって、どちらの候補者も良くないと有権者に思わせることができ、マシなほうとして自分が選ばれるチャンスが生まれる。スウィーツァーたちがやろうとしているのは、まさにこれだった。

スウィーツァーの流す宣伝は、見え透いた嘘ばかりだった。かつての私なら、たぶん肩をすくめて、こんなの誰も信じないだろうと思って放置しただろう。今は違う。選挙戦の早い段階から、私の実績を歪める人には激しく反論しようと決めていた。スウィーツァーと私では、その哲学に大きな違いがある。わざわざ私の実績を歪めなくても、彼女は自分の立場と私の立場との違いを打ち出せるはずだ。

スウィーツァーの宣伝はこう言っていた。「ガソリンへの……中小企業への……そして農家世帯への増税の後……、一九九三年にサンダースは、史上最大の増税に、決定的な賛成票を投じた」。そこに出てくる図表は、ヴァーモントの各住民が支払っている連邦税が、一九九三年には四二〇九ドルだったのに、今や五一七八ドルに増えたことをほのめかしていた。宣伝は続く。「その結果はこうだ。ヴァーモントの住民はみんな、一人あたりほぼ一千ドルも税金の負担が増えた。ありがとう、バーニー!」

まあ、もし私がそのとおり「ヴァーモントの住民みんな」に一千ドル近くも増税していたなら、私でもバーニーに投票しないだろう。それにしてもスウィーツァーたちは、何の話をしているのか?

明らかに彼女たちは、二一八対二一六の票決で下院を通過した、一九九三年のクリントン予算のことを言っているのだ。もちろん、宣伝にはクリントンの名前は出てこない。ヴァーモントの世論調査で、クリントンはドールより二五ポイントもリードしているのだから。

共和党がここでも国じゅうでも広めている大嘘は、クリントンの一九九三年予算がすべてのアメリカ人に大増税をもたらしたというものだ。彼らの数字は、一九九三年予算の増税額を合計して、それを人口で割っただけのものだ。ジョーンズさんは税金を一〇〇万ドル払った。スミスさんは税金を払わなかった。平均して、彼らは一人あたり五〇万ドルの税金を払っていると共和党は言う。だが明らかに、税負担の影響は少々異なる。

事実としては、クリントンの一九九三年予算は、最も富裕な層に特に負担を課す、かなり累進的な課税の提案を含むものだった。増税総額の九〇パーセントが、上から四パーセントの人々に課された。年に一〇万ドル以上稼いでいる人々だ。所得税が増えたのは、トップ一・二パーセントだけだった。実際、この予算案には勤労所得の大幅な税額控除が含まれていたため、ヴァーモントの二万六千世帯を含む二千万世帯の低所得層は、連邦所得税が減税された。中間層は、ヴァーモントの住民の大多数がそこに入るが、ほぼ全く増税されなかった。宣伝の言うような、一人一千ドルの増税ではなかったことは間違いない。

残念なことに、クリントンの提案には逆進的な課税も含まれており、ガソリン税が四・三セント引き上げられた。平均的なヴァーモントの住民にとって年間およそ三〇ドルの増税にすぎなかったが、それなりに逆進的であり、一日に往復一〇〇マイルほど車で通勤する典型的な労働者にとっては打撃だった。クリントンは公的年金の課税範囲も広げた。その増税は公的年金受給者の上から一三パーセントに影響したのだが、その多くは年に四万四千ドル程度で暮らす人々だった。私はいつも公正な課税を強く主張してきたので、この予算案の討論の時にも、こうした逆進的な面に反対した。私は、この予算案に反対する人たちが、遅かれ早かれこの問題点を悪用するだろうとも思っていた。まさに今スウィーツァーたちがやっているわけだ。

ここから得られる教訓はこうだ。金持ちに増税するなら、金持ちに増税しろ。ただそうしろ。もし反対者が金持ち増税に反対するなら、そうさせておけ。ただしその際、たとえわずかな額でも、労働者への増税は一切含めてはならない。反対者が現実を歪めて主張することになるからだ。

一九九三年の夏に、大統領執務室でクリントンと面会した時、私はその前日に訪れたヴァーモント中部のワシントン郡祭りでの出来事を伝えた。その頃、ヴァーモントのメディアや全国メディアは、共和党の策略にまんまとはまっていた。メディアは、クリントンが提案した増税の総額、いわゆる「史上最大の増税」を何度も何度も取り上げたが、その増税を誰が負担することになるのかは、一切口にしなかった。私はお祭りで会った人たちに、この課税案のことを理解しているかどうか尋ねたが、二〇人のうち一人しかわかっていなかった。

クリントンは、事実を広めるのに苦労していると私に認めた。しばらくしてクリントンは、減税されることになる低所得労働者を招いて記者会見を開いた。それはうまくいったと思う。同じ頃、私はヴァーモントの記者に対して、増税を負担するのは誰なのかを記事で明らかにするよう、文字どおり大声をあげていた。

これは重大な結果をもたらす問題であり、私が受けているネガティブ宣伝の問題にとどまるものではない。もしメディアが、金持ちに負担させる累進課税の提案と、労働者に負担させる逆進的な増税とを区別することを拒否し、提案をただ「増税」とだけ規定するとしたら、どんな大統領でも増税はできなくなるだろう——たとえ適切な増税だとしても。議員は誰も増税を支持しなくなるだろう。政治家にとって、財政均衡のためには、メディケア、メディケイド、教育、環境、その他重要な社会プログラムの削減のほうが楽だということになってしまう。

しかし本当のところ、大多数の人々は、金持ち増税が心配で夜も眠れないということはない。この国における所得と富の不公平な分配と、過去二〇年に金持ちへの税率が劇的に下がったことをふまえれば、所得の高い人々に公平な税負担を求めるのが筋だと、多くの人が考える。何年か前、私の選挙事務所は世論調査をおこない、議会は金持ちに増税すべきか、それともメディケアを削減すべきか、ヴァーモントの人々に質問してみた。八〇パーセントが、金持ちに増税すべきと答えた。

ともかく、スウィーツァーのネガティブ宣伝が放送された翌日、私は記者会見を開いた。インチキな主張の誤りを示し、宣伝を取り下げるよう要求した。「スーザン・スウィーツァーは税金専門の弁護士です」と私は言った。「増税のうち九〇パーセントが、上から四パーセントの高所得者に課されること、その人たちは一九九三年に一〇万ドル以上を得たことを、彼女はよく知っているはずです」。スウィーツァーの返答はこうだった。「宣伝の取り下げはしません。この宣伝は真実であり、比較広告であり、彼の実績を描いたものだと確信しています。バーニーはヴァーモント住民に増税しました。これが事実です」。それから彼女は長文の報道用発表を出して、放送されたばかりの私のテレビ宣伝を攻撃した。「人を惑わす、根拠のないもの」であり、「不誠実」で「不正確」な内容を含んでいるというのだった。

さて、政治家をめざす読者のみなさん、でもメディア・コンサルタントに大金を払うのはちょっと、というみなさんに、いいやり方を説明しましょう。まずは、ネガティブ宣伝をする前に、対立候補がネガティブ宣伝をしていると言って非難しましょう。それからあなたの宣伝を流し、相手が当然ながら激怒すると、多くのメディアは、これをネガティブ宣伝の非難合戦として報じてくれます。——これが低俗政治の入門講義だ。メディアは「中立・公平」であることを望んでいるから、これはうまくいくことが多い。たとえば、私の記者会見の後、『バーリントン・フリー・プレス』に載った大きな見出しは、「サンダース、スウィーツァーのテレビ宣伝を非難」だった。言うまでもないが、あの問題は三〇秒のテレビ報道が扱うには複雑すぎる。

だが幸いなことに、この手法はスウィーツァーには役立たなかった。ヴァーモント通信局の記者たち（州で第二、第三の新聞、『ラトランド・ヘラルド』と『モントピリア・タイムズ・アーガス』に記事を書いている）が実際に事実を確認して、スウィーツァーの宣伝は不誠実で誤解を招くものだと結論し、このテーマについて知的水準の高い記事を書いたのだ。通信局のダイアン・ダービーは次のように書いた。「スマルソン（スウィーツァーの広報担当補佐官）は、サンダースが賛成投票をした赤字削減法案は、宣伝の図表のような、すべてのヴァーモント住民への一千ドルの増税はもたらしていないことを認めた。しかし、宣伝で『一人あたり』と表現したのは、視聴者に対して、それが単なる平均値であることを**わかりやすく**するためだったと述べた」。わかりやすく？　まったく！

ジャック・ホフマンは、『ヘラルド』の日曜日の長いコラムで、「スウィーツァーの新しい宣伝は事実を突きつけるものではない」と題して、宣伝の内容をくわしく分析した。「一千ドルという数字は、一見しただけでも馬鹿げている。この宣伝は、候補者が対立候補を悪く見せるために、どれほど真実を歪めるものかの実例だ」。『ラトランド・ヘラルド』は、「共和党のおかしな税金計算」と題する記事を一面に出した。「ヴァーモントの共和党と議員候補スーザン・スウィーツァーは、一九九三年の税改正がヴァーモントの住民に及ぼした影響を示すうえで不正確な数字を使っていると、これら共和党員が用いた情報を作成した組織の広報担当者は述べた」

私は手を緩めなかった。人前に出るたびに、ほぼ毎回、この集中砲火的な嘘の宣伝放送を激しく攻撃した。精神衛生がテーマの五〇〇〇人規模の大会のスピーチでさえ、私は宣伝のことを語った。こんなことをするのは初めてだった。明らかに、私の行為には利己的なところもあった。しかし、テレビ宣伝で露骨に嘘をつく候補者を大目に見てしまったら、アメリカの政治はきわめて深刻な事態に陥ってしまうと、心から思っていたのだ。

一九九四年一月、共和党は四〇年ぶりに下院の多数派となった。才気あふれる雄弁な政治戦略家、かつ右翼イデオローグのニュート・ギングリッチが、下院議長に選出された。民主党にとってきわめて厳しい状況の中、ディック・ゲッパートは議長の小槌をギングリッチに渡した。私はギングリッチの主張のすべてに反対だったが、彼の見通しの広さには感心させられた。彼の考えは壮大だ。

一九九四年の民主党の敗北は壊滅的だった。三八パーセントが投票した選挙で、民主党は下院で三五人の現職議員が議席を失った。共和党の現職は一人も落選しなかった。共和党は一九九二年には一七六議席の少数派だったが、一九九四年には二三〇議席の多数派になった。七四人の新人共和党議員が宣誓就任した。大きな一年生学級だ。ギングリッチはメディアの寵児となり、新聞の一面に毎日登場した。新しいアメリカ革命の指導者として、彼は六二年前のフランクリン・デラノ・ローズヴェルトにならって「一〇〇日間」を宣言した。「アメリカとの契約」の履行に向けて、画期的な法案を議会で成立させるための一〇〇日間だ。

民主党は動揺していた。会期が始まってすぐ、最初の議員総会を開いた。私はこうした集まりへの出席を歓迎されているが、ふだんは大統領が演説する時だけ出席している。しかし、今回は出席した。衝撃と困惑が明らかだった。なぜ民主党がこれほどの惨敗を喫したのか、明確な分析はなかった。どうやって前進するのかも合意されなかった。少数派政党という新しい立場に、怒りと意気消沈とがないまぜになっていた。下院歳入委員会室への「追放」はその象徴だった。これからは、下院議場で総会をやるのは共和党だ。

有力な委員会で委員長を務めていた民主党のベテラン議員たちは、何年もその地位にあった者も含めて、少数党筆頭委員に格下げされた。彼らの多くは、長年働いてきた忠実なスタッフを何人も解雇しなければならなかった。民主党にとって不遇の時代となった。

民主党議員のほとんどは、共和党の勝利に困惑して無気力になっていた。しかし進歩派議員団は直ちに反撃に打って出た——議会でも、地元の草の根レベルでも。私たちは困惑しておらず、弱気になってもいなかった。何をしなければならないか、はっきりわかっていたからだ。理論面では、アメリカとの契約とはいったい何かを、白日の下にさらさなければならない。それは働く人々と貧困層への冷酷な攻撃であり、この国で最も富と権力を持つ人々の要請にもとづいて構想されたものだ。政治面では、ギングリッチの方針に反対する世論を集め、私たちの構成団体を結集して有力な対抗勢力にしなければならない。

さらに、アメリカとの契約が、六年間での財政均衡という目的を明記している以上、私たちはその挑戦を受けて立つと決めた。特定の期限内に財政を均衡させることを、どこまで重視すべきか、私たちの間には意見の違いがあった。しかし私たちのほとんどは、財政均衡は何百万人もの低所得者に打撃を与えない公平な方法でできる、と証明することによって、アメリカとの契約の背後にある破綻した構想をあらわにできる、という考え方で一致した。

やるべき仕事が山ほどあった。私の事務所のビル・グールド、エリザベス・マンディンガー、エリック・オルソンは、他の進歩派議員のスタッフと共に、必要な情報を議員に提供する役目を引き受けた。これは、合衆国議会で議員スタッフが果たしているきわめて重要な役割の実例だった。議会には課題も仕事もたくさんあり、議員は、スタッフの助けなしにはそれをこなすことができない。

私たちは下院ラジオ・テレビ・ギャラリーで記者会見を開き、アメリカとの契約に反対する運動を開始した。メディアに告知し、その日を待った。当日、会場には記者とテレビカメラが殺到し、私たちが入るのも大変なほどだった。共和党のこの方針に反対する、連邦議会で最初の声を、記者たちは聞くことになった。

そう。私たちはみんな、ギングリッチの構想はアメリカの大掃除になると聞かされてきた。アメリカの人々はもう、高齢者や、子どもや、貧しい人々のニーズなど気にかけていないのだと聞かされてきた。そう。私たちはここ何カ月も、私たちの信じているものは「古くさい」「時代遅れの」「一九三〇年代式」の政府であり、社会的公正や人間の尊厳など、もはや議会が気にかけるべきことではないのだと言われてきた。

だが、私たちは異議を唱えた――それも力強く。そしてギングリッチやその後援企業が提出しはじめた法案に対する、長く激しい闘いを始めた。アメリカとの契約の中身を人々に教えるために、使える手段はすべて使った。記者会見もやったし、Cスパンの増えつづける視聴者に見てもらえる、議事日の終わりの「特別許可」〔慣行として認められている自由発言スピーチ〕も活用した。朝は議事が始まる前の「一分間」〔同前〕をやって、議場に持ち込まれる法案について激しく議論した。私たちは、共和党を打ち負かせる票数を持っていなかったが、全力で共和党と闘い、その大げさな美辞麗句の背後に隠された腐敗を、白日の下にさらそうとした。

すぐに私たちが気づいたことは、ほとんどのアメリカ人は、アメリカとの契約の中身を何も知らないということだった。**聞こえ**は良いが、知れば知るほど嫌いになった。

議会がこの国を財政均衡に向かわせることに賛成しますか？「はい」と圧倒的多数が答えた。メディケアを二七〇〇億ドル削減し、メディケア保険料を年五〇〇ドル引き上げ、同時に高齢者へのサービスの質を落とすことに賛成しますか？「とんでもない」と人々は叫んだ。アメリカの人々は、何百万人もの低所得の子どもの医療保険を削減することや、低所得の高齢者が老人施設に入居できる保障を廃止したりすることを、全く望んでいない。大学生への学資ローンや奨学金を削減することを望んでいない。環境保護の法律を骨抜きにすることを望んでいない。妊娠中絶を禁止するための憲法修正を望んでいない。学校給食プログラムを削り、B―2爆撃機の予算を増やすことも望んでいない。

こんなことをやる一方で、金持ちと巨大企業に莫大な免税措置を与え、同時に勤労所得の税額控除を削減して、働く貧困層への増税をもたらすことも、絶対に望んでいない。アメリカとの契約について人々が学べば学ぶほど、反対意見は強くなった。

議会の中で、アメリカとの契約に反対しているのは、進歩派議員団だけではなかった。会期が進むにつれて、ディック・ゲッパート議員、デーヴ・ボニア議員、ジョン・ルイス議員、その他の民主党の有力議員たちも、強力に、重点的に、確信的になってきた。四〇年間の多数派時代の後、ようやく民主党議員は、どうしたら少数派の反対者として有効な働きができるのかを学びはじめた。ゲッパートの事務所は、アメリカとの契約のいろいろな側面について、明快に書かれたわかりやすい情報を発信し、すばらしい貢献をした。

友人でコネティカット州選出のローザ・デローロ議員は特に印象的だったが、彼女も進歩派議員団の一員ではない。ローザは手を緩めなかった。共和党のメディケア削減が高齢者に与える破壊的な影響について、議場で毎日、朝も、昼も、夜遅くにも、しゃべっているように見えた。徹底的だった。

次第に、ギングリッチの方針とは何であるかを人々が知るようになり、それに反対する闘いがアメリカじゅうに広がった。労働組合活動家たちは、審議中の法案が労働者の権利に与える影響を学び、対抗しはじめた。高齢者たちは、メディケア、メディケイド、その他の高齢者向けプログラムのひどい削減を理解して、組織化しはじめた。女性たちは、妊娠中絶の権利に対するすさまじい攻撃に反撃しはじめた。学生たちは、学生ローンと奨学金の削減に反対するため、大学のキャンパスで組織化を始めた。

そしてギングリッチと共和党は、一九九五年の冬、政府機関を閉鎖した。彼らは、切実に必要とされているプログラムを容赦なく削減する用意があるだけでなく、憲法上の基本的な権力分立を尊重するつもりもないことを、アメリカの人々に示したのだ。これらの極右たちは、クリントン大統領の拒否権をくつがえすだけの票〔上下両院の出席議員の三分の二〕を持っていなかったので、単に歳出を停止し、政府機関の停止をもたらした。

そしてギングリッチとアメリカとの契約への支持は、さらに損なわれることとなった。

一九九五年の初めに私は、次の二年間にヴァーモントで取り組む重点課題を決めた。ギングリッチの方針への反対運動を主導することだ。そこで、私たちは州のあちこちで、二五の集会を開いた。大きな市から小さな町まで、参加者は数百人の時もあれば、数十人の時もあった。全体としては、参加者はすばらしく多かった。

その間、州じゅうの草の根の団体が、アメリカとの契約に反対するデモを組織した。それはちょうど、一九九五年七月にバーリントンで開かれた全国州知事会議と同じ時だった。デモは巨大だった。進歩派は優れた内容の新聞を五万部配り、アメリカとの契約がヴァーモントの住民に及ぼす影響を示した。

一九九五年~九六年の会期中に、私たちはヴァーモントで大きな大会を六回開き、数千人の参加を集めた。アメリカとの契約を特に主題にした大会もあったし、そうでない大会もあった。しかしどの大会も、民主主義社会における政府には、庶民の権利と経済的厚生を守るために果たすべき大事な役割がある、という信念にもとづくものだった。私は長年、議員の大事な役割のひとつに、市民の教育があると考えてきた。この国で最も知識のある人たちを招いて、彼らが関わっている問題を論じてもらうのだ。これらの大会はすべて無料で一般公開され、ほとんどが土曜日に開催された。労働者が参加できるようにするためだ。大会は録画されて、パブリック・アクセスのテレビで州じゅうに放送された。

一九九五年三月、私たちは高齢者大会を開き、州じゅうから四〇〇人の高齢者が参加した。基調講演は、全米退職者協会会長のユージン・レーアマンと、公的年金・メディケア擁護全国委員会副会長のマックス・リクトマンだ。慌ただしい議員生活の中で、私は時に、教育が人生にとってどれほど重要かを忘れてしまうことがある。モントピリア高校で開かれたこの高齢者大会で、高齢者たちが自分に関わる問題について、どの講習会でも真剣にノートを取り、知的に議論しているのを見て、私は強く心を動かされた。彼らは、ワシントンで何が起こっているのかを知りたがっていたし、健康や栄養のことも、地域でどんな活動ができるのかも知りたがっていた。

私たちは、州のたくさんの反貧困団体と協力して、経済的・社会的公正に関するすばらしい大会も開いた。社会福祉政策についての傑出した専門家であるフランシス・フォックス・ピヴェンが、たくさんの聴衆に向けて、右翼の「福祉改革」がもたらす影響を解説した。

それから、退役軍人の問題についての大会も開いた。私にとって重要性を増しつつある分野だ。この大会の準備にあたっては、退役軍人問題について私に助言をおこなう退役軍人協議会の助けを借りた。私は反戦議員だが、退役軍人を強く支援しているし、反戦活動家はみんなそうすべきだと思っている。

アメリカの戦争を戦い、アメリカの戦争で手足を失い、アメリカの戦争で病気やトラウマを抱えて帰ってきた若い労働者階級の男女は、自分たちが始めた戦争を戦ったのではない。戦争は、政治家が始めるのだ。政府のために命を危険にさらした男女が、いざ助けを必要としている時に、その同じ政府に背を向けられることがよくあるというのは、許しがたい非道だ。この大会には、アメリカ傷痍軍人会の前代表で、クリントン政権の退役軍人長官であるジェシー・ブラウンを招いた。大会に参加した多くの退役軍人たちは、ブラウンのスタッフが彼らの悩みに同情し、速やかに応えてくれるのを見て、とても満足した。

また、一月の雪の日なのに、驚くほど大勢が集まったのが、代替医療についての一日がかりの大会だった。すごい！　この問題への関心の高いこと。

私は、すべての人に医療を保障する国民皆保険制度の熱烈な支持者だ。病気の予防に力をそそぐアプローチも断固支持している。アメリカ人は病気を治療するために巨額のお金を費やしているが、予防をめざすためにはほとんどお金をあてていない。さらに、現代的な医療技術があふれる中で、伝統的なローテクの治療方法を無視することがあまりにも多い。それらは世界中の異なる文化において、数千年にわたって病気を治してきたものだ。

この大会は、州じゅうの代替医療提供者と協力して開催した。食事療法から鍼療法、マッサージ療法に至るまで、一五の講習会を開いた。国立衛生研究所代替医療局長のウェイン・ジョナス博士と、ハーバード大学心身医学研究所のハーバート・ベンソン博士が、専門家として貢献してくれた。

大規模な大会としては最後になったのが、労働大会だった。AFL−CIO財務委員長のリチャード・トラムカを招いた。この大会はヴァーモントAFL−CIO、ヴァーモント全米教育協会、ヴァーモント州職員組合、全米電気労働組合、その他の労働組合によって準備され、ここ数年に州で開かれた労働集会では最もすばらしいものとなった。トラムカは全米鉱山労働組合の委員長を務めた後、現在はAFL−CIOの進歩的な新執行部の一員であり、とても迫力ある演説をする人だ。働く人々が結集し、権利を求めて立ち上がると、政治家たちが急に労働問題に関心を示すのは驚きだ。ヴァーモント州知事のハワード・ディーンと、ヴァーモント州選出の後任上院議員ジム・ジェフォーズが、大会であいさつをしたいと申し出てきた。

一九九六年の晩春、女性の健康に関する大会を開いたのが、最後の大会となった。〔合衆国保健社会福祉省〕女性健康担当副次官補のスーザン・J・ブルーメンソールが、とてもわかりやすい講演をし、女性の医療ニーズについて、そして長らく軽視されてきたこの分野に対する保健社会福祉省の取り組みについて解説した。この大会は、州内で女性の健康問題に取り組んでいるたくさんの団体と協力して開催した。これらの団体も、多くの講習会をそこで開いた。

同じ頃、ワシントンのほうでは、進歩派議員団のメンバーたちは、企業優遇の問題にかなりの力を集中させた。巨大企業に対する膨大な免税措置と補助金のことだ。この問題に取り組む理由は二つあった。第一に、何十億ドルもの利益をあげ、経営者に天文学的な報酬を支払っている多国籍企業に対して、働く人々が補助金を与えるのはおかしいからだ。第二に、企業優遇の問題を取り上げることで、私たちの優先順位と、ギングリッチ方針の優先順位とを対比させられるからだ。ギングリッチとその一派は、貧困層と労働者階級の負担による財政均衡を提案している。メディケイド、教育、環境保護、退役軍人給付、学校給食、その他のプログラムの削減だ。その一方で、大企業に対する年一二五〇億ドルほどの優遇措置は手つかずのままにしている。このことは、ギングリッチの方針の野蛮さだけでなく、偽善をもあらわにしている。もしギングリッチの支持者たちが本当に財政均衡を実現したいのなら、この社会の最も弱い人々が死活的に必要としているプログラムを踏みにじらなくても、実現できるはずなのだ。もちろんそのためには、彼らは自分たちの後援企業に歯向かわなければならない――彼らがやりたくないことだ。

だが、私たち進歩派議員団は、子ども、高齢者、病人、貧困層を痛めつけない公平な方法で、七年間で財政均衡を実現できるのか？　そう、できるのだ！　私は『バーリントン・フリー・プレス』に書いた論説で、企業優遇と富裕層免税の一部を廃止すれば、七年間で八千億ドル以上も節約できることを示した。詳細は、以下の例のとおりだ。

抜け穴

●多国籍企業の所得が各国に配分されているあり方を変える。一四三五億ドルの収入増。
●多国籍企業に対する外国税額控除と子会社所得免税を廃止する。八二五億ドルの収入増。
●外国子会社の所得についてのアメリカ親会社の納税遅延をやめさせる。五七億ドルの収入増。
●アメリカ国内の、外国が所有する企業の抜け穴をふさぐ。社債金利の非課税措置など。一九億ドルの収入増。
●外国で働くアメリカ国民に対する住宅と賃金の免税を廃止する。七二億ドルの収入増。
●海外民間投資会社を廃止する。五億六千万ドルの収入増。
●アメリカ企業の外国人大株主をキャピタル・ゲイン課税の対象にする。七〇億ドルの収入増。
●アメリカ製品を購入する外国に対する輸出入銀行の補助金を減額し、信用リスクに応じて手数料を引き上げ、融資を成長国の信用できる企業に振り向ける。一四億ドルの収入増。
●キャピタル・ゲインに通常の税率を課す。四九〇億ドルの収入増。

●プエルトリコなどのアメリカ領で操業するアメリカ企業の所得免税を廃止する。一九七億ドルの収入増。

補助金

●住宅ローン金利控除の対象上限を、住宅ローン三〇万ドルとする。三四八億ドルの収入増。

●企業に対して設備の減価償却費控除を実際の減耗より早く認めている基準を見直す。一六〇〇億ドルの収入増。

●経営者報酬の控除額に上限を課し、ストックオプション、超過給与、特典を課税対象利益とする。五〇〇億ドルの収入増。

●広告宣伝費の控除を廃止し、かわりに、認知度を高めるための資本費用として二〇パーセントの償却制を導入する。一八三億ドルの収入増。

●核兵器生産と核実験場の費用計上をやめる。三〇億六千万ドルの収入増。

●超高中性子束炉プロジェクト、トカマク〔核融合関連技術〕実験、ガス冷却型原子炉をやめる。九一億ドルの収入増。

●化石燃料と原子力開発への補助金を段階的に廃止する。二三〇億ドルの収入増。

●海軍石油保留地、オイルシェール保留地、戦略石油備蓄の買い入れを一時中断する。一四億ドルの収入増。

●クリーン・コール技術への研究費を停止する。三億三千万ドルの収入増。
●一八七二年鉱業法の特許条項を廃止して、公有地からの鉱物採掘に対して八パーセントの土地利用料を徴収する。三億ドルの収入増。
●セマテック〔官民合同の半導体開発事業〕と技術再投資プロジェクトへの補助金を段階的に廃止する。一五億ドルの収入増。
●NASAによるアメリカ航空宇宙企業への補助金を打ち切る。一八億ドルの収入増。
●アメリカ製の防衛装備品を購入する外国への補助金を中止する。二五億ドルの収入増。
●証券取引委員会と商品市場の運営をまかなうための手数料を引き上げる。四億ドルの収入増。
●農家への補助金を、一人あたり五万ドル以下の農家に限定することにより、富裕な農家への補助金を減額する。七億六千万ドルの収入増。
●外国の消費者によって購入される製品への補助金を中止する。四二億ドルの収入増。
●アメリカ企業による海外での宣伝広告活動と見本市への補助金を打ち切る。五億ドルの収入増。
●タバコへの補助金を打ち切る。二億八七〇〇万ドルの収入増。
●公有地での放牧使用料を引き上げる。二億八千万ドルの収入増。
●各州の交通計画やハイウェイ補助金プログラムのもとで不適格なハイウェイ・プロジェクトへの新規の資金拠出を廃止する。二六億ドルの収入増。
●国立公園の営業権に対して競争入札を実施する。二億八千万ドルの収入増。

防　衛

● B—2爆撃機を二〇機追加するための資金拠出を中止する。三〇〇億ドルの収入増。
● スターウォーズ計画と宇宙ステーションへの資金拠出を中止する。三五〇億ドルの収入増。

このような財政赤字削減計画の七年間での節約額は、八千億ドル以上に上る。二〇〇二年の予算を均衡させるのに充分な規模だ。そしてこれらは、私や進歩派議員団のメンバーが考え出した節約リストの一部にすぎない。何千万人ものアメリカ人が必要としているセーフティネットを破壊しなくても、この国を財政均衡に向かって動かせるということに、疑いの余地はないのだ。

一九九五年一〇月、私はこれらの多くを条項に含む企業責任法案、下院二五三四号を提出した。企業優遇との闘いを主導してきたのは進歩派議員団だが、納税者のお金の無駄づかいに驚いた実直な保守派議員からも支持を得た。結果として、企業優遇見直しの考えは主流派にも浸透し、この法外な無駄づかいを少しずつ削りはじめる法律がいくつか成立した。

私の選挙応援には、下院多数党院内総務は来てくれないかもしれないが、アメリカで最もおもしろい人たちが手を貸してくれる。ワシントンでは、「サタデー・ナイト・ライブ」〔NBCテレビのバラエティ番組〕の売れっ子コメディアンで『ラッシュ・リンボーはデブのアホ』の著者、アル・フランケンが、イースタン・マーケットで私たちの資金集めイベントを開いてくれた。一〇〇人ほどが集まったが、なかには長いこと音信不通だったヴァーモントの人たちもいた。アルに出会ったのは、ビル・マーのトークショー「政治的に正しくない」〔コメディ・セントラルの深夜テレビ番組〕に一緒に出演した時だ（なぜ私が出演したのかは全くわからないが）。アル・フランケンはアメリカで最もおもしろい人間の一人で、ニュート・ギングリッチや共和党右派を嫌っていた。彼のパフォーマンスは最高におもしろい。

バーリントンのほうでは、映画監督でテレビ・プロデューサー、そして作家でもあるマイケル・ムーアが選挙運動を手伝いに来てくれた。彼から支援を受けたのは誇らしいことだ。『ロジャー&ミー』は私の大好きな映画のひとつであり、アメリカ史上、最も成功したドキュメンタリーのひとつだと思う。ムーアのように政治を真剣に取り上げ、ユーモア感覚にあふれ、メディアを効果的に使うメディア人は、アメリカでもきわめて少数だ。

入場料は七ドルだから、大した資金集めにはならないが、そもそもそれが目的ではない。私たちは、ムーアのテレビ番組「TVネーション」に親しんできたであろう若い人たちをたくさん集めて、政治的に活性化させたかったのだ。三〇〇人が、あの野球帽をかぶったムーアに会いに来た。この男には裏表がない。あのまんまの人だ。ステージの上でも、彼のベストセラー『アホの壁 in USA』にサインする時も、ジェーンと私と一緒に食事する時も、気取らず、堅実で、とてもおもしろい。ムーアはバーリントンで大ウケだった。だが残念なことに、地元メディアはほとんど興味を示さなかった。

しかし、活発な資金集めをやっているにもかかわらず、私はだんだんイライラしてきた。スウィーツァーが私を攻撃するネガティブ宣伝が、一つではなく二つになったのだ。どう対処したらよいのか？（個人的には、ベッドに寝転んでテレビを観ていたら、いきなり自分を攻撃する宣伝が出てくるというのは最悪だ。五〇〇歳まで生きても慣れないだろうね。）

私たちが流した宣伝は、私自身も良いと思ったし、対話した人からの評判も良かった。シュラム、ディバイン、ドニロンが制作したもので、率直に、明確に、私の長年のテーマを扱っていた。どうやったのかは知らないが、私を明るくて親しみやすそうな人に見せてくれた。

映像には、私と共にヴァーモントの労働者、高齢者、若者が出た。彼らはギングリッチの方針に反対する私のことを語った。宣伝は私の関心事と影響力についても語った。六〇秒版が一つ、あとは三〇秒版だった。『バーリントン・フリー・プレス』は、スウィーツァーの宣伝と私の宣伝を比較するフォーカス・グループ調査をおこなった。グループはほぼ全員一致で、私たちの宣伝のほうが良いと評価した。しかし、それはスウィーツァーの新しいネガティブ宣伝がぶっ放される前の調査だった。そちらの影響はどうなのだろう？

私はネガティブ宣伝を放送したことは一度もない。対立候補を攻撃するだけの目的でテレビ宣伝を流したことはない。私は、ヴァーモントの人々が中傷合戦を望んでいるとは思わないし、私自身もそんなものに加わりたくはない。しかし、現にテレビで垂れ流されている嘘の宣伝に、どう対処したらよいのだろう？　無視してもいいのか？　反論すべきなのか？　反論すべきなら、どんなふうに？

コンサルタントが言うには、誤解を招く宣伝は放置してはならないというのが一般原則だ。何らかの反論をしなければならない。私は選挙運動の助言者たちと、取りうる選択肢について話し合った。私はスウィーツァーに対するネガティブ宣伝をやるべきか？　そうだと言う人は一人もいなかった。私たちは、彼女の論拠の誤りを訴えることで対処すると決め、メディア担当者に宣伝の制作をお願いした。私の実績についての誤解を正すように、ただしスウィーツァーへの個人攻撃はしないように。

一〇月二二日、私たちはヴァーモント大学で大きなイベントを開いた。グロリア・スタイネムが私の選挙応援のために来てくれて、彼女の講演を聴きに学生や地元住民が五〇〇人以上も来場し、大講堂からあふれんばかりだった。聴衆の多さはこの選挙運動の中で最大だった。びっくりしたし、うれしかった。大学生とX世代は政治に無関心で、自分のことしか考えていないと、たびたび言われてきた。いやあ、この日は違った。輝かしい光景だった。

まずグロリアの紹介をしたのは、ヴァーモントの女性運動で最も活発な人たち、サリー・コンラド、マーサ・アボット、ジュディ・マーフィーだ。グロリアのメッセージは、分析的でありながら、きわめて急進的だった。彼女は学生たちに、今日のアメリカに広がっている幻滅や失望の感覚は、いずれ偶然に生じたものではない、と語った。共和党、右翼、煽情主義に取りつかれたメディアは、いずれも政治を変質させている強力な勢力だ。

アメリカ企業界の戦略は、もはや、共和党や保守派に投票するよう人々を説得することではない、とスタイネムは若者たちに語った。新たな戦略は、人々にこう信じさせることなのだ――投票する理由は何もない、嘘つきばかりでうまくいきやしない、政治は腐りきって役立たずだと。だが失望してはいけない、と彼女は語った。進歩派は民主主義を求めて闘わなければならない。さもなければ、民主主義は私たちの足下から侵食されていくだろう。今の政治状況に幻滅することは、進歩派にとって自殺行為だ。左翼が政治に参加しなければ、右翼が強大になっていくだけだ。

若い聴衆はじっと耳を傾け、彼女のメッセージに敏感に反応した。グロリアは私に「名誉女性」の称号を授け、「第一〇四議会を生き延びた」ことを祝福してくれた。この選挙運動でいちばんうれしかったことのひとつだ。

チッテンデン郡選出の元州上院議員で人気者のサリー・コンラドも、強く応援してくれた。「ご存じのとおり、フェミニストであるためには、女性である必要はありません。フェミニストとは、この国の権力構造に立ち向かう人のことです。バーニー・サンダースはそのようなフェミニストです」

一方、スーザン・スウィーツァーは、グロリアのヴァーモント訪問をあまり歓迎しなかった。「実におもしろいことに、この方は女性にとっての強い味方とされているのに、このたびヴァーモントにやってきたのは、州全体の公職選挙に出ている唯一の女性候補者に反対する運動のためなのです」

スウィーツァーの宣伝に対抗する新しい三〇秒宣伝ができあがった。私の仲間で、とても有能なメディア・コンサルタントのタッド・ディバインがつくったものだ。思っていたものとかなり違った。ジェーンと私は電話でタッドと話した。宣伝は決して「ネガティブ」ではなかったが、ちょっと激しすぎると思ったので、やわらかくするようお願いした。

今や、「連合——真の変革のために行動するアメリカ人」と自称する団体が、何万ドルもの「独立支出」を使って、私に対するいっそうネガティブなテレビ宣伝を大量に流しはじめた。この団体は、合衆国商業会議所、全米製造業者協会、全米独立企業連盟が結成したもので、巨大企業による三三団体の連合体の一部分だ。この立派な方々は、アメリカ最大の企業の利害を代表して、最低賃金の引き上げや育児介護休業法に反対してきた。彼らはギングリッチの右翼的方針を全面的に支持している。そして今、私を打ち負かすために巨額の資金を使っているのだ。

あるワシントンの新聞を読んで、この団体が標的にしている一二人の議員のうちの一人が私なのだと知った。上院議員が二人、下院議員が一〇人だ。私を攻撃するネガティブ宣伝は、スウィーツァーのものと合わせて四種類になった。スウィーツァーはポジティブ宣伝も流している。大企業のカネがつぎ込まれているのは明らかだ。彼女の最近の連邦選挙委員会報告には、前週に二万六千ドルの大口献金があったことが示されていた。また、全米ライフル協会が、ヴァーモント州の会員全員に自動音声電話をかけ、広報誌でも私を打ち負かそうと呼びかけていたことがわかった。アメリカの中心的な反労働組合組織である全国自由労働権組織は、州じゅうの中小企業経営者に卑劣な手紙を送っていた。

　おもしろいことに、いちばん共和党寄りのテレビ局であるWCAXテレビは、「連合」の宣伝を放送することを拒否した。WCAXは、「独立支出」による意見広告にずっと反対してきたのだ。市民的自由の観点からすれば、私はこれについて複雑な心境だ。これでは、主義主張を訴えようとするグループが、仮に通常の広告料を支払う用意があっても、テレビ宣伝から締め出されてしまうからだ。でも、さしあたりは「論理的一貫性」よりも政治的現実のほうが大事だったことを、私は白状しなければなるまい。アメリカ企業界が、州最大のテレビ局を私のネガティブ宣伝であふれさせることができないのは、喜ばしいことだ。WCAXの方針に抗議する電話はかけなかった。

　メディア・コンサルタントのタッドから、反論宣伝の別バージョンを受け取った。今度は最初の案よりも適切な出来であり、テレビで放送するかどうかを話し合った。すべてのテレビ局に送り届け——準備は整った。

　同じ頃、私たちはラジオの宣伝を流しはじめた。州にはラジオ局が何十局もあるので、調整にかなりの時間がかかる。すぐにも放送してほしい局には、アンジェラ・マクダーナル、ピーター・ティムポニーら選挙運動スタッフが持っていってくれた。私たちは五種類のラジオ宣伝を流した。一つめは、テレビ宣伝の音声だけのもの。二つめは、友人であり、ヴァーモントの優れた作家であるマック・パーカーが書いた、とてもおもしろいもの。三つめは、自然保護有権者同盟が準備してくれたもので、ロバート・レッドフォードも出演する、環境問題についてのもの。その他は、選挙の重要な争点について、私の考えを率直に述べたものだった。原稿を私が朝に書いて、午後に録音をやった。

選挙期間の最後の一、二週間に、多くの新聞が支持候補者を発表した。予想どおり、州の主な共和党系新聞二つ、セント・ジョンズベリーの『カレドニアン・レコード』と『セント・オルバンズ・メッセンジャー』はスウィーツァーを支持した。世間を驚かせたのは、州最大の新聞『バーリントン・フリー・プレス』がジャック・ロングを支持したことだった。私は『バーリントン・フリー・プレス』の論説委員会からのインタビューで不快な思いをしていたので、その支持には驚かなかった。ここ数年、そして一九八〇年代初めまで、この新聞の社説面はきわめて右翼的だった。八〇年代半ばになって、やや中立的で穏健になったが、今や州の金持ちの守り手という立場に戻りつつある。

良い知らせは、『ベニントン・バナー』と『ブラトルボロ・リフォーマー』、それにいくつかの週刊紙の論説委員会が、私への強い支持を表明したことだ。『ラトランド・ヘラルド』は、前回の議会選挙と同じく、支持表明をしなかった。ただし、支持表明のためのインタビュー手続きをやったうえでのことだった。

一〇月三〇日、新しい世論調査結果が『ラトランド・ヘラルド』から出された。私のリードはわずか一三ポイントで、他の調査と比べるとかなり小さかった。サンダースが五〇パーセント、スウィーツァーが三七パーセント、ロングが四パーセントだった。形勢が不利になってきたのか？　スウィーツァーの勢いに弾みがついて、逆転されそうなのか？　そうは思わない。理由はわからないが、選挙戦全体を通して、『ラトランド・ヘラルド』の世論調査は、他の世論調査と比べるとスウィーツァーの支持がかなり高い。私たち自身の調査と比べてもそうだ。事実、この調査が示している一三ポイント差というのは、同じ調査の一カ月前の数字と全く同じだ。『ラトランド・ヘラルド』自身も、選挙戦はあまり動いていないようだと結論した。

私たちは結局、タッドが送ってくれた新しい宣伝映像を使わないことに決めた。それはきめ細かくバランスの良い出来だったし、私に対して四種類もネガティブ宣伝が放送されている今、効果的な解毒剤(げどく)になりそうではあった。しかし、私たちはここまでの選挙戦で、テレビ宣伝は厳密にポジティブなやり方だけでおこなってきた。私たちの考え方を語り、展望を語ることだ。それがヴァーモントの人々の望んでいることだと思った。私たちは最後までそれをつらぬいた。

いよいよ。一一月五日の投票日。やれやれ。選挙は終わった。長い、長い、長い選挙戦だった。

投票日には、私はお決まりの行動をとる。朝、ジェーンと一緒に聖マルコ教会で投票した。デーヴィッドも一緒に投票した（リーヴァイは別の投票所で投票し、ヘザーとカライナはすでに不在者投票を済ませていた）。メディアはいつ私が投票に来るのかわかっていて、私はテレビカメラに手短に話をした。こんなに緊張しているのかと、自分でびっくりした。無理してコメントした。

それから私は、一人で車を運転して、バーリントンの他の六つの投票所を全部まわった。市長の頃からの習慣だ。投票所の外に集まっている候補者や選挙運動員にあいさつし、投票率を確かめ、進歩派連合の候補者――バーリントンから州議会に立候補している四人――の応援を少しだけした。それから選挙事務所に行った。フィル、トム、マーサ、デーヴィッド、その他の人たちが、投票を呼びかける取り組みを順調にこなしているようだった。

午後は、ジェーンと一緒に車で、三〇マイル離れたセント・オルバンズに出かけた。フランクリン郡での私たちの選挙運動の責任者、ジョン・ギャラガーから、好調のようだと告げられた。彼は二年前の選挙でも同じ役をしていたが、今回は前より楽観的だった。何人かにあいさつしたり、ここでの選挙戦の状況を把握したり、握手を交わしたりした。

家に帰った。私は一息入れて、今回の選挙戦を回想してみた。勝つとは思ったが、一〇〇パーセントの確信は持てない。前回の選挙では、楽勝だと思っていたのに、たった三ポイント差でギリギリ勝った。今夜は負ける可能性があるか？　そりゃそうだ。負けるとは思わないが、もちろんその可能性はある。ヴァーモントの人々は、テレビにあふれかえったネガティブ宣伝の中身を信じているかもしれない。企業団体が州の全世帯に送ったらしいチラシ、私の家にも二通届いたあのツヤツヤのチラシを信じているかもしれない。選挙戦最後の数日間、私は家族と仲間たちに、負けてもあまり落ち込むなよ、と告げていた。私たちはがんばったし、最高の選挙運動をやった。勝つはずだが、負けもありうる。

いくつか電話をかけてから、ふたたびバーリントンの投票所に出向いた。バーリントンの「旧北端」の中心にあるバーンズ・スクールにしばらくいた。ここは労働者階級の地域であり、長年、ヴァーモントの他の地区よりも強力に私を支援してくれた。市長時代には圧勝をもたらしてくれたし、下院議員選挙でも大きな支えになっている。選挙の最後は、勝つにしろ負けるにしろ、友だちと一緒にいたい。

　天気はあまり良くなかった。霧雨が降りつづいていた。私はこの天気が気がかりだった。私たちが良い結果を出すのは、投票率が高い時だ。

　投票所の閉まる七時まで外にいて、それから帰路についた。選挙日の夜の集会は、湖岸にあるモナのレストランで開かれるが、勝敗が確実にわかるまでは行きたくなかった。自宅で家族と友人と一緒に結果を待つ。フィルたちが、州じゅうの選挙運動員から結果報告を受け次第、電話をよこしてくれる。自宅でテレビとラジオをつけた。人々はハムやソーセージをムシャムシャ食べていた。

8

私たちはここから どこへ行くのか？

7月4日〔合衆国独立記念日〕のパレードで、ジェーンと共に。アイオワ州デニソンにて。
大統領選挙の民主党予備選挙のための、選挙運動の初期のものだ。

一九九七年一月七日。私はヴァーモント州選出の下院議員として四期目の宣誓をおこなった。いまだに議会唯一の無所属議員。いまだに下院のはぐれ者だ。やることはたくさんあるが、無所属議員にとって、定まった道は何もない。

しかし議員を三期務めて、私は自分の仕事は何であるかをわかっている。ヴァーモントは小さな州で、下院議員は一人だけ。それが私だ。同僚たちと同じように、まずは自分の州を代表しなくてはならない。だから、私を選出してくれたヴァーモントと、その住民たちのニーズや心配事に気を配っている。この美しい州に与えられるべきあらゆるもののために闘うつもりだ。

二つめの責務がある。働く人々に影響を及ぼす問題が議会に上る時には、私はすべての働く人々の権利を守りつづけなくてはならない。大多数のアメリカ人のニーズのために闘いつづけなければならない。労働者、中間層、貧困層、高齢者、そしてわが国の子どもたち。すべてのアメリカ人には、品位と尊厳を持って生きる権利がある。そのための闘いを放棄するつもりはない。

長くワシントンにいるほど、三つめの責務がはっきりしてくる。唯一の無所属議員として、私は頑強な権力者たちや大企業集団が議論したがらない問題について、全力で論争を挑まなければならない。たとえそうした問題に取り組むことが、ワシントン公式の方針ではないとしても、それに取り組むべきだと言い張らなければならない。こうした問題の多くは複雑であり、解決策が全部わかるほど私は賢くない。しかし、次のことはわかっている。これらの難しい問題は、合衆国議会だけでなく、何百万ものアメリカ人が議論に加わった時、初めて解決されるだろう。それが民主主義に期待されていることだ。

実直な人々は、この国が直面している最も重要な問題とは何かについて、それぞれ違った意見を持っている。私の意見を率直に言おう。富の不公平な分配。まともな給料が出る仕事の減少。民主主義の衰退。企業メディアの野放しの権力。医療制度の機能不全。教育の不備。他にもこの国が直面している深刻な問題があるのは明らかだが、これらは私のリストの筆頭にあるものだ。こうした問題にまともに対処できたら、この国は、いつも実現を約束してきた「偉大な社会」というものになるだろう。

腕まくりして、取り組みはじめたらどうなのか？

二つの驚くべき事実を示したうえで、疑問を投げかけたい。事実一。一九九三年、ウォルト・ディズニー社のマイケル・アイズナー社長は二億ドルを稼いだ。事実二。アメリカの子どもの二〇パーセントが貧困状態にある。さて、この二つの事実――アイズナーの給料のとんでもない下劣ぶりと、およそ四人に一人の子どもを貧困生活の中に置く不当な仕打ち――のどちらも、公の場で話題にならないのはなぜなのか？　なぜ私たちは、O・J・シンプソン〔殺人容疑で逮捕された俳優〕やスーパーボウルや飛行機事故のことはよく耳にするのに、働く人々の賃金が下がっている時に、大企業の最高経営責任者が平均で年収三〇〇万ドル以上を稼いでいることは、それほど耳にしないのか？「ABCイブニング・ニュース」で目にすることと、マイケル・アイズナーのディズニー社がABCを所有していることとの間に、何か関係でもあるのか？

私は陰謀論を吹き込みたいのではない。マイケル・アイズナー（あるいはルパート・マードックやテッド・ターナー（いずれもメディア企業家））が、夕方のニュースでどの事柄を扱うかを決めているはずはなかろう。それでも、つながりはある。大企業勢力がメディアを所有している。メディアは私たちの現実認識を形づくるうえで多大な役割を果たしている。私たちの現実認識は、この国の問題は解決しえない、というものになることがあまりに多い。解決しようがないのだから、もはや民主主義に価値はないと。

アメリカの主な問題のいくつかを、しっかり見ていこう。

金持ちがもっと金持ちになる一方で、他のほぼすべての人が貧しくなっている。ほとんどのアメリカ人の生活水準は下がっている。民主主義は危機に瀕し、寡頭政治が迫っている。私たちが知ることは企業メディアに決められている。医療制度はよろめいている。教育制度は危機を迎えている。

ぞっとするような光景だ。アメリカは先進国の中で、富の分配が最も不公平だ。中間層は縮小し、労働者階級は押しつぶされ、貧困層はかつてないほど貧困の深みにいる。民主主義制度は危機に瀕しており、洞察力のある人なら、これは民主主義ではなく寡頭政治だと結論するだろう。メディアは社会問題の認識のために情報を与え、その認識を形づくるものだが、そのメディアが、特殊な利害にどっぷり浸かった、ごく少数の巨大企業によって所有されている。何百万人ものアメリカ人が医療保険を持っておらず、医療供給の質もわずか数年のうちに劇的に悪化した。民主主義的な教育制度は、かつては経済的・政治的平等への入り口だったが、初歩的なスキルさえ子どもたちに与えられないことが多く、もうすぐ崩壊してもおかしくない。

しかし、これらの問題群がいかに巨大だとしても、**それぞれの問題は対処でき解決できるものだ。**ニュート・ギングリッチの「アメリカとの契約」のような、悪玉を仕立て上げるキャンペーンではなく、これこそをこの国の立法方針の基本にすべきなのだ。

先進国の中で、合衆国ほど貧富の格差が大きい国はない

アメリカ人の最も豊かな一パーセントは、一九七六年にはこの国の富の一九パーセントを所有していたが、今では四二パーセントを所有している。このトップ一パーセントは、下から**九〇パーセントより多くを所有している。**一九八三年から一九八九年の間に、この国の富の増加分の六二パーセントがトップ一パーセントの手に渡り、富の増加分の九九パーセントが上から二〇パーセントの手に渡った。アメリカの主要企業の最高経営責任者は今、労働者の一七〇倍の稼ぎを手に入れている。この最高経営責任者と従業員との格差は、主要国で最も大きい。一九八二年には、資産一〇億

ドル以上の億万長者は合衆国に一二人だった。今では一三五人だ。

他方で、過去二〇年の間、アメリカの家族の八〇パーセントが経験したのは、所得の減少もしくは停滞だった。事実、アメリカの労働者の五分の四は、インフレ調整後の平均収入が、二〇年間に一六パーセントも減ったのだ。子どものいる若い家族——世帯主が三〇歳未満——のインフレ調整後の中位所得は、一九七三年から一九九〇年の間に、三二パーセントも減った。二〇年前、アメリカの労働者は世界でいちばん報酬が良かった。今、アメリカの労働者の給与と手当は、先進国で一三位だ。一九七三年、平均的なアメリカ人は週に四四五ドル稼いだ。二〇年後、その稼ぎは週三七三ドルになった。そして彼らは、少なくなった給料を求めて、前より必死に働いている。アメリカの労働者は、西ヨーロッパの労働者よりも、年に二〇〇時間も多く働いている。西ヨーロッパの労働者はたいてい四、五週間の休暇を取っており、それが法律で決められていることが多い。

給与表のいちばん下にいるアメリカ人は、今や先進国でいちばん安い労働者だ。フルタイムの仕事をしている労働者の一八パーセントは、その賃金では貧困水準以下の暮らししかできない。現在、アメリカで新しく生み出される雇用の大半は、時給わずか六・〇〇ドルか七・〇〇ドルで、医療保険も退職金もなく、有給の病気休暇や私的休暇もない。今やこの国の労働力の三分の一は「非正規」労働で、雇用の保障が全くない。

統計はもういい。単純な事実は、今日の経済は大金持ちにはとてもうまくいっているが、庶民のニーズを満たしていないということだ。

こうしたおぞましい動向を逆転させることは、専門家が言い立てるほど難しいことではない。解決策は、何はさておき、税金の話をすることだ。なぜ共和党議員は、口を開けば「増税はしない」と言うのか、考えたことがあるだろうか？　それは、累進課税政策が、富がより公平に分配されるようにするための、最も効率的で強力な方法だからだ。共和党議員も、多くの民主党議員も、不平等に賛成です、と口に出しては言わないが、富の公平な分配を望んではいない。それで「増税はしない」という呪文をくり返すのだ。

富の不平等の拡大を逆転させはじめるために、私たちにできるのは、過去二〇年にわたって金持ちに与えられてきた優遇税制を取り消すことだ。一九七一年から八一年にかけて、中位所得家族の社会保障税と所得税の合計は三二九パーセント上がったが、所得一〇〇万ドル以上の個人と家族のそれは三四パーセント下がった。レーガンは、民主党多数の議会の支持を得て、最富裕層にかかっている連邦税の最高税率を、七〇パーセントから二八パーセントに引き下げた。他方、カーターとレーガンは、働く人々に対して、逆進的な社会保障税をかなり引き上げた。一九七七年から九〇年までの間に、社会保障税は九回も引き上げられ、三一パーセント上がった。一九五三年には、すべての税金のうち三三パーセントを企業が支払っていた。今日では、企業は一〇パーセントも支払っていない。一九八〇年代には、数十億ドル規模の企業の一部は、税金を一銭も払わなかった。

「公正な税制を求める市民の会」が指摘するように、もし議会が一九七七年以降に税制を「改革」しなかったら、一九九二年には、一〇人に九人のアメリカ人は連邦税の支払いがもっと少なかったはずだ。しかし、信じられないほどだが、連邦政府が得る税収は約七〇〇〇億ドル多かったはずだ。連邦赤字のかなりの部分に相当する。

いま必要なのは、過去二〇年間の政策の方向を逆転させること、そして合衆国に真に累進的な税制を導入することだ。この国に百万長者や億万長者が増殖している今、金持ちは応分の税金を払いはじめなければならない。クリントン大統領の功績だが、彼の最初の一九九三年予算は、まさにそれをやった。富裕層の税金を引き上げるとともに、勤労所得の税額控除を増やすことで、働く貧困層の税金を引き下げたのだ。しかし、それは小さな前進にすぎなかった。しかもクリントンは、ふたたびやりそうには見えない。

私たちは、より累進的な所得税を確立しなければならない。たくさん稼ぐ人ほど税金を多く支払うのだ。それは公正な原則だし、より高い累進性は、いま私たちを苦しめている所得不平等を緩和するものだ。年に二〇万ドル以上も稼ぐ人たちが、今よりずっと大きな割合を税金に払うべきではない、という根拠はない。もちろん、富裕層の強欲はとどまるところを知らない。彼らや、その保守的代弁者の多くは、国民に一律税を売り込もうとさえしている。億万長者が払う税率を、サービス産業で時給五・五〇ドルを稼ぐ二児の母と同じにしようというのだ。それはまさしく間違った方向だ。私たちは公正な原則をあらためて主張しなければならない。社会から経済的恩恵を最もこうむった人々が、その社会を維持するために最も多く支払うべきなのだ。

また、ヨーロッパ諸国の多くが備えているような、資産に対する課税を確立するのも、まさに今やるべきことだ。簡単に言えば、資産税とは、とても裕福なアメリカ人、何百万ドルも持っている人々に、その蓄積した資産に対する税金の支払いを求めるものだ。資産を築くことを可能にしてくれた社会に何ら還元せずに、もっともっと金持ちになる、ということを許さないものだ。資産課税によって、年に数百億ドル徴収できるはずだ。

私たちは、法人税の抜け穴をふさぐことによっても、富の不公平な分配を逆転させることができる。企業に対する免税、補助金、その他の優遇措置を撤廃すれば、年に一二五〇億ドル節約できるだろう。こうした節約分は、医療、教育、社会サービス、そして財政赤字の穴埋めにあてることができる。企業に対する特別な優遇措置を削減することで、働く家族を大いに助けることができるだろう。しかもそのためには、庶民は一銭たりとも余分に税金を払う必要はない。

なぜ大多数のアメリカ人は、彼らの利益に気を配ってくれる、より公正な富の分配のために闘う政府を選ばないのだろう？　その疑問に答えるためには、ある不都合な真実を直視しなければならない。それは、現在のアメリカ民主主義の基本構造がきわめて脆く、現在打ち立てられているアメリカ政府が庶民の利益を代表していないことだ。

企業メディアはあまり報じないが、事実は明白だ。一九九六年の大統領選挙で、投票したのは有権者の半分に満たなかった。その二年前、ギングリッチが支配する議会が選ばれた時は、国民のたった三八パーセントしか投票しなかった。他のほとんどの主要先進国では投票率が七〇パーセント以上あるのと対照的だ。南アフリカでは、初めての投票権を行使するために、たくさんの黒人が辛(しん)

抱強く並んで投票を待ち、なかには三日も待っている人もいた。全体としての投票率は、話の一部でしかない。貧困層はほとんど投票しない。さまざまな年齢層の間でも、若者は他に比べて投票数が少ない。民主主義的なプロセスに対する冷笑が、かつてないほど広がっている。民主主義的な変革の可能性に対する信念が、かつてないほど脅かされている。

このことは、民主主義の健全さについて、何を物語っているのか？　今や、アメリカは寡頭政治になる危険があるということだ。

寡頭政治とは、少数の集団が権力を持っている政治形態だ。この国の将来が、ますます少数の集団によって決定されつつあることは明らかだと思う。貧困層は、法律によってではないが、事実上、公民権を剥奪されている。若者は、投票行動は自分の現状と将来にほとんど関係ないと思っている。庶民は、政治プロセスは自分にとって役に立たないと判断している。だから、かつてないほど投票数が少ない。

最近の選挙では、「一人一票」という概念が、大金の影響力に取ってかわられてしまった。お金をたくさん持っているほど、強い権力を持つことになる。一部の国民は、自分の選んだ政治家や政党に何十万ドルも寄付することで参加する。多くの国民は寄付もしないし投票もしない。〔ジョージ・〕オーウェルをもじれば、明らかに、一部の国民は他の国民よりも平等だ〔『動物農場』に出てくる農場の掟のひとつ〕。

民主主義を弱らせることは、富と企業権力をたくさん持っている者の利益になる。人々が持つ力が弱くなるほど、アメリカの経済と資源を支配している者へのチェックが甘くなる。政治プロセスに参加しても意味がないという考えが強くなるほど、人々は、公正な社会とまともな生活水準への希望を捨てがちになる。

もうわかっただろう。富裕層とその政治的代表は、人々を投票所から遠ざけるのに懸命なのだ。彼らは、人々が投票しやすくなる立法に、激しく反対してきた。彼らは選挙資金のあり方を堕落させ、市民が政治プロセスへの信頼を失うようにした。彼らはネガティブ宣伝を高等技術の域に押し上げ、その結果多くの有権者が、泥仕合の選挙への嫌悪感を、投票しないという形で示すようになった。彼らは社会プログラムを解体しはじめたので、市民は、政府は自分のニーズに全く応えられないし、応えるつもりもない、と感じるようになった。

民主主義を再生するために、私たちに何ができるだろう？　何千万人ものアメリカ人を政治プロセスに戻すために、いったいどうすればいいのだろう？

民主主義をふたたび活性化させるための単純なステップ

選挙プロセスをふたたび活性化させるのは、ある意味、単純なことだ。より多くの人に投票させることが目標なら――確かにそれは目標にすべきだ――一八歳以上のすべてのアメリカ人の自動選挙人登録を今すぐやるべきだ。「情報ハイウェイ」による技術の発展を考えれば、社会保障カードか運転免許証さえあれば、投票には充分なはずだ。投票日までにみんな登録完了できる即日登録をやるだけでも、投票率はかなり上がるだろう。

同様に、投票をもっと簡単にしなければならない。他国でやっているように、少なくとも一日の週末を含む二、三日にわたって投票所を開き、働く人々が投票できる時間を長くすべきだ。オレゴン州は、それとは別の方法を示している。オレゴン州では、最長で四週間、郵送で投票できるようにし、結果として投票率が上がったのだ。

しかし、私たちがしなければならないのは、単に投票率を上げることだけではない。政治プロセスについて、市民への教育をもっとしっかりやらなければならない。今こそ学校で、若者に民主主義の教育をすべき時だ。市民の権利と義務のことを、学校のカリキュラムが、サッカーの学校代表チームや、家庭科や、せめて自習時間と同じくらい真面目に取り上げるようになれば、若者は民主主義のプロセスにもっと参加するようになるし、もっとよく学ぶようになるだろう。

「しかし、カネが選挙をダメにしてしまう問題はどうするんだ?」と言われるだろう。全くおっしゃるとおりだ。選挙資金を徹底的に改革しないかぎり、民主主義をふたたび活性化させることはできない。カネで影響力を買えることによって、選挙資金は政治プロセスを歪めている。それだけではない。巨額の献金や、カネによる政治力の買収がおこなわれているせいで、多くのアメリカ人は、国の政策決定にとっては投票よりもカネが重要なのだと考えている。その認識は誤りではない。

カリフォルニアのような大きな州もあれば、ヴァーモントのような小さな州もあるので、全国レベルでの選挙資金改革はちょっと複雑になるが、それでも真の選挙資金改革に含まれるいくつかの要素は明白だ。いちばん大事なことは、一回の選挙で候補者が使える金額を制限することだ。選挙に勝つために必要なお金が少なくて済めば、大口献金者の影響力は弱まるだろう。そして、選挙資金がほどほどに制限されていれば、選挙を「買収する」のはもはや不可能だ。いいかい。現状では、運動資金をいちばん持っている候補者が、ほとんどいつも勝ってしまうのだ。

どうすれば、選挙資金の支出を制限できるのか？　いくつかの選択肢がある。まずやるべきことは、どの方法がいちばん良いかについての国民的議論だ。選挙運動に公的資金を提供して、候補者が使える金額に制限を設けるというやり方がある。あるいは、数年前に民主党が提案したように、候補者への、たとえば二〇〇ドル未満の献金を、公的資金で補助するというやり方もある。こうすることで、巨額献金によって選挙資金が牛耳られることはなくなり、庶民の影響力が倍増するだろう。あるいは、すべての候補者に一定時間、テレビ放送を無料で利用できるようにすることもできる。結局のところ、テレビ宣伝は選挙運動で最大の支出項目であり、選挙費用をどんどん高くしている原動力なのだ。バンドリング〔個人献金を集め、まとめて献金する行為〕、「ソフトマネー」〔迂回献金〕、一万ドルの夕食会で集めた巨額の個人献金、「候補者とは無関係の」独立支出による宣伝といった、金持ち集団が支出制限を避けながら影響力を買える方法は全部、制限できるし、制限すべきだ。

どの道をとるにしても、私たちは以下の大事な要件に取り組まなければならない。支出できる金額に上限を設けること、公的資金を提供すること、民間資金を制限すること、小口献金を奨励すること、テレビ放送を無料または安く利用できるようにすることだ。私たちの目標は、市民の八〇パーセント以上が投票するようにすること、カネではなく票こそがリーダーのとる方向を決めるようにすること、投票者が充分な情報を得られるようにする取り組みを劇的に増やすことだ。

企業マスメディア——アメリカの語られざる事件

民主主義がうまくいくためには、知性と知識を備えた有権者が不可欠だ。私たちはその理想に遠く及ばない。アメリカ民主主義の危機のいちばんの原因は、メディアを牛耳る寡占（かせん）——ひと握りの巨大企業——にある。それらは表向きは、アメリカの人々に、いま何が起きているのか、私たちの政治的選択肢は何かという情報を与えている。控えめに言っても、メディアは、人々が活力ある民主主義への積極的な参加者となるために知るべきことを伝えるという点で、恐ろしくひどい仕事をしている。

アメリカ人はニュースのおよそ八五パーセントをテレビから得ている。そのほとんどは六大テレビネットワークから来るものだ。NBCはゼネラル・エレクトリック社に所有されている。CBSはウェスティングハウス社に、ABCはディズニー社に、フォックスは右翼の億万長者ルパート・マードックに所有されている。CNNは最近、世界最大のエンターテインメント複合企業、タイム・ワーナー社に買収された。「公共」テレビもまた、さまざまな企業利害に支配されるようになっている。

テレビの問題は、何が報じられているかということだけではない。もっと大事なのは、何が報じられていないかなのだ。O・J・シンプソン裁判については何千時間も聞いているのに、貧富の格差の拡大や逆進的な税制についてはほとんど話題にならないのは、決して偶然ではない。飛行機事故のことは大々的に報じられるのに、企業が国内投資を減らしていることはほとんど報じられないのはなぜなのか？

ビジネス番組や金融情報番組はたくさんある。ところが、一五〇〇万人のアメリカ人は労働組合員であるのに、労働組合運動の目標と問題点や、アメリカ労働者のニーズをもっぱら報じる全国テレビ番組はひとつもない。実際、ほとんどのアメリカ人は、働く人々の生活を守るために労働組合が果たしてきた積極的役割についての番組など、ゴールデンタイムに見たことは一度もない。さまざまなトークショーに極右がレギュラー出演しているが、ゴールデンタイムのテレビで進歩派の意見を聞くことはめったにない。

過去二〇年間で最も重要な「事件」は、働く家族の生活水準が急激に下がったことだ。テレビは、何千マイルも遠くで起きた地震のことはすぐに報じるのに、この話題は「見逃して」しまったようだ。

企業が主要テレビネットワークを支配することによる利益相反は計り知れない。ゼネラル・エレクトリックを少し見てみよう。国内最大の企業であり、NBCテレビネットワークを所有している。ゼネラル・エレクトリックは、兵器製造で数十億ドルを稼いでいる。だから、国防支出と外交政策に強い関心を持っている。ゼネラル・エレクトリックは、安い労働力を活用するために、数千ものアメリカの職を海外に移した。だから、NAFTA、GATT、中国の最恵国待遇といった、合衆国の貿易政策を形成する問題に強い関心を持っている。一九八〇年代初め、ゼネラル・エレクトリックは、連邦税を全く支払わずに済ませていた——今、また同じ立場になろうとしている。だから、連邦税制に強い関心を持っている。ゼネラル・エレクトリックは、反労働組合的な企業として長く知られており、いつも労働者とぶつかっている。だから、労働政策に強い関心を持っている。

ゼネラル・エレクトリックは、〔共和党〕大統領候補のボブ・ドールが支配するパック〔政治資金団体〕に一〇万ドル献金した。過去には、二大政党の両方にたっぷり献金してきた。だから、選挙資金改革を邪魔する取り組みに強い関心を持っている。ゼネラル・エレクトリックは、何十億ドルも金融機関に投資している。だから、銀行や保険の規制に強い関心を持っている。ゼネラル・エレクトリックは、電子メディアに何十億ドルも投資してきた。だから、通信立法に強い関心を持っている。これらは、ゼネラル・エレクトリックが利害を持つ分野のほんの一部だ。

ゼネラル・エレクトリックの巨大な金銭的利害が、NBCのニュースや番組編成に影響を及ぼすことはありうるのか？　はっきり言えば、そうでないと信じているようなら、あなたは相当オメデタイのだ。しかしもちろん、それはゼネラル・エレクトリックに限った話ではない。最近ディズニーはABCを買収し、ウェスティングハウスはCBSを買収し、タイム・ワーナーはCNNを買収した。『ニューヨーク・タイムズ』は『ボストン・グローブ』を買収した。ガネット・コーポレーションは片っぱしから新聞社を買収している。ルパート・マードックはフォックス放送を所有し——そして『テレビ・ガイド』、二〇世紀フォックス、ハーパーコリンズ出版、さまざまな国の一五〇の新聞や雑誌を所有している。

今日、アメリカ社会の最大の危機のひとつは、メディアの所有権が、ますます少数の人々の手に集中していることだ。その結果、それらの手はかつてないほど強力になっている。言うまでもないが、この問題は企業メディアではあまり扱われない。では、メディア所有はどれぐらい集中しているのか？　ベン・バグディキアンは、『メディアの支配者』というとても重要な本を書き、次のように述べている。

●第二次世界大戦が終わった頃、アメリカの日刊紙の八〇パーセントは独立所有だった。今日、日刊紙の八〇パーセントを企業チェーンが所有している。たった一一社が、日刊紙発行部数の半分以上を支配している。

●アメリカの日刊紙の九八パーセントが、町で唯一の新聞として独占状態にある。

●アメリカで出版される雑誌は一万一千誌以上あるが、わずか二社が、すべての雑誌収入の半分以上を占めている。

●一万一千局の地域ケーブルテレビ局があるが、わずか七社が、六千万人のケーブルテレビ加入者の半分以上を占めている。

●三社がテレビ・ビジネスの半分以上を所有している。四社が映画ビジネスの半分以上を所有している。五社が書籍収入の半分以上を稼いでいる。

メディアにおける権力の集中により、少数の巨大企業が、私たちが何を知るかをほとんど決められるようになっている。しかし、それを制限することには、難しいジレンマがある――私は答えを持っていない。企業によるメディア支配の問題にまっすぐ対処したいが、最も貴重な二つの自由をないがしろにはしたくない。言論の自由と出版の自由だ。しかし、これらを侵害せずにできる改革はある。

自由で鋭敏なメディアを発展させるためにできる、三つの積極的なステップ

私たちがとるべき最初のステップは、反トラスト訴訟の活発化だ。二〇世紀の初め、鉄道トラストが中西部農家の作物販売を締めつけた時、議会は、トラストを分割し独占を制限するための法案を可決した。今日、私たちがメディア反トラスト立法を成立させることにも、同じような、いや、たぶんもっと差し迫った理由がある。思想と表現に対する独占の現状は、私たちの脆い民主主義にとって、明らかに深刻な危険だからだ。

第二のステップは、公共ラジオと公共テレビへの交付金を大幅に増やすことだ。交付金を増やせば、公共放送は、「制作協力」という遠まわしの言い方で企業名を出す広告収入に、もう依存しなくて済むようになるだろう。また、交付金を増やせば、公共ラジオ局や公共テレビ局が一気に増えるだろう。放送局が増えれば、公共放送はいっそう多様なニーズに応えられるだろう。

第三に、連邦通信委員会は、かつてこの国に大いに役立った二つの原則をふたたび確立すべきだ。公共サービス要件と公平原則だ。すべてのテレビ局とラジオ局は、今一度、番組編成の一定割合を公共サービス放送に割くよう命じられるべきだ。信号を伝える電波や、ケーブルを敷設する地面の利用権は、つまるところ公共のものなのだ。そしてすべてのテレビ局とラジオ局は、今一度、公平原則に従わなければならない。放送で示された見解に反対意見を持つ人には、そこで反論を述べる権利がある、という原則だ。

いま何が起きているのか、世界はどのようなものか、どうしたら世界を変えられるのかについて情報を伝える「業界」の独占状態は、以上の取り組み――反トラスト訴訟、公共放送への交付金、連邦通信委員会の強い役割――によってひっくり返せるだろうか？　残念ながら難しいだろう。マスメディアは、金持ち集団が支配力を維持するうえで、きわめて多くの利益をもたらす重要なものだ。そう簡単には抑え込めない。しかしこれらの取り組みは、企業による支配を抑制し、情報がもっと自由に行き交う社会に向かうための、重要な一歩にはなるだろう。

ではさしあたり、次のように想定してみよう。メディアがもっと多様な意見へと開かれ、活発で情報豊かな民主主義が確立され、富がより公平に分配されはじめたと。私たちの夢見るアメリカを建設する偉大な仕事は、これで成し遂げられたのだろうか？

そんなわけはない。その仕事はやっと始まったところにすぎない。

進歩派の方針を、できるだけわかりやすくまとめよう。それは、すべてのアメリカ人が、きちんとした、給料のまともな仕事を持てるまでは、この国の約束はもう果たされたなどと満足するわけにはいかない、ということだ。

人員削減、雇用流出、労働者との戦い――どん底に向かう競争

私はリンドン・ジョンソンの大統領時代を覚えている年齢だ。当時、政府は「貧困との戦い」を遂行していた。近年、貧困との戦いは、二大政党の議員によって、「貧困層との戦い」に変えられてしまった。さらに、重要なのにあまり知らされないことだが、ロナルド・レーガンが大統領に選ばれてからというもの、アメリカ企業界は労働者に対する戦争をおこなってきた。

私たちは「人員削減（ダウンサイジング）」の時代に生きている。給料のいい労働者が大量に解雇され、その大鉈（おおなた）を振るった経営幹部が巨額の賞与を手にする。そうした労働者は、いわゆる「非正規」労働者に置き換えられることが多い。毎日、三五〇〇万人以上のアメリカ人が、臨時あるいは契約労働者として仕事に出かけている。三人に一人の割合だ。一九八〇年代に民間部門で生み出された雇用の三分の二が、正社員ではなく臨時雇用だった――この社会の先行きを表す指標だ。非正規労働者の階層は急激に大きくなっており、人によっては、それは一〇年以内にフルタイムの正社員を凌駕（りょうが）するだろうと推定している。マンパワー社は、今や合衆国最大の民間企業であり、約六〇万人を雇用している。

人員削減と臨時雇用がもたらす結果は、労働者にとって破壊的だ。企業利益を押し上げる、もうひとつの主な戦略もそうだ。すなわち、アメリカの雇用を国境の外に送り出すことによる人件費削

減だ。今日のグローバル経済では、アメリカの主な輸出品は雇用だ。メキシコの労働者を時給一ドルで雇えるのに、わざわざアメリカの労働者に、生活できる賃金を払うか？　中国では、時給は二〇セントだ。

労働者との戦いの帰結は、もうわかっている。非正規労働者が増え、何百万もの雇用が輸出されるにつれて、フォーチュン五〇〇社のフルタイム従業員数は劇的に減った。それは二〇年前には労働者の一九パーセントだったが、今日では一〇パーセント未満となっている。一九七九年から一九九四年までに、フォーチュン五〇〇社のうち最も卓越した一〇社（フォード、AT&T、ゼネラル・エレクトリック、ITTを含む）だけでも一〇〇万人以上、まともな給料の製造業雇用が削減された。まさしくその時、それらの企業の多くは、中国、メキシコ、その他の低賃金諸国で投資を拡大し、雇用を生み出していた。

雇用の伸びが最も大きいのはサービス部門であり、低賃金で、手当が全くないこともしばしばだ。一九八〇年代に生み出された雇用の四分の三以上が、低賃金の小売業とサービス産業のものだった。人々は必死に仕事を求めているが、まともな給料の仕事にありつけることはほとんどない。より長い時間働いて、より少ない賃金を稼いでいる。多くの人は、破産しないために、二つの仕事、時には三つの仕事をかけもちしている。雇い主と労働者との絆――きちんと働けば雇用は安心という約束――は壊されてきた。経済的保障がないため、アメリカン・ドリームが崩れつつある。

はっきり言おう。政府には、すべての国民に仕事を与える経済、すべての国民に経済的福利を保障する経済をつくりだすために、役割を果たす責任があるのだ。

中間層を再生し、貧困を削減するために必要なこと——まともな給料の仕事

政府が国民のために何をするかを語るのは、今の流行りでないことはわかっている。今は「愛のムチ」、適者生存の時代であり、自分のことは自分でやるものとされている。もはや国家による産業政策は時代遅れだと、アメリカ企業界の擁護者たちは考えている。もっとも彼らは、国家が産業政策として「自由市場資本主義」を促進したり「自由貿易」を確立したりする大がかりな取り組みには、何も文句を言わない。連邦準備制度理事会〔中央銀行〕が失業を高める決定〔利上げ〕をする時、大企業が「政府の干渉だ」と叫ぶのは聞いたことがない。貧困層の福祉（ウェルフェア）はどんどん切り捨てられるが、企業優遇措置（ウェルフェア）は最富裕層によって熱心に擁護されている。金持ちには社会主義、貧困層には断固として個人主義。そんなふうに見える。

率直に言って、わが国の経済政策の多くは不名誉なものであり、普通の労働者を犠牲にして、少数の金持ちに恩恵を与えるようにつくられている。国防産業に対する「レイオフへのペイオフ」。人員削減のための免税措置。NAFTA、GATT、中国の最恵国待遇といった、企業に雇用を海外流出させやすくする貿易政策。

今こそ、庶民のためにうまく働く経済プログラムを展開して、中間層を再建し拡大すべきだ。世界で最も豊かなこの国で、すべてのアメリカ人が、まともな暮らしを維持できる仕事を持ってはい

けない理由などない。これを実現するために、政府にできることはたくさんある。

第一に、政府はふたたび、資本と労働の立つ土俵を公平にすることができる。一日八時間労働、週休二日制、雇い主の提供による医療補助や年金計画、労働安全立法や児童労働禁止立法があるのは、主として労働組合のおかげだ。労働組合は、メディケア、メディケイド、住宅取得支援、その他多くのプログラムのための取り組みを主導し、今では何百万人ものアメリカ人がそれらを享受している。二〇年前、アメリカの労働者が給与と手当の点で世界をリードしていたのは、強力な労働組合があったからだ。今日、アメリカの労働者が、給与と手当の点で世界一三位であるのは、偶然ではない。

一九五四年には、ほぼ三人に一人の従業員が労働組合に加入していた。今日、組合加入者は、従業員の六人に一人にも満たない。この組合加入者数の衝撃的な減少は、決して歴史の偶然ではない。数十年間、連邦政府は、労働立法と全国労働関係委員会を通じて、労働者と経営者の土俵を公平に保つ審判の役目をしていた。ところが、航空管制官ストライキにおけるレーガン大統領の組合つぶしの姿勢や、働く人々の権利とニーズに敵対する全国労働関係委員会委員の登場が、経営者をどんどん有利にしてきた。今日では、労働者がストライキに「勝つ」ことはほとんど考えられない。労働組合は、過去に獲得したものを守るだけのために苦闘している。どこを見ても、企業の側が支配的であり、労働組合は、後退していないとしても守勢に立たされている。

私たちは、労働者と経営者の契約交渉に公平性を確保するような労働立法を成立させる必要がある。公平な労働立法の実施は難しいことではない。この目的を達成するための法律は、ニューディール期に成立していたのだ。この立法は、ストライキをする労働者が恒久的に取り替えられてしまうことを禁止するだろう。また、簡単な書類確認だけで組合が承認されるようにするだろう。交渉単位の従業員の過半数が労働組合に加入していれば、その組合が自動的に彼らを代表することになる。労使間の交渉が行きづまった時には、最初の契約を支持する強制的仲裁を命じるだろう。誠実な交渉を拒否することが、経営側の主な戦術のひとつだからだ。この立法はまた、ストライキと二次的ボイコットの禁止を撤回するだろう。

本当の労働法改革はまた、全国労働関係委員会の執行権を強め、広げるだろう。これらの条項は一見どれも技術的だが、その影響力は巨大であろう。それらはふたたび「ルール」を確立することによって、労働者に闘いの機会を与えるだろう。まともな賃金、付加給付、安全な労働環境を求めて、解雇や膠着(こうちゃく)や孤立を恐れずに闘う機会を。

しかし、労働組合運動に公平な機会を与えるだけでは充分ではない。組合に入っていないことの多い、給料の最も低い労働者男女を、政府は守らなければならない。働く人々にとって、新たなグローバル経済は、どん底に向かう競争であることがあまりにも多い。アメリカの労働者は、中国、グアテマラ、ポーランドの賃金と張り合わなければならなくなってきている。

この問題に対して私たちは、せめて最低賃金を**生活できる賃金**に引き上げるぐらいのことはできる。昨年、大統領と議会はこの方向に一歩踏み出した。しかし不充分だ。最低賃金は、三人家族を貧困線より上の水準で養うのに充分な金額に設定すべきだ。最高経営責任者が、平均的な工場労働者の一七〇倍も稼いでいる国で、これができないわけがない。最高経営責任者の報酬は二四年間で五一四パーセント上昇し、他方、労働者の給料は物価上昇に追いつかなかった。

雇用の国外への大流出についてはどうなのか？　グローバル経済がアメリカの労働者にもたらす破壊的影響について、何かできることはあるのか？　専門家によれば、できることは何もない。しかし専門家というのは、その雇い主がみんなに聞かせたいメッセージを連呼するものだ。

貿易問題に率直に取り組み、今の貿易政策はまぎれもなく大災害だと理解することが必要だ。一二〇〇億ドルという記録破りの貿易赤字は、まともな給料の雇用を二〇〇万以上も犠牲にしている。クリントン大統領は、前任のブッシュ、レーガンと同じく、多国籍企業の利益を守る貿易政策を支持し、アメリカ労働者の利益を損なっている。ＮＡＦＴＡ、ＧＡＴＴ、中国の最恵国待遇を撤回し、新たな貿易政策を展開しなければならない。

賢明な貿易政策の中身を見ていこう。第一に、貿易そのものが目的ではないことを認識しなければならない。アメリカの貿易政策の役割は、アメリカの人々の生活水準を良くすることでなければならない。貿易政策を根本的に改め、「自由」貿易政策ではなく「公正」貿易政策に取り組まなければならない。それは、アメリカの製造業の雇用を守り、巨額の国際収支赤字を削減する、そんな立法を展開することだ。企業は**ここ**アメリカに投資するよう仕向けられるべきだ。現在はそうなっていない。企業が雇用を国外に流出するよう促す誘因は、補助金の直接交付から、優遇税制、税の抜け穴に至るまで、何でもありだ。今こそ、税法を厳しくして、企業優遇を廃止する時だ。外国の低賃金労働者に置き換えるために国内労働者を削減する企業に、罰を与える時だ。

この国が世界で最も大きく魅力的な市場であることの有利さを、雇用を守るために活かすのは大事なことだ。レーガン、ブッシュ、クリントンは、国内市場を外国製品に開放する政策を支持したが、見返りを求めることがあまりにも少なすぎた。同時に、私たちはアメリカ国内でも、新たな経済モデルを模索しなければならない。労働者所有企業をもっと発展させる必要がある。アグリビジネスから持続可能な農業への移行が、経済のためにも環境のためにも必要だ。私たちはあらためて主張しなければならない。ビジネスにとって、人間的なニーズを満たすことは、収益を増やすことに劣らず重要なのだと。

しかし、民間部門を改革するだけでは充分ではない。政府には、物的インフラと社会的インフラを再建するうえできわめて大きな役割がある。政府がその役割を引き受ける時、同時に何百万もの新たな雇用も生み出すことになるだろう。

アメリカを再建しよう――政府には果たすべき大事な役割がある

率直に言って、国民は、共和党員と保守的な民主党員からの強い圧力のもと、政府が本来何をするものかということに注意を払わずにきた。飲料水の質を守れる民間企業などない。まともな道路や安価な大量輸送手段を提供してくれる多国籍企業などない。どんな慈善事業でも、ホームレス全員に住宅を与え、飢えた人みんなの空腹を満たし、すべての人の身の安全を守ることなどできない。政府には、世の中を暮らしやすく安全にするための、きわめて大きな役割があるのだ。

物的インフラの再建とは、次のようなことだ。老朽化した道路や橋の補修。有害廃棄物が捨てられた場所の浄化。下水処理施設の建設。学校や図書館を修復し、コンピュータを設置して、すべてのアメリカ人が情報化時代に参加できるようにすること。塗料がはげて配管もガタガタの犯罪多発地域の家に、法外な家賃を払って住まなくてもいいように、何百万もの人々に手ごろな住宅を建設すること。速くて値段もほどほどの都市内・都市間大量輸送手段を確立すること。

社会的インフラの再建も重要だ。巡回のための警官がもっとたくさんいてもいいはずだし、よく教育された教師がもっとたくさん学校にいてもいいはずだし、看護師がもっとたくさん病院にいてもいいはずだ。質の高い安価な保育所を、すべての地域社会に用意すべきだ。肉の品質や、医薬品の潜在的な危険性や、航空機の安全性を監視するために、検査官がもっとたくさん必要だ。手ごろに使える老人ホームも必要だし、若者のための職業訓練も、失業者のための再訓練も必要だ。

これらを全部やっても、財政均衡に向かえるのか？

そんなことをするには、お金がかかるのではないか？　確かにお金はかかる。膨大な国家債務を抱えている時に、インフラ再建にお金を使うなんて馬鹿げているのではないか？　いや、馬鹿げてはいない。中間層を再建し拡大するための、最後の手段があるからだ。すなわち、国家の優先順位を根本的に変えなければならないということだ。

軍事費と企業優遇を削減すれば、アメリカのニーズを満たすには充分なお金が得られる。冷戦が終わったのに、この国は現在、年に二六〇〇億ドル以上を国防費に使っている（存在しない敵から西ヨーロッパと日本を守るために一千億ドルを使っている）。この二六〇〇億ドルとは別に、諜報活動に使われる年三〇〇億ドルと、エネルギーへの連邦支出に隠された国防関連支出二〇〇億ドルがある。国防関連に毎年使われるこの三一〇〇億ドルと、企業優遇に毎年使われる一二五〇億ドルとを合わせたら、インフラを再建して国民の喫緊のニーズを満たすには充分なお金が手に入る（これをやったうえで、なお世界最強の軍隊を持つことができる）。しかもこれは、富裕層に応分の負担をさせる、もっと累進的な所得税とか、百万長者に対する資産税とかをする前の話だ。

財政を均衡させるためには、貧しい子どもたちの栄養プログラム、メディケア、メディケイド、公的年金といった、切実に必要とされるプログラムを削らなくてもいい。財政均衡に向かいつつ、人々の生活を良くする幅広い分野の財源を大幅に増やすことができるし、その過程で、まともな給料の雇用を数百万も生み出すことができる。企業の利害よりも人々の利害を優先し、国家の優先順位を根本的に変える覚悟を持てば、私たちにはできるのだ。

アメリカの再建のためには、大統領も議会も充分に対処できなかった二つの問題に、特に焦点を合わせる必要がある。医療と教育だ。

単一基金制度を通じた、すべての人のための医療

南アフリカを除くと、アメリカは先進国で唯一、国民皆保険制度を持たない国だ。他のすべての先進国では、医療は権利であり、特権ではない。

クリントンが医療制度の改革に失敗した後、私たちが行き着いたのは、複雑で、利益優先で、受給者のことを考えない、非効率な医療供給制度だった。それは保険会社に支配される制度だった。そう、**支配される**のだ。

マネージド・ケア〔保険加入者が受ける医療内容を、保険会社が細かく指定する仕組み〕は、効率的であるかのように見せかけている。そう見えるのは、それが多くの人々の医療を削減し、そのぶんを少数の人々に割り当てているからだ。先の議会では、出産後の母親が二四時間は病院にいられるようにする法案を可決しなければならなかった。いかにひどい事態が生じているかの証左だ。保険会社は、銀行をドライブスルーにできるのだから、出産もドライブスルーでできるだろうと判断したのだ。

保険会社は、医療コスト削減の取り組みを広く宣伝しているが、医療の「管理（マネージング）」によって保険会社の収益を減らすような提案はしない。八千万人が無保険あるいは保険が不充分であるという医療危機に対して、解決策を見つけるのは難しくない。私たちに必要なのは、州レベルで運営される単一基金制度だ。現在、私たちは医療費の四分の一を、事務処理や組織運営に費やしている。単一基金制度によって、医療に関する事務処理のほとんどが削減され、かなりのお金が節約できる。それはすべてのアメリカ人に保険をかけるのに充分なものだ。すべての人を保険でカバーできるだけ

でなく、どの医者にかかるかを患者が決める選択の自由も取り戻せる。そして、これはアメリカが現在、医療に費やしている以上のコストを要するものではない。

みんなが医療を受けられることによって、何千万ものアメリカ人の生活の質が高まるだろう。それは、次のことをあらためて確認するための大きな一歩となるだろう。すなわち、民主主義社会における政府は、合理的で、非営利で、費用対効果の高い医療制度を発展させることを通じて、人々の基本的なニーズを満たすことができる、ということを。

来るべき教育危機

保守派は抜け目がない。教育制度に対する不満がアメリカじゅうに広がっていることを、彼らはちゃんとわかっている。しかし彼らは、学校を改善し教育機会を拡大するのではなく、民主主義をさらに解体するためにその不満を利用するつもりなのだ。この解体のための手段は「バウチャー制度」と呼ばれるものだ。

右派はすべての親にバウチャーを提供しようと考えている。バウチャーとは、公的資金によって提供される引換券であり、自分で選んだ教育をそれで買えるようになる。裕福な親はプレップ・スクール〔大学進学準備校〕の授業料負担を減らすためにそれを使うことができる。宗教心の厚い親は、子どもをパロキアル・スクール〔宗教団体が経営する学校〕に送ることができる——この仕組みのもとでは、教会と国家の分離は打ち捨てられる。他方、そのぶん、公立学校は資金を得にくくなるだろう。そして当然、公立学校は、貧困層と労働者階級の子どもが教育を受ける場所だろう。彼らの受けられる教育の展望が狭まり、アメリカ主流からの疎外が広がるだろう。

もはや社会は、すべての若者がアメリカの歴史について学ぶこと、異論と寛容の伝統について学ぶことに、関心を持たなくなるだろう。この国の最も民主主義的な制度——金持ちと貧困層、白人と黒人、国内生まれと移民が、共通のことに一緒に取り組む唯一の場所——が存在しなくなるだろう。

さらに不吉なのは、ひとたび政府と公教育との間の直接的なつながりが断たれてしまったら、教育に対する支援の大幅削減がとても簡単になることだ。右翼は、一〇〇万人の子どもを貧困者名簿に加える福祉削減や、何百万人もの低所得家庭の子どもに医療保険を与えないようにするメディケイド削減を推進できた。だとしたら、公教育に対する政府支援の大幅削減も、遠い先の話とは思えない。

これらは現実に起こりうる危険だ。しかしここでも私たちには、そんなことを起こさないためにできることがある。私たちは、質の高い公教育を支援すること、できるだけ良い教育を受ける権利がすべての子どもにあることを、あらためて確認する必要がある。公立学校の質を良くするため、連邦政府の補助金を増やすことができる。さらに私たちは、労働者と中間層にかかっている逆進的な財産税の負担を軽くするだろう。公教育に対する怒りの多くは、それがとても逆進的な税によってまかなわれているために生じるのだ。

奨学金、大学ローン、働きながら学ぶ課程。これらのために財源を充分確保することで、私たちは、すべての若者――そしてすべての大人――に、進んだ教育をめざす権利があるのだと主張できる。私たちは、ヘッドスタート〔低所得家庭の幼児の学習支援〕を拡大するために、もっと資金を提供できる。保育所に補助金を出せば、追いつめられている家庭を本当に支援しながら、すべての子どもに早期教育のしっかりした土台を保証できる。私たちはクリントン大統領の、困難が多く実験的なティーチ・フォー・アメリカ・プログラム〔大学卒業生を教育困難校に派遣する非営利団体への公的支援〕を、全国すべての教室を変貌させる、大規模な国内平和部隊に転換させることができる。

進歩的で民主主義的な未来に向けて

ここであらましを述べてきたことは、アメリカ社会を再建するための基本的なプログラムだ。しかし、やるべきことはまだまだある。

第一に、私たちは、人種差別、性差別、同性愛嫌悪を、この国から跡形もなく取り除かなければならない。すべての人にまともな仕事を提供し、若者により良い教育を提供することが、その取り組みの要になると私は確信している。リベラル派の多くは、ただ偏見に「反対」することだけが、公正で公平な社会の実現に必要なことだと思っている。それは正しくない。すべての男女が、アメリカ社会に居場所――それはまともな給料の仕事のことだと私は考えている――を持つようになって初めて、嫉妬と不安から生み出される憎悪を根絶しはじめることができるのだ。そして、すべてのアメリカ人が、さまざまな侮辱に立ち向かえるだけの経済的ゆとりを持てた時にこそ、アメリカ人は偏見から解放されるだろう。

私たちは環境保護にしっかりと気を配らなければならない。経済的に見れば、目の前のもうけのために土壌、空気、水を汚して、結局その汚れをきれいにするために数十億ドルを一〇年間も費やすことになるというのは、無意味なことだ。有害廃棄物が捨てられた場所の浄化に莫大なコストがかかっていることは、汚染はコストの先送りにすぎないという事実を明らかにしている。

健康の面から見れば、環境が悪化すると、はるかに病気になりやすくなり、日常生活の質が低下する。効果的な医療は予防から始まる。住みやすい環境を保全することは、私たちができる最良の医療投資のひとつなのだ。

環境に対して執事のように注意深くふるまうことは、企業がよく主張するほど非効率なことではない。環境を守ることは、新たな産業、新たな仕事、労働者がまともに生活できる新たな機会を生み出す。さらに、将来世代にとっては、私たちの愚行のせいで金銭面と健康面のコストを負担するようなことがなくなる。

この国が必要としていることはまだまだある。外交政策は自由と公正の原則によって導かれるべきだ。生活のあらゆる領域で、女性の平等権のためにしっかりと力をそそぐべきだ。犯罪と薬物中毒の根本原因や、どんどん増えている銃の流通のことを直視すべきだ。芸術を支援し、地域社会を再建し、退役軍人に敬意を払うべきだ。子どもたちには希望を、高齢者にはふさわしい敬意を手渡さなければならない。

みんなで一緒に取り組む勇気を奮い起こせれば、必要とされていることはできると、私は確信している。進歩的な未来を築くためには、進歩的な運動を築かなければならない。それは、アメリカのすべての地域社会で市民が立ち上がり、こう叫ぶということだ。「私たちは、すべての人のための経済的公正を信じる。私たちは、お金と権力のある人が不当な影響力を持つことを、もう受け入れない。私たちはこの国を変えるつもりだ。草の根から、やるべきことを始めるんだ」

今こそ、私たちたくさんの人がヴァーモントで始めたことを、あなたの地域で始める時だ。ゼロから民主主義を再建するために、立ち上がり、組織化し、政治プロセスを利用する時だ。

アメリカ人が——老いも若きも、黒人も白人も、男性も女性も、ヒスパニックもアジア系も、異性愛者も同性愛者も、退役軍人も不戦主義者も、労働者も学生も年金受給者も——草の根から進歩的政治に結集するならば、それはきっと大きく広がり、やがて合衆国を、かつてのような偉大な社会につくりかえるだろう。

進歩的で民主主義的な未来に向かうにつれて、何百万ものアメリカ人が政治プロセスに活発に参加し、自らの権利と子どもたちの権利のために立ち上がるその時、議会の過半数は、金持ちではなく庶民の利益を代表するようになるだろう。その希望が私を支えているのだ。その時、私たちはもう、下院のはぐれ者ではない。

下院が、そしてこの国が、私たちみんなのものになるのだ。それこそあるべき姿なのだ。

解説

アメリカ大統領選挙のはぐれ者

ジョン・ニコルス

バーニー・サンダースは、一九九七年に出た本書の初版『アメリカ下院のはぐれ者』を、「私たちはここからどこへ行くのか?」と題する章で締めくくった。彼はこの「私たち」の箇所に対して本気であり、ここで運動方針を示しているが、それは彼が合衆国上院に、そして最終的には大統領選挙に持ち込むことになるメッセージを先取りしたものだった。「人種差別、性差別、同性愛嫌悪を、この国から跡形もなく」取り除くこと。「おぞましい」貧富の格差を縮小させるために「累進課税政策」を確立すること。「単一基金制度を通じた、すべての人のための医療」を確保すること。「どん底に向かう競争」をもたらす貿易政策と労働者への攻撃を終わらせること。地域社会と学校への大規模投資と雇用創出によって、「アメリカを再建」すること。「企業によるメディア支配の問題にまっすぐ対処」しはじめること。「カネではなく票こそがリーダーのとる方向を決めるように」徹底的な改革を始めること。しかし、サンダース自身については、単に「やることはたくさんあるが、無所属議員にとって、定まった道は何もない」と記しただけだった。

サンダースは、下院議員としての自分の立場が盤石（ばんじゃく）であることをよくわかっていた。彼とハック・ガットマンが本書に記した一九九六年の選挙の後、サンダースは、州規模の選挙のすべてに六〇パーセント以上の得票率で勝利し、最終的に得票率は七〇パーセントを上回ることになった。しかし彼は、どんなに声高な議員でも飲み込まれてしまいがちな下院の中で、四三五人のうちの一人にすぎなかった。民主的社会主義者が下院にいたことは、今までにもあった。一九一〇年代と一九二〇年代には、ミルウォーキー選出のヴィクター・バーガーや、ニューヨークのロウワー・イースト・サイド選出のマイヤー・ロンドンといった社会党員がいた。一九七〇年代と一九八〇年代には、カリフォルニアのロン・デラムズなどのアメリカ民主的社会主義者党員がいた。しかし彼らの中には、合衆国上院に鞍替えした者はいなかったし、ましてや民主党の大統領候補を決める予備選挙や党員集会に飛び込んだ者などいない。サンダースの言ったとおりだ。無所属の下院議員にとって、頼るべき歴史的先例はなく、定まった道は何もなかったのだ。

バーニー・サンダースは、自分で道を切り開かなければならなかった。

二〇〇五年の夏、『アメリカ下院のはぐれ者』が出版されてから一〇年近く経った時、その道はこの無所属議員を、ヴァーモント州ウォーレンの屋根つき橋を渡ったところへと導いた。

村の中心の大通り沿いに並ぶ、白いコロニアル様式の家々から、星条旗が吊るされていた。この地域の五七回目の七月四日〔合衆国独立記念日〕パレードに参加する旗手、楽隊、山車(だし)が、マッド川に沿って列をなし、町を練り歩いた。予定の時刻になると、地元の鼓笛隊が「リパブリック賛歌」を演奏し、古い大砲が放たれ、パレードが歩みはじめた——消防車はサイレンを鳴らし、つなぎを着た子どもたちは踊りはじめる。その最中、第二次世界大戦期のジープの後ろ、ロータリークラブ会員たちの前を、アメリカで最も優れた民主的社会主義者が行進した。八期目の下院議員、カーキ色のズボンにボタンダウンシャツ姿のサンダースは、ビラを配るスタッフも伴わず、自分に注意を引こうとするそぶりも見せず、二〇〇六年上院議員選挙の候補者であることを示す選挙ピンバッジや自動車用ステッカーも持たずに、パレードを歩いていた。下院で民主党にも共和党にも属さない「一人少数会派」議員であるサンダースは、ヴァーモントではどこに行っても紹介の必要がなかった。ウォーレンを行進しながら、彼が手を振ってハローと叫ぶと、ヴァーモント住民の間から自然と拍手が沸き起こり、やむことなく続いた。みんな「サンダース上院議員!」と叫んでいた。

下院の安全な議席をなげうって、州外の多くの人には無謀と思える上院の議席に挑戦する、と決めた時には迷いのあったはぐれ者は、この反応によって決意を固めた。グリーン・マウンテン州〔ヴァーモント州のニックネーム〕の新しい政治的打算をどう捉えたらいいものか、理解に苦しむワシントンの内輪の者はたくさんいた。しかし、トラウマ体験にもすっかり馴染んだバーニー・サンダース——一九七二年に第三政党から出馬して州全体で二・二パーセントしか得票できなかった上院議員選挙に、二〇〇六年には無所属で立候補しようとしている――は、はぐれ者から「世界一の高級クラブ」席の最有力候補へと変身していたのだ。

数年後、脈なしとして一笑に付されていた二〇一六年民主党大統領候補者指名に向けて準備をしていたサンダースは、「私を見くびらないように」と記者たちに警告した。それは虚勢(きょせい)からではなく、経験から出た言葉だった。サンダースにとって画期的だった二つの選挙が、『アメリカ下院のはぐれ者』の初版にくわしく書かれている――一〇票差で民主党現職のゴードン・パケットを破った一九八一年のバーリントン市長選挙と、共和党議員ピーター・スミスを破った一九九〇年の選挙だ。しかし、サンダースが全国的な舞台にしっかりと地歩を固めたのは、三つめの画期的選挙の結果だった。共和党から無所属に転じたジム・ジェフォーズの引退に伴う、二〇〇六年の上院議員選挙だ。上院議員になったサンダースは、法案を提出し、論戦で注目を集め、「フィリバスター」で新聞の大見出しを飾り、議会の重要な委員会の委員長となって脚光を浴びた。彼はトム・ハートマンとエド・シュルツが司会を務める進歩的なラジオ・トーク番組や、MSNBCのケーブルテレビのレギュラーになった。公共テレビの『ビル・モイヤーズ・ジャーナル』のゲストになり、最終的には、進歩派はほとんど招かれない、ましてや民主的社会主義者などもってのほかの番組、たとえばNBCの『ミート・ザ・プレス』やABCの『ディス・ウィーク』にも、(たびたびではないが)ゲスト出演した。大手メディアの系列局が草の根の運動や反体制的な選挙候補者を取り上げないことをずっと批判してきたサンダースは、アメリカの政治の力学を理解していた。彼は、上院議員――

そして大統領候補者――にマイクがどう向けられるものかをつかんでおり、自分のめざす方針を拡散する機会を逃さなかった。「世の中には、まさに私が言っていることを言える、そして現に言っている、すばらしい人たちがいます」とサンダースは述べた。「それはアメリカ上院議員ではありません」と。

共和党の州をつくりかえる

ニューヨーク市生まれのサンダースは、国民の頭の中ではヴァーモント州に強く結びつけられている。かつて共和党の強固な地盤だったこの州が、すっかり進歩派の拠点として知られるようになった今、サンダースには、グリーン・マウンテン州の後任上院議員というイメージしかない。しかし、サンダースとヴァーモント州との結びつきは、この州の進歩派としての評判と同様、ぽっと生まれたわけではない。時間をかけて育てられ、固められたのだ。二〇〇五年に、無所属の民主的社会主義者がヴァーモント州選出の上院議席をめざして出馬するにあたっては、少なくとも、政治的な再検討と再評価をする必要があった。

一八五四年に共和党が結成されてからの一世紀間、共和党はヴァーモント州の政治を、他に類を見ないほどの勢力で席巻（せっけん）した。一〇〇年以上にわたり、ヴァーモント州の共和党は、あらゆる公職のあらゆる主要な選挙に勝ちつづけた。共和党の大統領候補は、一八五六年のジョン・フレモントから、一九八八年のジョージ・H・W・ブッシュに至るまで――一九六四年のバリー・ゴールドウォーターを唯一の例外として——この州の選挙人投票で勝利を収めた。ウォーターゲート事件の頃の一九七四年に、民主党のパトリック・リーヒーが、共和党の対立候補に一千票に満たない僅差で（そして自由連合党候補のバーニー・サンダースに圧倒的大差で）勝利して、州選出の上院議席の片方を獲得した。しかしもう片方では、共和党のロバート・スタフォード、次いでジム・ジェフォーズが、二一世紀に入るまで勝ちつづけた。

二〇〇六年にサンダースがめざした議席は、共和党の連勝が、南北戦争以前から二〇〇〇年の選挙まで途切れず続いた議席であり、二〇〇〇年選挙ではジェフォーズが得票率六六パーセントで再選されていた。ジェフォーズは二〇〇一年に上院共和党を離れ、残りの任期は無所属として務めた。だからサンダースは、二〇〇五年のヴァーモント州にピッタリだった。その時、州には、共和党の知事、共和党の副知事がおり、議会は喧嘩好きで、先任上院議員は知的で穏やかなリーヒーだった。遠くから見れば、そしてヴァーモントの一部の人から見ても、これは上品な穏健派の共和党員、もしくは似たような穏健派の民主党員の立候補を招くような政治情勢だった。バーニー・サンダースは上品でも穏健でもなかった。彼は政治的に激しく、それを誇りにしていた。民主的社会主義者としてのアイデンティティを決して手放さず、二大政党のいずれの妥協をも非難し、無所属として誇りをもって務めた。議員の中には、接戦やその可能性への対応として政治信条を和らげる者もいるが、サンダースは方針を変える兆し（きざし）を見せなかった。労働団体、環境団体、公民権団体から、議員として最高の評価を得ていた。進歩派議員団の結成と構築に重要な役割を果たした。自由貿易の法案にも、民主党と共和党の大統領が推進するウォール街「改革」にも反対票を投じた。愛国者法に反対する孤立的な議員団にも参加した。ジョージ・W・ブッシュによるイラクへの武力行使に、最も声高に反対した人の一人だった。何より彼は、多国籍企業、メディア独占、金権主義的な億万長者の手に集中した経済的・政治的権力を、激しく非難した。

ジョージ・W・ブッシュが二期目の再選を果たし、上下両院で共和党が多数党となった直後に、急進的な無所属の議員が、この国で最も長く続く共和党の上院議席を取ろうとするのは、サンダースを知らない人、二〇〇五年のヴァーモントを知らない人にとっては理解しがたいことだった。しかし、マーグリート・ストランド・ランネスは、サンダースならできると確信していた。彼女はベテランの環境活動家で、シエラ・クラブの労働・貿易プログラムの責任者を長年務め、環境団体と労働団体によるブルー・グリーン同盟の結成に貢献し、今はパブリック・シティズンの副会長を務めている。彼女はヴァーモントの政治に、独特の経験を持っていた。ジェフォーズを破ろうとした最後の民主党候補者の二〇〇〇年の選挙運動を、若い活動家として手伝っていたのだ。新聞では、その民主党候補者、ヴァーモント州会計検査官のエド・フラナガンは、有力な挑戦者のように見えた。カーター政権で補佐官を務め、州規模の選挙ですでに二度勝利していたフラナガンは、同性愛者であることを公言した公職選出者の草分けとして、全国から注目を集めていた。ヴァーモントでは、彼は自分の地位を、患者の権利やより良い育児保護を求める闘いに活かしており、進歩的な番人としてよく知られていた。それでも彼はジェフォーズに勝てず、投票の二五パーセントしか取れなかった。同じ日に、サンダースは投票の六九パーセントを得て再選された。ストランド・ランネスが、サンダースについて、そして彼の政治の方法論について、何ごとかを理解するようになったのはその時だった――全国の専門家の多くは、いまだに理解に苦しんでいるが。「バーニーの人気にはびっくりするわよ」と、サンダースが二〇〇六年上院議員選挙に備えていた時に、彼女は言っていた。「しかも、進歩派だけじゃないの。政治に関心がないと言う人、政治家なんか誰も信じないと言う人が、いちばんバーニーを大好きな人たちなのよ」

サンダースは、党派心やイデオロギーの垣根を飛び越える能力を、生まれつき持っていたわけではない。挫折や幻滅を乗り越える能力を、生まれつき持っていたわけではない。つまり、彼は天性の政治家ではない。しかし、彼は粘り強く続けて、二〇〇五年七月四日にウォーレンにたどり着いた時には、二〇〇六年上院議員選挙で数少ない現職不出馬の議席のひとつに、最も近い者と見なされるようになっていた。サンダースは、共和党がまたカネにあかせた攻撃キャンペーンをやることをわかっていたが、有力な共和党員はもう競争から降りはじめていた。民主党員は――いやいやだったり、そうでなかったりしたが――彼の立候補に続いた。世論調査によればサンダースは、立候補が予想される対立候補たちに、二対一でリードしていた。

だから、パレードの道沿いで「サンダース上院議員」と叫んでいた人々は、クレイジーではなかったのだ。

サンダースもクレイジーではなかった。

だからと言って、その時ヴァーモントで起こりつつあったことが、驚きではないとか、意義がないとかいうことにはならない。

たとえサンダースが社会主義者でなかったとしても、たとえサンダースが、現代の党派政治のさまざまな虚飾(きょしょく)——政治を支配する企業権力に対抗するには、あまりに中道的で、あまりに慎重で、あまりに焦点が定まっていないと彼が見なしていた(今も基本的にそう見ている)民主党のものを含めて——の多くを避けている無所属議員でなかったとしても、サンダースがヴァーモントの二〇〇六年選挙で巻き起こした熱狂は、人々に衝撃を与えるには充分だっただろう。

サンダースが、政治家の経歴をつぶすお荷物として専門家に描かれる人々の支持を集めて勝ったことは、二〇〇二年にポール・ウェルストーン上院議員(民主党、ミネソタ州選出)が亡くなって以来、進歩的ポピュリズムの福音を伝道できる上院議員を探しまわっていた活動家たちを喜ばせた。サンダースへの関心はそれにとどまらなかった。政治的断絶に関するトマス・フランクの画期的な本のタイトル(『カンザスはいったいどうしたのか?』)(カンザス州の政治状況を題材に、保守的ポピュリズムの台頭を分析した本)に、目下の最も重要な問題が表れているその時期、抜け目ない民主党員は、サンダースがどうやって、農村部の人々や労働者階級という、まさに民主党員の多くが支持をかきたてるのに苦労している人たちの熱狂的支持によって、厳しい選挙を制したのかを知りたがった。

政治屋や専門家にとっては残念なことに、サンダースは簡単な解決策を売り歩いてはいなかった。彼が教えなければならないことは、選挙運動の組織化なり資金集めなりについての新方式ではなかった。バーニー・サンダース法なんてなかった。そうではなく、サンダースは、あまりに多くの進歩派政治家と、ほぼすべての民主党指導者が忘れ去ってしまった、ある根本的な事実に確証を与えたのだ。それは、階級、人種、地域、党派の垣根を越えるやり方で発せられる、イデオロギー的に力強いメッセージは、いつも政治的な効果を発揮してきたし、これからもそうだろう、ということだ。「バーニーが長年にわたって人々の信頼を得てきたのは、彼が確固たる立場に立ち、それをしっかり守ってきたからです」と、バーリントンの週刊紙『セヴン・デイズ』のベテラン・コラムニスト、ピーター・フレインは、二〇〇五年に上院議員選挙戦が始まった時に解説した。「政治家の言うこととやることには関係があるものです。いつでもそうです。彼の考え方と、彼が目を向けている相手は、私が一九八一年に彼を取材しはじめてからずっと一貫しているのです」

サンダースがやってきたことは、ある選挙から次の選挙へ、この一〇年から次の一〇年へ、立場を守りつづけることだった。そう、このヴァーモント人は、ジョージ・W・ブッシュのイラク戦争に反対した。サンダースがやってきたことは、ブッシュの愛国者法を非難した。そう、彼はLGBTの権利、女性の権利、公民権を支持した。そう、彼はブッシュの愛国者法を非難した。しかし、ヴァーモントにおける彼の選挙運動をかきたてたのは、貧困層が無視されていることへの率直な怒り、最高経営責任者と政治家が中間層を切り捨てることへの憤懣、そして、政府には民間部門にできない多くのこと——たとえば、すべての人への医療の保障——が本当にできるのだという、孤独だが絶対的な信念だった。サンダースがコミュニケーションをとるやり方は、洗練されたものではなかったし、体よく準備されたものでも、フォーカス・グループ調査で試験済みのものでもなかった。彼は、ひっきりなしに選挙運動をしていた数十年——最初は一九七〇年代に、上院議員と州知事をめざす自由連合党のうるさい候補者として、次に一九八〇年代には、「バーリントン人民共和国」の急進派市長として、続いて一九八〇年代後半は、州知事と連邦議会をめざした落選候補者として、そして一九九〇年以降は、現代史においてただ一人、合衆国下院の議席を何度も勝ち取った無所属議員として——を経て、ヴァーモントの数世代の有権者との関係を築いたのだ。彼らの多くは、ウォーレンの弁護士、マーク・グロスビーと同じ感想をくり返した。「私は昔、根っからの共和党員だった。今は筋金入りのバーニー支持者だよ」

二〇〇五年、ヴァーモントの小さな町でバーニー・サンダースと一緒に過ごした数日間は、まるでアメリカの働く人々の実生活の苦労について、街頭調査員をやるようなものだった。社会保障、メディケア、メディケイドを守ること、年金を守ること、医療にかかれるようにすること、薬の値段を下げること、最低賃金を上げること、中小企業の起業支援をすること、農家が土地を手放さずにいられるようにすること、といった課題が次々に示された。人々の会話の内容には、身の上話といろいろな政策のことが入り混じっていたが、サンダースはいつでも、企業権力とロビー活動の害悪についての議論に、そして貧困層と労働者階級が結集してカネの力に民衆の力で対抗することが絶対に必要だという議論に引き込んだ。確かにサンダースは、目下の問題についても質問を受けた。たとえば、進行中だったイラク戦争のことだ（「大統領と副大統領は、イラクが大量破壊兵器を持っていると言いますが、証拠を示してくれません。だから私は戦争に反対の投票をしたし、反対する動きをつくったのです」）。しかしその時も、彼は経済の話に議論を向け、もし資源が軍事的冒険主義に浪費（ろうひ）されなかったらアメリカのために何ができたかという話に誘導した。サンダースは、「論争の地雷」と呼ばれるものを避けなかった。女性の〔妊娠中絶の〕選択権、ＬＧＢＴの権利、ある種の銃規制〔全米ライフル協会が望むよりは強い規制だが、ブレイディ銃暴力防止キャンペーンの提案ほど強い規制ではないので、多くのリベラル派が苛立つもの〕を支持する意見では、多くの候補者よりも率直で明確だった。しかし、彼が立ち戻る問題、顔を合わせる人みんなに延々と語る問題は、働くヴァーモント人の台所事情のことだった。

ヴァーモント中部、人口一二〇〇人ほどのロチェスターの、村落広場でのピクニックで、八四歳のエセル・キングスベリーは、彼女の一族は一七九四年から同じ農場を所有してきたと説明してくれたが、サンダースが好きかという質問に、目を細めて大きな声で答えた。「彼が好きかって？　大好きですよ！　私は処方薬の値段に悩んでるの。この小さい薬はどうしようもないのよ。このめちゃくちゃな中で味方してくれるのはバーニーだけよ」。日常の経済問題について「バーニーは私たちの味方」という感覚があるからこそ、彼が生殖の自由や同性婚の法的権利の熱烈な支持者であるために躊躇したと思われる人々の間にも、支持者が生まれるのだ。

「民主党は、大勢の人々が直面している経済問題に、そそぐべき力をそそいでいないのです」と、その日、ロチェスターを切り上げた後でサンダースは説明した。「共和党が対抗してきたのはそこなのです。共和党は飛び込んできて、こう言うわけです。『ほら、民主党はあなたの経済問題のことを話していませんよ。まあ私たちもそうですが、でも少なくとも、十戒(じっかい)のことを話しますし、妊娠中絶のことも話しますし、同性愛者の権利のことも話しますよ』。民主党が犯した最大の過ちは、経済を議題から外したことなのです」

下院でサンダースは、ニュースレターを送るために議員が使える無料郵送特権を活用して、経済と企業権力のことを議題にしつづけた。そのニュースレターは、自分を良く見せるための写真や見解を取り上げるものではなく、自由貿易政策によって労働者、農家、環境がこうむる損害や、メディア統合によって民主主義がさらされる脅威や、単一基金の医療制度の機能について解説するものだった。任期の初めから、サンダースは、州で最も小さい規模の地域社会のいくつかで、一つの問題だけを取り上げる集会を開催した。専門家を招き、国際問題、軍事支出と国家の優先順位、貧困、子どもの健康、女性の賃金の平等、教育、退役軍人問題などについて討論し、夜遅くまでかかることもよくあった。デンマークの福祉国家について議論するために、駐米デンマーク大使をバーリントン、ブラトルボロ、モントピリアまで連れてきたこともあった。参加者はいつも多く、公会堂を満員にすることもよくあった。人々は、専門家とサンダースの言うことを吟味(ぎんみ)し、挑みかかり、文句を言い、反対するよう促された――しばしば実際にそうして、サンダースは右からも左からも迫られた。しかし人々のほうも得るものがあった――どうすれば、自分たちの利益にかなう公平な経済と市民社会が組織されるのかについての、今までと違う見方だ。この長く濃密な教育プロセスこそ、サンダースの成功の「秘訣(ひけつ)」というやつだ。ヴァーモントの人々は、長い時間をかけて、彼らの下院議員、今は上院議員を、複雑な問題についての真剣な討論に参加させていった。彼らはサンダースの考え方を深く理解した――そのおかげで彼は、ほとんどの政治家が踏み込むのを恐れるところまで行けるのだ。

「バーニーをいちばん批判しているのが左派、ということが時々あります」と、ヴァーモント進歩党の活動家、元ノーウィッチ町議会議員のリズ・ブルムは、二〇〇六年選挙の時に語った。「共和党の看板とバーニーの看板が両方立ててある庭を見ると、不愉快に思う人もいます。でも私はそれを、バーニーが、民主党が心をつかめなかった人たちにどう話したらよいかを理解した証拠だと思っているのです」。本領発揮といったところだが、サンダースは、政策を政治から切り離し、実生活の問題を解決するために政府が果たせる役割、果たすべき役割についての深い議論に達することができたのだ――その議論は通常、党派的な策略によって曖昧にされているものだ。

二〇一六年に大統領の地位をめざすにあたって、サンダースは民主党員として出馬することを決心した。それを不満に思う支持者もいたので、彼は、無所属や第三政党では壁が高すぎるからそうするだけだと述べた。一〇年前、上院議員候補者の時は、彼は党員になるのを拒むことについて、何も弁解などしなかった。もちろん、彼は民主党にはもっと進歩的になってほしいと言っていたし、第三政党（彼の支持者たちが発展させたヴァーモント進歩党のような）には政治を左に引っぱる力を高めてほしいと言っていた。しかしサンダースは、機が熟すのを待つつもりはなかった。二〇〇〇年代半ばにサンダースがヴァーモントで創造していたものは、いかにして個々の候補者が、現代政治の狭い枠組みを越えて有権者とつながるかという、ひとつのモデルだった。それは、一世紀前の進歩党と人民党が――民主党と共和党の殻の中で、時にはその外で活動して――急進的な方針を進めるのに成功したのと同じ意味のものだ。

議員の任期を通じて、サンダースは、無党派すぎるという批判を受けてきた。民主党の進歩派は、サンダースは民主党を左に動かすために、党内に入って働くべきだと主張した。無所属の進歩派は、サンダースは民主党にも共和党にも対抗できる第三政党をつくる取り組みをすべきだと主張した。しかしサンダースは、党籍を持たないという判断はワシントンで役に立つのだと言った――ワシントンで彼はしばしば、効果的な連携をつくりだす役目を担ったのだ。サンダースの下院の任期のほとんどは、共和党が多数派の時期だった。法案の本体をつくって通すのは難しかったので、彼は、修正案の起草と推進に力を入れた。「一九九五年に共和党が下院の多数派になって以来、最も多くの点呼投票（実際に採決にかけられた修正案）を可決させた議員は、トム・ディレイでもナンシー・ペロシでもなく、バーニー・サンダースだ」と、『ローリング・ストーン』誌記者のマット・タイビは、サンダースの下院議員時代の終わりに書いた。「彼がこれを成し遂げたのは、一方では妥協せず活動しつつ、他方で左右の連携をつくるために無所属議員の立場を活かすことによってだった」。ジョージ・W・ブッシュ大統領の時代、サンダースが下院でつくった左右連携によって、プライバシー問題でブッシュ政権が珍しく追い込まれたことがある。司法省歳出法案に対して、愛国者法により図書館と書店の記録を諜報する資金をゼロにする修正案を出したのだ。修正案投票では、ほとんどの民主党議員と数十人の保守的な共和党議員がホワイトハウスと決裂し、ジョージ・W・ブッシュは歳出法案全体への拒否権の行使をちらつかせることとなった。最終的にブッシュが勝利したが、今日に至るまで、サンダースと彼が手を組んだ保守派議員は、この問題についてアメリカ図書館協会や人権団体と共に協力を続けている。ジョージ・W・ブッシュの政治力が最高潮の時に、サンダース下院議員は、ノースカロライナ州選出のウォルター・ジョーンズ下院議員のような共和党保守派と、貿易政策、対外投資、アメリカ軍のイラク撤退の工程表策定といった多様な問題でよく共闘した。「私がリベラル派とこんなにうまくやっているのは、変だと思われるかもしれませんね」とジョーンズは、二〇〇五年に、レイバーン下院議員会館と議会議事堂とを結ぶ地下鉄の席に座って、サンダースの肩に腕をまわしながら話した（サンダースが社会主義者を自認していることを知らされると、ジョーンズは微笑んだ。「わかっていますよ。失礼のないようにしたつもりだけど」）。「相手に九八パーセント反対ということはありますが、二パーセントは賛成できたり協力できたりするなら、大事なのはそこなのです」と、ジョーンズは説明した。「バーニーはそのことを、そこらの民主党員よりもよくわかっています」

サンダースが上院議員になりたい理由のひとつとして言っていたのは、自分は無所属議員として、普通なら考えられないような共闘関係を構築できる、と確信していたことだった。「左右連携を発展させようとしているという意味では、私たちはアメリカ政治を定義しなおそうともしているのです」と彼は語った。「貿易問題は、仕事を失うことを心配する人にとって本当に大事な問題です。

医療問題は、とても重要なものです。戦争と平和の問題、経済の優先順位の問題は、この国が自国のたくさんのニーズにどうお金を払うつもりなのかを議論する時、とても大事な問題です。こうした問題について、連携を組んで、多くの企業メディアがリベラルとか保守とかを語る時の『通常の』パラダイムを定義しなおすことができるのです」

その夢は先送りになることが多かった。しかし二〇〇六年、サンダースはヴァーモントで、パラダイムの再定義に成功した。民主党が上院から手を引いたのだ。サンダースの古くからの強敵、ハワード・ディーン元州知事は、民主党全国委員会委員長に就任したばかりだったが、こう言った。「バーニー・サンダースの勝利は民主党の勝利だ」。州の民主党の有力者たちがサンダースを支持した。彼は民主党予備選挙に参入して勝利を収め、それから指名を辞退した。一一月の本選で、サンダースは共和党の実業家、リチャード・タラントと対決した。この百万長者は、サンダースに対する高度に本格的で高度にネガティブな宣伝に七〇〇万ドル以上を費やした。しかし民主党は、サンダースが自分自身で選挙戦を闘うに任せた。彼はネガティブ宣伝をせず（実際、テレビ宣伝自体をほとんどせず）、州の片隅にある最小規模の町にまで出かけることをとても重視した。

仕掛けもなく、簡単な答えもなく、すぐに使える解決法もない――あるのはただ、人々は自分の生活にとって大事な問題を話したいのだという、揺るぎない信念だけだった。それが奏功した。サンダースは二〇〇六年の選挙戦で、対立候補に大金を使われ、露骨に攻撃された――とりわけ、市民的自由を擁護するための、味方のいない投票のことを。それでも彼は、一世紀半にわたって共和党だけが勝ち取ってきた上院議席を手に入れた。得票率は六五パーセントで、タラントはたった三二パーセントだった。州のすべての郡で圧倒的勝利を収め、保守的な地域でさえ支持を得た。長い年月にわたる、あの町の集会、あの台所事情の対話のすべてが、大金とネガティブ広告では切断できないつながりをつくりあげていた。「たぶんそれが、バーニーから得られる教訓です」と、マーグリート・ストランド・ランネスは語った。「彼は、ひとつの選挙の勝利にあまり気を取られていません。長い目で取り組んでいます。なぜなら、そうすることで信頼と意識が築かれ、スピンを乗り越えて、生活の現実問題について人々と話せるようになるからです。民主党にそれをやる忍耐力があるかはわかりません。しかし民主党は、彼らが手を伸ばすべき相手と通じ合いたいなら、これに注目すべきなのです」

ウォール街コンセンサスを拒否する

あいにく民主党は当時、それに注目する必要を感じていなかった。サンダースが上院に初登院した二〇〇七年一月、民主党は上下両院の多数派を奪回していた。二〇〇八年、民主党は多数派をさらに広げ、大統領を出した。民主党は順調であり、サンダースを無所属の提携者として上院会派に受け入れはしたが、彼の訴えの核心にある経済ポピュリズムを採用しようとは党指導層は思わなかった。それが明白になったのは二〇〇八年九月、ウォール街のメルトダウンが、金融危機を引き起こした金融機関に救済資金を与える強迫的な動きをもたらした時だった。選挙戦の真っただ中に危機が起きたにもかかわらず、民主党と共和党の指導層は、救済支持で結束した。下院では、ナンシー・ペロシとポール・ライアンが手を結んだ。上院では、民主党の大統領候補者バラク・オバマが賛成票を投じ、共和党の大統領候補者ジョン・マケインも賛成票を投じた。民主党院内総務のハリー・リードと共和党院内総務のミッチ・マコーネルも同様だった。

しかしサンダースは反対した。声高に。

「もし救済が必要なら、もし納税者のお金を危険にさらさなければならないなら、もしウォール街を救済するつもりなら、ツケを払うべきは、その問題を引き起こした人々、ブッシュ大統領の百万長者や億万長者への減税の恩恵をこうむった人々、規制緩和に乗じた人々であり、普通の働く人々ではないはずだ」とサンダースは叫び、七千億ドルの救済計画に反対票を投じると宣言した。

二〇〇八年一〇月一日、サンダースが上院議場でおこなった火を吐くような演説は、議会での役割の基調を定めた。他の議員は共同歩調をとったが、サンダースは列から離れ、アメリカが直面する本当の経済問題を無視していると彼が評するコンセンサスを、受け入れることを拒絶した。

彼の題目となる主題を響かせながら、サンダースは次のように論じた。

わが国では今日、地球上のどの主要国よりも所得と富の分配が不平等であり、トップ一パーセントが下位五〇パーセントよりも多くの所得を得ており、トップ一パーセントが下位九〇パーセントよりも多くの富を所有しています。私たちが生きている時代というのは、中間層からきわめて裕福な人々へ、富が大きく移っていく時代なのです。なかでもウォール街企業の最高経営責任者は、信じがたい金額の賞与を懐(ふところ)に入れており、それは二〇〇七年に五大投資銀行だけで三九〇億ドルにも上ったのです。私たちは、金融サービス産業の信じがたいほどの強欲を目にしてきました。自分たちの産業を規制緩和し、ヘッジファンドなどの規制されない金融機関が繁栄できるようにするために、何億ドルものカネを選挙献金やロビイストに費やしてきたことに、その強欲ぶりが表れています。私たちは、せいぜいひと握りの人しか理解できない、規制外業界の難解な金融商品で、彼らが何兆ドルものカネをもてあそぶのを目にしてきました。私たちは、金融サービス産業がクレジットカード・ローンに三〇パーセントの金利を課し、疑うことを知らない顧客にとんでもない延滞料などを上乗せするのを目にしてきました。私たちは、彼らが弱者や教育のない人につけ込んで、卑劣で略奪的な融資慣行に手を染めるのを目にしてきました。私たちは、彼らがアメリカじゅうの郵便受けに向けて、詐欺(さぎ)的な勧誘の手紙を何十億枚も送るのを目にしてきました。

最も重要なことですが、私たちは、金融サービス産業が人々を、返済不可能な住宅融資に誘い込むのを目にしてきました。それこそ、私たちが今夜ここにいる基本的な理由のひとつなのです。

こうしたことの最中で私たちは、七千億ドル、つまり、この国のすべての男性、女性、子ども一人あたり二二〇〇ドルを危険にさらすよう、中間層に求める救済策を準備しているのです。

中間層は、ウォール街の度外れの強欲がもたらした損害を修復するために、そうするよう頼まれているのです。言い換えれば、「万物の支配者」、聡明なるウォール街の内輪の人々、普通のアメリカ人には夢見ることすらできないほどのカネを稼いだ彼らが、わが国の金融システムを崩壊の瀬戸際に追い込んだのです。今、アメリカと世界の金融システムがメルトダウン寸前なので、これらの大金持ちは、ただでさえブッシュの破壊的な経済政策に苦しんでいる中間層に、自分のまき散らした破片の後始末を要求しているのです。それは間違っています。私には賛成できないものです。

壊れているのは経済システムだけではない、とサンダースは論じた。壊れているのは政治システムだ——危機の最中でさえ、経済エリートに立ち向かうことを完全に拒否したことによって、議会は堕落したのだ。

「この法案のもとでは、最高経営責任者やウォール街の内輪の者は、ほんの少し頭を働かせて、また詐欺師のようにもうけつづけるでしょう」とサンダースは怒鳴った。「この法案は、そもそもこの危機に至った原因に何も対処していません。クレジット・デフォルト・スワップやヘッジファンドなど、複雑で規制のない金融取引を何兆ドルもつくりだした規制緩和熱を冷ます必要性を、全く扱っていません」と、この上院議員は続けた。「この法案は、私たちを今日ここに導いた問題、つまり、『大きすぎてつぶせない』という考え方に対処していません。……問題がいっそう深刻になっている時に、この法案は『大きすぎてつぶせない』問題に一言もふれていないのです」

それから彼は名指しした。

「この法案は、狐に鶏小屋の番をさせる馬鹿馬鹿しさに対処していません」とサンダースは言った。「こう思うのはアメリカで私だけかもしれませんが、私はどうして七千億ドルを財務長官に、つまり、ゴールドマン・サックスの元最高経営責任者で、他の金融機関と共に私たちをこの危機に陥れた人に渡さなければならないのか、理解に苦しんでいます。それをちょっと変だなと思うのは、たぶんアメリカで私だけでしょうが、それが私の考えなのです」

この救済計画が、特権階級を守るために他のすべての人を犠牲にするインサイダー取引でないとしたら何なのか、理解に苦しんだのはサンダースだけではなかった。危機が進んだ時、サンダースはハンク・ポールソン財務長官に書簡を書いた。「この救済策の請求書を送るべき相手は、この救済策の対価をいちばん支払える人々、この数年、詐欺師のようにもうけてきた人々です。中間層であってはなりません」。サンダースにとっては驚きだったが、約五万人が彼の書簡に名前を連ねた。

妥協に満ちた上院の政治に欲求不満を募らせていたサンダースだが、そんな彼を興奮させたものもあった。彼はインターネットの破壊的潜在力に、シリコンヴァレーの起業家のように興奮していた。他の上院議員が抵抗を感じていたソーシャル・メディアをいち早く採用した若いスタッフと一緒に、サンダースは、上院議員ウェブサイト、フェイスブック、ツイッター、Eメールを使って、経済の将来に関する議論にアメリカの人々を引き込みはじめた。二〇一五年までに、彼の上院議員フェイスブック・ページは一六〇万人のフォロワーを擁(よう)するまでになった。その数は他の上院議員や多くの大統領候補をはるかに引き離し、何人かのロック・スターよりも多い。メディアへの登場や、ヴァーモントだけでなく国じゅうの進歩派集会での講演もあって、サンダースは、救済策への孤独な反対者としておこなった議論への支持層を築いた。

サンダースは、いつも反対していたわけではない。二〇〇八年の大統領選挙ではバラク・オバマを支持し、オバマの一期目の重要な構想をおおむね支持した。しかし、彼は無批判な支持者であることはほとんどなかった。ヴァーモント州選出の上院議員サンダースは、オバマ大統領によるティム・ガイトナーの財務長官指名に反対するため、ウェストヴァージニア州選出のロバート・バード、ウィスコンシン州選出のラス・ファインゴールド、アイオワ州選出のトム・ハーキンに加わって、それ以外の民主党議員と袂を分かった。彼はこう述べた。「この混乱に私たちを陥れた規制緩和熱が蔓延(まんえん)した時、ガイトナー氏は連邦準備制度と財務省にいました。彼は問題の一端だったのです」

重要な構想が前進するか崩壊するかが決まるかもしれない議場で、サンダースは上院議員としての自分の立場を、弱すぎる措置を改善するよう政権に迫るのに活用した。その好例のひとつは、医療費負担適正化法だ。サンダースは長年、カナダやほとんどのヨーロッパ諸国の公的医療制度の実例に沿って、普遍的な単一基金の「すべての人へのメディケア」制度を支持してきた。彼は、医療費負担適正化法の欠陥をすぐに指摘した。しかし彼は、政権とも上院の法案支持者とも話し合いを続けて、地域医療センターを拡充し、より多くの医師、歯科医、看護師、その他の一次医療提供者を採用するために、医療費負担適正化法の財源に一二五億ドルを確保することに成功した。彼はまた、サービスが行き届いていない地域での医療提供者不足に対応するために、全国保健サービス団を拡充するために闘った。ヴァーモントのような州で単一基金構想を実験する可能性を守るためにも闘った。サンダースの提案は医療費負担適正化法案に組み込まれ、二〇一〇年、彼はより確固とした国民皆保険プログラムのための政策提案を続けながらも、法案に賛成票を投じた。同様にサンダースは、「二〇一〇年ドッド＝フランク・ウォール街改革・消費者保護法案」を、それがウォール街の「カジノ式ギャンブルの多くを終わらせることはない」とわかったうえで支持した。その投票はサンダースをエリザベス・ウォーレンの仲間にした。彼女は、ハーヴァード・ロー・スクールの教授であり、ドッド＝フランク法の施行によって新設されることとなった消費者金融保護局の設置を求める闘いを主導した人であり、二〇一二年にはマサチューセッツ州から上院議員に選出されることとなった。しかしその投票でサンダースは、金融改革の闘いで頻繁に手を組んだウィスコンシン州選出のラス・ファインゴールドとは立場が食い違った。彼は次のような理由でドッド＝フランク法に反対した。「金融規制改革法案についての私のテストは、その法案が危機の再発を防ぐかどうかだ。（この法案は）そのテストに落第した」。ドッド＝フランク法に賛成票を投じたサンダースの判断は、彼の個性を表すものだが、それは議会のうわべだけを見ている人からは見過ごされがちだ。サンダースは情熱的で、孤立を恐れない人ではあるが、みんなが間違っていて自分だけが正しいという状況に喜びを覚える純粋主義者ではない。彼は、もし自分が重要だと思う修正、少なくとも有益だと思う修正を、法案に加えられたならば（彼のドッド＝フランク法修正が、隠したがりの連邦準備制度を徹底的に監査するよう会計検査院に初めて命じたように）、不充分だと思う法案にも賛成票を投じることがあるのだ。この意味でサンダースは、一部の人が思っているほど一匹狼ではない。

しかし、彼が集団から離れる時は、大きく離れるのだ。

「共和党旋風」となった二〇一〇年の選挙で、共和党が下院の過半数を得て、上院で立場を強め、国じゅうの州議事堂を掌握した後、サンダースは、オバマ政権と議会民主党は経済問題について、越えてはならない一線をもっとはるかに明確に引かなければならないと主張した。オバマ大統領はそうせずに、議会共和党との取り決めで、ブッシュ時代の億万長者への減税を延長し、百万長者に広範な不動産税免除を設けた。サンダースが言うには、それは下手な政治であるだけでなく、下手な経済学だった。

この両方の点についての確信が、サンダースの演説に力を与えた。その演説は、数百万ものアメリカ人の目で、彼を再定義することになった。彼は単に上院議員としてだけでなく、ワシントンの馴れ合いのコンセンサスとも、金持ちには減税し他の者にはプログラムを削ることを奨励する億万長者後援の「シンクタンク」や政治家の緊縮方針とも、根本的に相容れない見解の代表者として認められるようになった。サンダースは、緊縮方針は失敗したと語り、今こそ、金持ちには増税し、救済など受けたことがない圧倒的多数のアメリカ人のためにインフラと雇用創出に投資する、新たな方針の時だと主張した。

取り決めを阻止するために「必要なことは何でも」やると約束して、サンダースは二〇一〇年一二月一〇日金曜日午前一〇時二四分、上院議場に姿を現した。マイクを調整し、話しはじめた。租税取り決めの何が誤っているのか。ワシントンの政治のやり方の何が誤っているのか。国家の優先順位の何が誤っているのか。経済の何が誤っているのか。「私が今日やっていることを、好きなように呼べばいいでしょう。フィリバスターと呼んでもいいし、とても長い演説とも呼べます……」彼のツイッターのフィードで読める。長かった。彼は発言台に八時間三五分一四秒とどまった。

サンダース上院議員の大胆なふるまいは、国民の注目を集めた。何万もの人々が演説をオンラインで見ようとして、上院のビデオ・サーバーが過負荷となったほどだった。MSNBCのレイチェル・マドーは、この演説を、「税の取り決めに反対する信念の、超人的な忍耐と力強さの披露」と呼んだ。しかし、ホワイトハウスは感心しなかった。NBCの「ナイトリー・ニュース」で、政治部長のチャック・トッドはこう報じている。「今日一日の大半、税についての論議は、ヴァーモント州選出の無所属、自称社会主義者の上院議員に支配されました。彼は朝一〇時三〇分頃からずっと、上院議場で演説していたのです。四時頃になると、明らかにホワイトハウスはしびれをきらして、オバマ大統領はクリントン元大統領との私的な会合について記者会見を開くかわりに、クリントン元大統領自身に記者への説明をしてもらうことを決めました」

CNNのジョン・キングは、こう説明した。「そっちがバーニー・サンダースなら、こっちはビル・クリントンだという、危険だが単純な賭けに出たわけです」

しかし、話題になったのはクリントンではなかった。サンダースだったのだ。彼は演説を終えるにあたって、『スミス都へ行く』〔フィリバスターの場面が有名な映画〕のように疲れきって倒れるのではなく、行動を力強く呼びかけた。「もしアメリカの人々が立ち上がり、『私たちはもっとうまくやれる。百万長者や億万長者に減税して国家債務を積み上げる必要などない』と声をあげるならば、もしアメリカの人々が立ち上がる覚悟を決め——そして私たちが彼らに付いて行く覚悟を決めるならば——、私たちはこの提案を打ち砕けるはずです」。彼は声を荒らげた。「わが国の中間層と働く家族のニーズ、そして、私はいちばん大事だと思いますが、わが国の子どもたちのニーズが、もっと反映された、もっと良い提案を、私たちは見つけることができるはずです。それを言わせていただいて、議長、議場をおゆずりします」

ナショナル・パブリック・ラジオは、「全世界が今日、バーニー・サンダースを見ていた」と報じた。『ワシントン・ポスト』のクリス・シリザはこう書いた。「サンダースの姿勢は、この取り決めに対するリベラル派の怒りを象徴したものであり、それはヴァーモント州選出の上院議員を進歩派のヒーローに変えた」。ポリティコも同意し、こう説明した。「左派は新しいヒーローを探していた。この夜、彼らはそれを手に入れた。バーニー・サンダース上院議員だ。このヴァーモント州選出の無所属議員は、金曜日、オバマ大統領と共和党の減税取り決めに対する進歩派の怒りを上院議場に持ち込み、フィリバスター型の演説で議会を八時間停止させ、リベラルなツイッター界を熱狂させた」

〔二〇一二年の再選を経て〕サンダースは、いっそう保守的な新しい議会で、引きつづき上院議員の職務に打ち込むことになった。たとえば、二〇一三年から二〇一五年まで、退役軍人委員会の委員長として、アリゾナ州選出の上院議員、元戦争捕虜（ほりょ）、二〇〇八年大統領選挙の共和党指名候補であるジョン・マケインと、しばしば密接に協力して働いた。マケインと一緒にサンダースは、退役軍人保健局の恥ずべき怠慢（たいまん）に関する報告書に対応して、「二〇一四年選択・説明責任・透明性を通じた退役軍人医療アクセス法」という包括的な法案を共同起案した。しかしサンダースは自分のエネルギーを、内部・外部戦略の展開にますますそそぐようになった。党派的な分裂や、巨額の選挙献金や、企業のロビー活動によって、二〇一〇年以後に行きづまっていた議会に、世論の圧力をかける戦略だった。

内部／外部戦略

サンダースは、ワシントンから遠く離れた場所での闘争に光を当て、民衆の蜂起（ほうき）に応ずる連邦政府介入に賛成の論を張るために、ウェルストーン以降のどの上院議員よりも積極的に自分の立場を活かした。二〇一一年、共和党の州知事たちが就任後すぐに労働者の権利を攻撃した時、サンダースは争いに飛び込み、ウィスコンシン州マディソン、オハイオ州コロンバス、その他の州都で、抗議活動をしていた労働組合員との連帯を宣言した。「これは、アメリカのきわめて裕福な人たちによる、わが国の中間層と働く家族への一斉攻撃の一環なのです」とサンダースは語った。ウィスコンシン州知事のスコット・ウォーカー、オハイオ州知事のジョン・ケーシックなど共和党知事たちが、公務員労働組合の団体交渉権を撤廃しようとした措置のことだ。「こうした連中は、私たちを一九二〇年代に逆戻りさせたがっています。働く人々に、組合を結成する権利も、まともな生計費を得る権利も、ほとんどなかった時代です。……今この国では、みんな賃金が下がっています。組合を破壊してしまったら、基準が何もなくなり、中間層のためにまともな雇用の交渉をする人がいなくなってしまいます」。ウォール街占拠運動がニューヨーク市のズコッティ公園で始まり、たちまち全国に広がった時、サンダースはその抗議の言葉と精神を受けとめた。「ウォール街には詐欺師がいます。私は言葉をよく考えて使っているのです——引用を間違えないでください、その言葉は『詐欺師』です。その強欲、その無謀、その無法な行為が、このひどい不況を引き起こし、たいへんな被害をもたらしたのです。私たちはこの国を信じています。この国を愛しています。私たちは、ひと握りの泥棒男爵がこの国の将来を支配することなど、絶対に許さないのです」とサンダースは宣言した。「私は、そこに出てきた抗議者たち、ウォール街に目を向けている抗議者たちを賞賛しますが、しかし私たちがやるべきことは、その骨に肉をつけることです」と付け加えた。「私たちはウォール街に要求して、それらの機関を分割しなければなりません」。〔イリノイ州〕クック郡の郡政委員、ヘスス・「チューイ」・ガルシアは、元シカゴ市長ハロルド・ワシントンの伝統を受け継いで、ラテン系アメリカ人、アフリカ系アメリカ人、白人民族〔南・中・東欧などにルーツがある白人〕の労働者階級の連帯をつくるために何十年も働いてきた人だが、民主党中道派のシカゴ市長ラーム・エマニュエルおよび市の既存政治体制に挑戦した〔つまり、シカゴ市長選挙に立候補した〕。サンダースは彼のために選挙運動をした——企業や億万長者コーク兄弟の全面的な影響力と闘うために、全国の市庁舎に仲間が必要だと宣言した元市長、上院議員として。

一八歳のマイケル・ブラウンが、ミズーリ州ファーガソンで警官に射殺された時、サンダースは「丸腰の者への発砲は許しがたい」と宣言し、連邦政府に調査をさせる要求を支持するとともに、ファーガソンと国じゅうの抗議者の権利を擁護した。「警察は地域社会の一部でなければならず、占領軍であってはいけません」とサンダースは言い、この若いアフリカ系アメリカ人の射殺からまもなく、「私たち全員に、ファーガソンで起きたことがふたたび起きないようにする責任があるのです」と述べた。その目的を果たすために、サンダースとジョン・コニャーズ・ジュニア下院議員は、アフリカ系アメリカ人の若者の失業危機に対処する緊急交付金として、州と地域に五五億ドルを与える法案を提出した。「そうした地域の警察に軍隊式の装備品を与えるかわりに、職を切望する若者たちの雇用に投資を始めるべきなのです」という主張だった。

下院であれ上院であれ、共和党であれ民主党であれ、そのイデオロギーが何であれ、最良の議員たちは、ワシントンの外での危機、難題、機会に対応するにあたって、調査を開始し、公聴会を開き、法案を提出する。しかしサンダースは、議員の役割をつくりかえた。議会議事堂のあらゆるところで働き、それから地元ヴァーモント州や国じゅうに出かけて行って、市民たちに、議会に圧力をかけるよう促すのだ——気候変動に対処しろ、郵政公社を守れ、貿易政策が若者、特にアフリカ系やラテン系の若者の、失職や失業にもたらした損害を認識して対処しろ。「私にとって政治というものは、ここワシントンでアイディアと立法計画を思いつくことだけではありません。それも必要なことですが、それだけでなく、どうやって人々を政治プロセスに巻き込むのか、どうやって彼らに力を与えるのかを理解することなのです。簡単なことではありませんが、実際、やらなければならないことです」

二〇一〇年に合衆国最高裁判所が下した、シティズンズ・ユナイテッドと連邦選挙委員会が争った裁判の判決は、企業による選挙資金支出に対して歴史的に課されてきた制限を取り払った。サンダースは、合衆国憲法への「アメリカ民主主義救済の修正条項案」を提出した。シティズンズ・ユナイテッド判決をくつがえして、企業が候補者に献金することへの一世紀にわたる禁止措置を復活させ、企業は人と同じ憲法上の権利を持たないということを確立し、企業は連邦議会と州議会によって規制されうることを明確にするのが目的だ。しかし、彼はそれにとどまらなかった。サンダースは、この修正条項への賛同を示すための署名運動を立ち上げ、行動を求める決議を地域や州に可決させるよう市民に促し、このアイディアの普及のために全国の集会に顔を出し、圧力を高めるために活動家をワシントンに連れて帰ったのだ。億万長者のコーク兄弟が、選挙運動への多額の支出と、右派の経済方針を推進する団体への財政支援によって、ますます影響力を強めている市では、サンダースは彼らをただ呼び出しただけではなかった。アカデミー賞にノミネートされた映画監督、カール・ディールとティア・レシンがつくった、億万長者の政治操作を暴露したドキュメンタリー作品、『シティズン・コーク』を議会議事堂で上映し、こう力説したのだ。「何より解決されなければならない問題は、この国が、私が社会の寡頭政治形態と呼んでいるものに向かっていることです――少数の人々が、わが国の経済、わが国のメディア（国民が情報を得る手段）だけでなく、とりわけシティズンズ・ユナイテッドの結果、ますますわが国の政治プロセスまでも、所有し支配するようになっているのです」

「これは悪い知らせです。とても悪い知らせなのです」とサンダースは言った。「良い知らせは、この国のいたるところで、何百万もの人々が、次のことを理解し、心から信じているということです。アメリカ民主主義とは、億万長者が自分の当選させたい人を当選させるために好きなだけカネを使えることではないのだと。それがアメリカ民主主義だと信じているのは、ごく少数なのです」

ヴァーモントの人々は、活動家的なやり方を好んだ。サンダースは二〇一二年に再選をめざした時、シティズンズ・ユナイテッド時代の原則をほぼすべて破った。攻撃宣伝は全くやらなかった。実際、テレビ宣伝を一切流さなかった。そのかわり、彼は選挙資金を草の根の戦略につぎ込み、ボランティアが二万戸を訪問することや、州のあちこちで何十回も街頭集会を開くことに使った。それらの集会は、単なる集いではなかった。サンダースは、要旨ではなく完全な文章で演説した。彼は有権者たちに、論争中の問題について難しい質問をするよう促した――そして彼は大きな、大胆な提案で答えた。気候変動には「私たちのエネルギー体系を、汚染をもたらす化石燃料から転換し、エネルギーの効率性と持続可能性をめざす」ことで対処する。単一基金の、すべての人のためのメディケア・プログラムで、医療を本当に改革する。ペンタゴンにまわっている資金を、国内雇用の取り組みへと振り向ける。二大政党の空疎な党派主義を拒否するサンダースは、共和党の正副大統領候補、ミット・ロムニーとポール・ライアンの緊縮方針を激しく非難する一方、オバマ大統領とあまりに多くの民主党議員が、公的年金、メディケア、メディケイドを救済することよりも債務削減を優先する、緊縮政策ライト版の「大妥協」に傾いていることに警鐘を鳴らした。「いったいどうしてこの接戦の中、バラク・オバマは六つの単語、『私は公的年金を削らない』(I will never cut Social Security.) を言えないのでしょうか? どうして民主党議員は、『私たちは公的年金を削らない』と言わないのでしょうか?」とサンダースは問うた。「そう言えないとすれば、彼らはどこまでウォール街に追随していくつもりなのでしょうか?」

選挙日の夜、国じゅうの選挙結果が舞い込みはじめた時、最初に結果が判明した上院議員選挙のひとつが、ヴァーモントのバーニー・サンダースだった。マサチューセッツ州議会議員を四期務めた実業家で、自分が立候補するのは「アメリカ上院でただ一人の公然たる社会主義者」に取ってかわるためだと大騒ぎした攻撃的な共和党候補を相手に、サンダースは七一パーセントの得票率を得て、州のすべての郡で完勝し、一九七二年以降に彼が出馬した一六回の州規模選挙の中で最高の結果を残した。それでもサンダースは不満だった。ヴァーモントの事情を知らない専門家たちが、彼のやり方——そして選挙の成功——を地域的な例外として片づけ、それは風変わりなリベラルな州ではうまくいくかもしれないが、他の州にはたぶん当てはまらないだろう、と言ったのが、彼は気に入らなかったのだ。「ヴァーモントが、この国で最も共和党の強い州のひとつだったのは、そう昔のことではありません。二年前まで、州知事は共和党でした。副知事は今も共和党です。ここはとても田舎の州です。かなり保守的な地域もいくつかある州なのです」とサンダースは言い、そうした保守的な地域で勝てたのは、主張のトーンを下げたり譲歩したりしたからではなく、よりはっきりと大声で訴えたからだと述べた。

「民主党員が、勝つためには保守的に、勝つためには慎重に、とこぞって言うのには、気が狂いそうです。くだらないコンサルタントが来て、『これしか道はない』と言いますが、それはいつも同じです。カネを集めろ、テレビに使え、誰かの気分を害することは言うなと。民主党はそれをやって、いつも接戦になって、うまくいくかどうか心配する羽目になるのです」とサンダースは言った。「なぜ進歩派がコンサルタントの言うことを聞くのか、さっぱりわかりません。運動を立ち上げ、進歩派の課題を前進させる——それなら、人々と対話をし、人々を教育し、人々を組織しなければなりません」

サンダースは民主党に指針を与えていた。しかし民主党は、上院で会派を共にするがしばしば「党の路線から外れる」無所属議員の話を、ほとんど聞いていなかった。サンダースは、アメリカ軍を中東に再派兵する提案を強く批判して、ホワイトハウスとも共和党のネオコンとも対立した。二〇一三年、アリゾナ州選出のジョン・マケイン上院議員のような共和党議員がシリアへの介入を推進し、ホワイトハウスがその計画について不吉な兆しを見せていた時、上下両院の多くの民主党議員は沈黙を守っていた。しかしサンダースは、イラク戦争への突入とその帰結を思い起こさせ、こう主張した。「シリアの血なまぐさい複雑な戦争に関与することには、何の意味もありません。想像もつかない結果になるでしょう」。彼は、戦争の人的コストは、戦場だけでなく銃後の国民にも降りかかると説明し、また退役軍人委員会の委員長として、合衆国は最近関与した戦争の帰還兵をケアするのにいまだに苦労していると指摘した。彼は、どこかの国の政権を打倒する戦争をやるたびに、代償を払うことになるのは誰か、と問いかけた。そして答えた。「それはトップ一パーセントでしょうか？　そうではありません。ヘッドスタートの子どもたち、フードスタンプの家族、メディケアの高齢者――戦争の代償を払うのは彼らです。……中間層が文字どおり消えつつある時、四六〇〇万の人々が貧困のうちに暮らし、実質的な失業率が一四パーセントにもなろうとし、子どもたちの一世代が高校や大学を卒業しつつあるのに仕事を見つけられず、所得分配が大恐慌以来で最も不平等な時、シリアとの戦争に入れば、何が起こると思いますか？」国内の人々のニーズは「戦争、戦争、戦争に次ぐ戦争のせいで、ずっと後回しにされるでしょう」と彼は警告した。

「私はわが国に、二一世紀のスパルタになってほしくはないのです」とサンダースは力説した。ホワイトハウスはその種の話を好まなかったが、しかし世論調査は、アメリカ国民が、延々と続く戦争の見通しに尋常でない不安を覚えていることを示していた。サンダースは、圧倒的多数の市民と、ワシントンの政治やメディアのエリートとを隔てる「断絶」と彼が表現するものが、ますます深まっていることを、かつてないほど強く確信していた。二〇一四年の選挙は民主党にとって悲惨なものになるだろうと予期しながら——民主党は上院で過半数を割り、下院では全く前進が見られず、全国の州議事堂では後退した——サンダースは、投票日前の週末、公共テレビの「モイヤーズ・アンド・カンパニー」に出演した。

政治革命

サンダースは、「いかに大企業は、信じがたいほど大量のテレビ・ラジオ宣伝によって、アメリカの人々が直面する本当の問題から関心をそらすことができるか」について語った。関心をそらすという考え方は、ビル・モイヤーズの耳を捉えた。彼は、政治とメディアの両側にいたことのある人だ——リンドン・ジョンソン政権のホワイトハウス報道官として、新聞発行者として、高く評価される放送ジャーナリストとして。

「えー、それは興味深い」とモイヤーズは言った。「あなたを最近テレビで見ますが、質問も見出しも変わらないですよね。企業メディアがあなたに語らせない話とは何ですか？」

「おおっ。それです、それが問題なのです」とサンダースは応じた。「こうした番組にたくさん出演してきましたが、みんなこう言うのです。『今日の話題です。シークレット・サービスについてどう思われますか？　これについてはどうですか？　エボラ出血熱はどうですか？』これらの問題はみんな重要です。しかし、庶民に影響を及ぼす問題——彼らは、なぜ生産性が上がっているのに、賃金は下がり、労働時間は長くなっているのかと疑問に思っているのです。ビル、こうした討論はされてきましたか？　誰かがそんな議論をしているのを聞いたことがありますか？」

わが国最長の在任期間を誇る無所属議員が動きだした。

「所得と富の不平等という問題。なんと、一パーセントがアメリカの富の三七パーセントを所有しています。下から六〇パーセントは一・七パーセントしか所有していません。たった一家族、ウォルマートのウォルトン家は、下から四〇パーセントよりも多くの富を所有しています」と彼は言った。「その問題について話すべきだと思いますか？　この話は、テレビでは続けられないのです」

それから、きわめて重要なやりとりが生じた。

「なぜ？」とモイヤーズが尋ねた。

「なぜなら、本当の問題について議論するよう、アメリカの人々を本当に教育することは、放送局を所有する企業のためにならないからです。そうした問題から関心をそらして、今日の出来事をやっているほうが、はるかに良いのです」とサンダースは説明した。モイヤーズは、サンダースに解決策を迫った。「バーニー・サンダースが直面している根本的な問題。いったいどうやってあなたのメッセージを、それを最も必要としている人に直接届けるのでしょうか？」その質問に秘められているのは、サンダースは議会議事堂と国じゅうでの取り組みや、ヴァーモントでの選挙の成功にもかかわらず、金権政治の力を必ずしも阻止できなかったという認識だ。『アメリカ下院のはぐれ者』の最後の章で概説した目標は、ほとんど実現されておらず、その一部は一九九七年当時よりも実現が遠のいているように見えた。

「簡単な答えがあればいいのですが」とサンダースは回答した。「その質問は核心をついたものです。……労働者階級の人々が、最低賃金の引き上げを拒否する候補者や、子どもに医療を提供しない候補者、雇用を中国に流出させようとしている候補者、企業に減税させたがっている候補者に投票することには驚かされます。これこそ解決しなくてはならない問題なのです」

サンダースが二〇一四年秋に考えていたことは、大統領選挙に出ることは、モイヤーズの「いったいどうやってあなたのメッセージを、それを最も必要としている人に直接届けるのでしょうか?」という質問への答えになるのかということだった。その前の三月、『ネーション』の長いインタビューで、サンダースはこう話した。「ここワシントンの一部の人のように、毎朝目覚めるたびに、『いいか、俺は絶対に大統領にならなくちゃいけない。大統領になるために生まれてきたんだ』と自分に言い聞かせたりはしません。私が毎朝目覚めるたびに思うのは、この国は大恐慌以来最も深刻な問題に直面しており、この危機に対処できる真剣な政治の議論やアイディアが全く欠けているということ、そして、誰かが労働者階級と中間層を代表して、この国の経済と政治に対してあまりに大きな力を持っている大企業や金持ちの利害に立ち向かわなければならないということです。だから私は、大統領選挙に立候補する覚悟ができています。この闘いができるのは世の中で私だけとは思いませんが、しかし、私はその選挙戦を真剣に見据えて、確実に準備をしています」

サンダースは、それが大胆な構想であること、複雑なものであることを理解していた。議会で最も長く務める無所属議員は、無所属か第三政党候補として出馬するのか、それとも民主党候補として闘うのか？　政治におけるカネについて厳しく批判してきたサンダースは、大統領選挙のスタートを切るのに充分な資金を集められるのか？　盟友でマサチューセッツ州選出の上院議員、エリザベス・ウォーレンを、進歩派グループが大統領選挙に担ぎ出そうとしているが、彼女によって自分の影が薄くならないだろうか？　ヒラリー・クリントン元国務長官は、知名度、資金、人脈をたくさん持っているが、彼女の行く手を阻める者などいるのか？　そして、「Sの付く言葉」〔社会主義〕が、ほとんどの共和党員からは蔑称として攻撃に使われ、ほとんどの民主党員からは小心翼々と避けられてきた国で、民主的社会主義者が勢いをつけることができるのかという問題があった。

最後の疑問は、サンダースの中で解決された。「いや、それは全く問題ではありません」と彼は言った。「ヴァーモントでは、私がその言葉で何を意味しているのか、人々は正確に理解しています。彼らは民主的社会主義を、北朝鮮の共産主義のようなものとは考えていません。私が民主的社会主義について語る時に言っているのは、この国の経済と政治を支配するひと握りの億万長者一族によって、合衆国がすっかり支配されるのはごめんだということです。そのことを人々は理解しています。私が信じているのは、民主主義的な文明社会では、すべての人が権利として医療を受けられ、すべての人が権利として質の高い教育を受けられ、すべての人がまともな雇用とまともな所得を手に入れられるということです。そして、お金と権力を持つ者だけではなく、普通の人々を代表する政府が、私たちには必要だということです。それを彼らはちゃんとわかっているのです」

「ヴァーモントの人々は、私が言わんとすることを正確にわかっています。だからこそ、私は直近の選挙で七一パーセントの得票で勝利し、州で最も保守的な町でも支持されたのです」と彼は続けた。「私が大統領選挙に立候補して、働く人々に訴えるヴィジョンを明確にすれば、この国のどこでも、有権者はそれを理解してくれると、私は確信しています」。実際、サンダースは、議論が始まる予感を楽しんでいるようだった。「本当のところ、残念なことに企業メディアは、デンマーク、フィンランド、スウェーデン、ノルウェーといった国々で成し遂げられた、きわめて大きな成果を無視しているのです」と彼は説明した。「こうした国々には、民主的社会主義政権や労働政権の長い歴史があって、国民全体に行き渡るすばらしい医療制度があり、優れた教育制度があります。これらの国々は、貧困を削減し、私たちよりはるかに平等な社会をつくりあげるための、長い道のりを歩んできたのです。そこにはおそらく、私たちがきわめて多くを学べる経済的・社会的モデルがあります。それを私は話題にするつもりです」

そうは言っても、大きなアイディア、すばらしいアイディアについて語ることと、実際にそれらを論議の中心に持ってくることとの間にはギャップがあり、それを埋めるには、反体制派の選挙運動にとって、夢見ることは多くても実現できることはめったにないほどの専心と組織化が必要だ。政治的な連帯を構築する課題は、二〇一六年の立候補を考えるどんな進歩派にとっても避けられないものだった。その連帯は経済的な共通利害に根ざすかもしれないが、しかしジェシー・ジャクソンが一九八四年と一九八八年の大統領選挙で展開した幅広い「虹」の政治を包含(ほうがん)する必要がある

――それは二〇〇八年にバラク・オバマを大統領に選出した目覚ましい選挙運動の形成に、少なくとも一定の寄与をしたものだ。サンダースは、こうした困難な見通しを認識し、一年以上かけてそれらに取り組んだ。全国で出会った活動家と共にさまざまな可能性を検討し、最終的に、民主党大統領候補者指名に立候補することになった。民主党員として立候補する決断は、アメリカ進歩派民主党（民主党の関連組織）のようなグループの活動家を興奮させた。彼らはサンダースに、民主党から立候補して、論議をもっと左に動かすよう促してきたのだ。同時にその決断は、無所属の進歩派に不満を感じさせた。彼らは、変革を生み出すには二大政党の両方に挑みかかるしかないと主張していた。最終的に、はぐれ者のサンダースは、民主党に入る決断をした。それは、無所属や第三政党にとって、全国規模の政治には構造的障壁があるからであり（「アメリカの政治システムの性質、メディアの性質を考えますと、二大政党制の外側で立候補すれば、主流メディアに充分に報道されることははるかに難しくなるでしょう」）、また、彼が言うには、「右派の共和党候補者の当選を助けることになる」かもしれない「スポイラー」の役割を果たすつもりはないからだった。

彼にしては珍しく、この時期、そして立候補宣言後のサンダースを駆り立てたのは、明確な戦略ではなく、むしろ一か八かの賭けだった。そう、当然ながら、この国で最も小さな州のひとつから来た七十数歳の民主的社会主義者が、自分で入党を拒んできた党から指名を勝ち取ること、ましてや大統領になることは、圧倒的に勝ち目のないことだった。しかし、彼が示唆するとおり、どん底に向かう競争をもたらす「自由貿易」の協定がつくりだすグローバル経済で働くアメリカ人たちも、圧倒的に勝ち目がないのだ。大恐慌期に匹敵するほど失業率の高い、産業が衰退して見捨てられた都市近郊のアフリカ系アメリカ人の若者たちも、圧倒的に勝ち目がない。気候変動に直ちに対処しないとすれば、この惑星も勝ち目がない。打ちひしがれるのは簡単だ、と彼は言った。必要なのは、偉大な組織者であり作家であったマイケル・ハリントンがかつて「可能なかぎり最大限の左翼」と呼んだ感覚だった。普通の候補者が引こうとする一線を越えて、サンダースは、「勝利できる、政治を転換できる連合体を結集する」ために、誰もがしなければならないことを語った。「私たちは、労働組合と働く家族、マイノリティのコミュニティ、環境活動家、若者、女性のコミュニティ、同性愛者のコミュニティ、高齢者、退役軍人、実際にはアメリカの人口の大多数である人々を、結集しなければならないのです。私たちは、進歩派の方針をつくりだし、その周りに人々を集めなければならないのです」

そのためには、サンダースによれば、アメリカは政治キャンペーンを必要としているのではない。アメリカは「政治革命」を必要としているのだ。

「政治革命について話す時、私が意味しているのは、単に次の選挙に勝つこと以上のことをする必要性です。それは、政治に関わっていないたくさんの人々を政治プロセスに巻き込む状況をつくることや、メディアの性質を変えて、多くの人が感じているニーズと痛みを表す問題を扱うようにすることです」と、サンダースは大統領選挙への立候補について語った。「選挙運動は、ただ票を得て選出されるということよりも、もっとはるかに大きなことでなければなりません。それは、人々を教育し、組織するのを手助けするものでなければならないのです。もしそれができたら、私たちは、将来にわたって政治の力学を変えることができます。もしこの国の八〇パーセントから九〇パーセントの人が投票するならば、もし彼らが、問題は何なのかを理解するならば（そしてその理解をもとに要求するならば）、ワシントンと議会は、大企業と金持ちの支配する、彼らが扱ってほしい問題だけを扱う今の議会とは、大きく、大きく違ったものになるでしょう」

空想的な考えに聞こえるかもしれない。たぶん、これは空想的な考えなのだろう。しかし政治は、その最高の状態においては、冷徹な計算以上の何かであるはずだ。それは「可能なかぎり最大限の左翼」がありうると信じることだ。しかしバーニー・サンダースが際立っているのは、彼の空想的な考えのいくつかは成功してきたことだ。たとえば、この「政治革命」の話は新しいものではない。『アメリカ下院のはぐれ者』でサンダースは、政治革命を可能性としてではなく、すでに起きたこととして書いていた。「バーリントンに政治革命が起こったのだ」と彼は書いた。「人々が、大きく、はっきりと声をあげたのだ。きわめて高い投票率でもって、バーリントン市民は、民主党と共和党に知らせたのだ。彼らは変革を望んでいるのだと。本当の変革だ。進歩派は動きはじめていた」

バーニー・サンダースは、彼より用心深い政治家たちが決して理解できないことを知っている。時として、はぐれ者は勝つ。時として、可能なかぎり最大限の左翼は、まさに可能となる。時として、政治革命は起こる――市で、州で、おそらく国でさえも。

監訳者
萩原伸次郎（はぎわら・しんじろう）

1947年生まれ。横浜国立大学名誉教授。専門はアメリカの経済政策。著書に、『オバマの経済政策とアベノミクス』（学習の友社）、『世界経済と企業行動』（大月書店）ほか多数。監訳書に、『米国経済白書』各年版（蒼天社出版、毎日新聞社）。

訳者（50音順）
朝比奈 剛（あさひな・たけし）　千葉商科大学人間社会学部教授
大橋 陽（おおはし・あきら）　金城学院大学国際情報学部教授
十河利明（そごう・としあき）　福島大学経済経営学類教授
千原則和（ちはら・のりかず）　多摩大学経営情報学部ほか非常勤講師
萩原伸次郎（はぎわら・しんじろう）　監訳者
宮崎礼二（みやざき・れいじ）　明海大学経済学部准教授

著者
バーニー・サンダース（Bernard “Bernie” Sanders）

アメリカ合衆国上院議員。2016年大統領選挙候補者。
1941年　ニューヨーク市ブルックリン生まれ
1964年　シカゴ大学卒業
1981–89年　ヴァーモント州バーリントン市長
1991–2007年　合衆国下院議員
2007年–現在　合衆国上院議員
1979年から2015年まで、政党に属さず無所属。2015年から民主党員。

装幀　鈴木 衛（東京図鑑）
DTP　編集工房一生社

バーニー・サンダース自伝

2016年6月24日　第1刷発行

定価はカバーに
表示してあります

監訳者　萩原伸次郎
発行者　中川　進

〒113-0033　東京都文京区本郷2-11-9
発行所　株式会社　大月書店
印刷　光陽メディア
製本　中永製本

電話（代表）03-3813-4651　FAX 03-3813-4656　振替00130-7-16387
http://www.otsukishoten.co.jp/

ISBN978-4-272-21114-2　C0031　Printed in Japan